普通高等教育精品规划教材

U0949915

高等学校档案学专业系列教材

文书学教程

编　著　周耀林　张煜明　任汉中

参编人员（排名不分先后）

万　迅　任汉中　刘　婧　李　丽　李姗姗　肖兰芳

张煜明　周玉香　金　磊　殷　敏　周耀林

ARCHIVAL SCIENCE

WUHAN UNIVERSITY PRESS

武汉大学出版社

图书在版编目(CIP)数据

文书学教程/周耀林,张煜明,任汉中编著.—武汉:武汉大学出版社,2009.9(2017.7 重印)
普通高等教育精品规划教材
高等学校档案学专业系列教材
ISBN 978-7-307-07242-8

Ⅰ.文… Ⅱ.①周… ②张… ③任… Ⅲ.文书学—高等学校—教材 Ⅳ.C931.46

中国版本图书馆 CIP 数据核字(2009)第 134793 号

责任编辑:詹　蜜　　责任校对:黄添生　　版式设计:马　佳

出版发行:**武汉大学出版社**　(430072　武昌　珞珈山)
(电子邮件:cbs22@whu.edu.cn　网址:www.wdp.whu.edu.cn)
印刷:虎彩印艺股份有限公司
开本:720×1000　1/16　印张:18.25　字数:313 千字　插页:1
版次:2009 年 9 月第 1 版　2017 年 7 月第 4 次印刷
ISBN 978-7-307-07242-8/C·239　定价:29.00 元

内容提要

随着文书及文书工作在国家管理活动中作用的不断加强，以文书、文书工作为研究对象的文书学得以产生、形成和发展。随着信息技术的深入推进和办公自动化程度的不断提高，当代文书和文书工作既要传承优良传统，又要弘扬时代精神。这是当代文书学面临的挑战，也为文书学的深入发展提供了前所未有的机遇，充分表明了文书学是一门古老而又充满生机和活力的科学。

本书立足于当代文书工作需求，以科学发展观为指导，以理论联系实际为主线，系统地介绍了文书、文书工作的理论、历史、技术和方法，重点梳理了纸质公文处理和电子公文处理、一般文书处理与信访文书处理、公文收发处理及其办毕后处理的理论与实践问题。全书分上、下两编。上编为文书学理论，下分文书、文书工作和文书学三章，重点介绍了文书、文书工作基本概念、历史演变以及文书学理论及其研究热点。下编为文书工作实务，下分公文通识、发文处理、收文处理、信访文书处理、办毕文件处理、公文写作六章，比较全面地介绍了当代文书工作实践，重点突出了收文处理程序、文书立卷改革方法，尤其是办公自动化环境下公文处理流程和处理完毕文书的归档工作。附录部分选辑了部分现行的文书工作相关标准与规范，以便供实际部门参考。

本书可作为高等学校文书学课程教材，也可为各级机关文书工作提供参考。

目　　录

上　编　文书学理论

下　编　文书工作实务

上　编

文书学理论

第一章　文　　书

本章要点

1. 文书的定义及其特点
2. 文书演变规律的总结
3. 文书、文件与公文辨析
4. 公文的特点与作用
5. 文书与档案的关系

关键词　文书　文件　公文　起源　演变　定义　特点

文书是一种历史悠久而又普遍的社会现象。它作为人类社会管理的工具和手段，在人类文明进程中发挥着重要的作用。在中国古代，文书被视作“临民治事之具”，是“经国之大业，不朽之盛事”，刘勰称为“虽艺文之末品，而政事之先务”。在现代信息社会，作为社会信息的交流工具和信息载体，文书在社会公共事务活动中正发挥着无可替代的作用。文书既是文书工作的对象，也是文书学研究的对象，因此，文书便构成了文书工作和文书学研究的起点。

第一节　文书的产生

文书，据《辞海》解释，①各种文件中的统称。人们在社会实践活动中，以文字的方式，在一定的书写材料上表述思想意图的一种书面记录。有公务文书和私人文书两种。前者产生于机关、团体、公共事业单位等在公共事务活动中，为上传下达、联系各方、洽商问题、指导工作的一种工具。后者指个人或家庭、家族在实践活动中形成的书信、著作、契约和家谱等。②指从事文书工作的人员。文书学所述“文书”的词义取上述的①中公务文书的意思，是人类在社会生活中由于处理事务的需要所记录的信息。文书是因为人类社会交际和管理活动的需要而产生的。作为公文、案卷、书信和契约含义的“文书”二字，最早见于《汉书·刑法志》：“文书盈于几阁，典者不能遍睹。”

“上古结绳而治，后世圣人易之以书契”（《易·系辞传》）。在文字出现之前，人类在社会活动中是采用“结绳”之法处理事务的，“轩辕氏、伏羲氏、神农氏，当是时也，民结绳而用之”（《庄子·胠》），“结绳之多少随物众寡，各执以相考，亦足以相治也”（唐李鼎祚：《周易集解》引《九家易)》。结绳这种原始的处理事务的方法，在一定程度和范围内，起着备忘、信约、凭证的作用，是书契的前身、文书的渊源。

至于文书的产生，许同莘在其著作《公牍学史》开篇写道：“公牍之起也，自生民知治其民也。民之初生，其卧徐徐，其觉于于；饥则求食，饱则弃余。当此之时，无所谓生令政教也。有睿智者出，为之君长焉，为之号令焉。有君长，有号令，则非口舌语言可以遍喻而尽晓也，于是文字生焉。文字者，古人以为临民治事之具也。”在这段话中，“公牍”所指即为文书。所谓“睿智者”、“为之君长”，意味着国家的形成和统治阶级的出现。国家的形成，人事日繁、治理日密，国家在阶级统治中需要有一种发号施令以处理事务、调节矛盾，作为管理国家、民众的工具。文字的出现，就是这种需要的结果。“最初的文字，是书契”（唐兰：《中国文字学》），“文字之兴，原始于书契”（孙诒让：《契文举例·序》），“造立书契，所以决断万事”（《十三经注疏》：《周易正义》卷八），“百官以治，万民以察”（《周易·系辞下》）。总之，“人类有政治之组织，即有法令。有文字之法令，即有公牍”（徐望之：《公牍通论》）。

我国原始社会末期，由于社会生活和社会分工的发展，社会上逐渐分化出剥削者和被剥削者对立的两个阶级。原始社会瓦解，有了剥削压迫，人们之间有了利害冲突，贵族奴隶主阶级为了维护本阶级的利益，以镇压被剥削者，就组成了国家。夏商（约公元前16—前11世纪）时代，随着奴隶社会形成，出现了奴隶制国家，奴隶主为了行使国家的职能，就使用文书作为传达政令、指挥国事、联系公务、记录活动的工具，从而形成了以反映国家机关活动为内容的公务文书。

根据考古的发掘，我国现存最早的公务文书是在河南省安阳县小屯村发现的甲骨文书。甲骨文书绝大部分是商代后期（约公元前13—前11世纪）几个王朝的王室活动记录和奴隶主文告。商代是神权政治时代，商王每从事一项活动都要先向上天请示，即先进行占卜然后把占卜的时间、事件和结果刻写在甲骨上，就形成了甲骨文书。

甲骨文书之后，随着社会生产力的发展，文书的形态制作经历了先秦时代的金石文书，秦汉时代的简策、缣帛文书，汉代以后至今的纸张文书等阶段。文书已有数千年的历史，它的形式、名称虽然随着社会的发展而不断变化，但是作为处理事务的工具，它的性质、特点、作用却是始终不变的。

进入现代社会，文书已经成为人类传达意图、进行联系、作为凭据的一种极其普遍的社会现象。每一个个人、任何一个组织在日常生活中无不直接或间接地与文书发生着联系，个人的行动和组织的决策活动中都离不开文书。文书和文书工作构成了我们社会生活的一个重要内容。

第二节　文书的演变

一、商周春秋战国时期的文书

商周时期的文书，据《尚书》载，主要有典、谟、训、诰、誓、命。典是帝王颁布政法的文书；谟是臣下为帝王策划谋议的文书；训是帝王教导臣下的文辞，有时以下诫上也用训；诰是帝王任命和封赠的文书；誓是王朝在兴师作战、讨伐敌人时用来督军旅的文书；命是用以命官、封爵、赏赐的文书。春秋战国时期出现了帝王用以发布文告的命、令。命和令原有所区别，即“王言于内曰命，王言于外曰令”。还有官吏之间使用的移文，向王室、帝王陈述意见的书，以及盟约、诉讼和军事用的檄文。

从文书制作形式上看，殷商时期的文书主要有甲骨文书。甲骨文书以龟甲（乌龟的腹甲和背甲）、兽骨（牛胛骨）或用其他动物的骨头为载体。殷商时期，甲骨既是一种占卜工具，也是一种书写材料。甲骨文书主要用于祭祀、年成、征战、王事、旬夕时在神灵面前占卜吉凶祸福。商朝后期，出现了青铜器，到了西周时期数量逐渐增多，便出现了金石文书。金石文书又叫“铭文”或“钟鼎文”，是对在青铜器上铸造或在石板上雕刻文字来记事铭文的一类文书的统称，用于告慰祖先、永世保存，并遗后世子孙垂范、勉励警戒等。金文的鼎盛时期在于西周；东周以后，由于其他记录材料的使用，社会信息量的增加，钟鼎金文一般已不适应，因而逐渐衰微。

二、秦汉至宋元时期的文书

秦汉时期是封建社会文书制度的确立时期。封建君主专制制度确立了封建皇帝颁下和大臣上呈的各种文书名称、体式和用途。

秦统一六国后，改“命”为“制”，改“令”为“诏”，改“书”为“奏”。这是中国历史上第一次由统治者明文规定的公文文种。皇帝凡颁布重大制度时用“制书”，颁布不属于重大制度及对臣僚训示或答复臣僚上奏时用“诏书”，臣僚向皇帝上书言事用“奏”。这些公文一般都有规定的体式，如给皇帝写奏时，开头要先写“臣昧死言”，最后要写“稽首以闻”。另外，还实行“书同文”，以小篆为标准文字，书写公文。

汉代沿用和发展了秦代的公文文种。皇帝颁下的公文增加了策和戒，臣僚上呈给皇帝的文书增加了章、表、驳议。此外，还增加了疏、白事、状、露布、教、移、檄、牒等。汉代对公文的尺寸、起首和结尾语的写法、署名，以及公文格式，都有明确的规定。同时，还用封套的颜色来区分公文的密级和紧急时限，如密件用黑色标识，急件用赤、白二色标识，平件用青色标识。

秦汉时期的公文是后世历代王朝公文的基础，后世的公文虽有改革，也都是在此基础上演变出来的。

魏晋南北朝时期的文书，除沿用前代的之外，又有增加。如中央机关上级给下级的公文，若系直接隶属关系用令，非直接隶属关系则用符。臣僚给皇帝的公文，增加了启，用于对皇帝陈述事情。臣僚上呈给皇后、太子、诸王的公文称作笺。下级给上级的文书称作牒。官府之间的往来公文称作移，有时也用作刺。

唐宋时期是封建公文制度发展比较完备的时期。

唐代公文文种名目繁多，并明确将公文划分为下行文、上行文和平行文。下行文有制、敕、册、令、教、特等六种，上行文有表、状、笺、启、辞、牒等六种，平行文有关、移、刺等三种。敕是皇帝用于晓谕军民、警戒百官的文书；令是皇太子下行的文书；教是亲王公主下行的文书；符是朝廷用以传达命令、调兵遣将的文书，亦是州、县普遍使用的一种文书；笺用于向上陈情，类似于表；启是臣僚上行皇太子、皇太后的文书；牒是有品官僚上行的文书；辞是政法类专用文书；关用于官府之间互相通报；移用于将事情移交其他官府办理；刺用于刺探揭发罪行。

宋代公文文种名目愈加繁多，区分细密。下行文有册、制、敕、诰命、诏书、御札、敕榜等七种，上行文有劄子、状、书、表、封事等五种，平行文有关、移、刺、咨等四种。关用于尚书各部之间的来往文书，移用于不相隶属关系的平行机关来往文书，咨用于翰林院与三省、枢密院之间来往公文。

元代对宋代的公文有所继承。皇帝颁下的文书称作圣旨，皇太子及诸王颁下的文书称作令旨，皇后颁下的文书称作懿旨。臣僚给皇帝的文书用奏，给皇太子的文书用启。中央机关的上行文书用呈、申，平行文书用咨、平关，下行文书用劄付。地方官府上行文书用牒上、牒呈上、申，平行文书用平牒，下行文书用故牒、指挥。

在文书制作形式方面，秦汉时期是我国文书载体发生重大变革的时期。“书契之用，自刻画始。金石也，甲骨也，竹木也，三者不知孰为后先，而以竹木之用为最广。”（王国维：《简牍检署考》）从考古发掘的大量实物分析，公元2—3世纪为纸张的初期使用阶段，此时，简、帛、纸三者并用。纸最早发现于汉宣帝甘露二年（公元前52年），后汉人瑗在送给其友葛龚《许子》一书所附的便条中称：“今奉《许子》十卷，贫不见素，但以纸耳。”此后，纸张档案文献逐渐增加，到了公元5世纪，纸张最终取代了其他的档案文献材料，并且一直沿用至今。

三、明清时期的文书

明代公文文种更加繁多，格式也更为固定。皇帝颁下的文书主要有诏、制、诰、敕、谕、符、檄。臣僚给皇帝的文书主要有题、奏、揭帖、表、笺、启。官府往来的文书，上行的主要用咨呈、呈状、申状、牒呈、牒上；平行的主要用平咨、平关、平牒；下行的主要用照会、劄付、故牒等。

清代统治国家基本沿袭明制，公文也沿用了明代公文制度。皇帝和官府下行文书有制、诏、诰、敕、谕、旨、劄付、牌文、劄文、牌票、牌檄等。皇帝颁下的文书，主要由内阁和军机处颁下。内阁颁下的皇帝诏令文书有制、诏、诰、敕等；军机处颁下的皇帝诏令文书只有寄信一种，由军机大臣行知，是专寄某人某省或数人数省的机密谕旨。官府之间往来文书，主要有：上行的题本、奏本、咨呈、呈文、申文、牒呈、申呈、详文、禀等；下行的牌文、札、示、劄文；平行的咨文、关文、移会、照会等。有的文书用法更为具体，如题本用于地方公事，奏本用于个人私事，不能相互混用。公文的制作规定了一些制度，如实行统一的题本格式，规定题本字数不得超过300字，其“贴黄”不得超过100字；关文一律用楷书，不得轻描淡写；文书写作禁用浮夸词语，地名要写全称，日期、数字均需大写；严格保密制度等。鸦片战争前，各国驻华使臣行文必称清王朝为“天朝”。鸦片战争后，清外交机关对于各国公使，地方机关对于各国领事，均用照会，行文要抬头写外国国名，并在国名之前加一个“大”字，如“大英国”、“大法国”等，对外国臣民不得再写“夷”字。鸦片战争前，行文均以中文为准，鸦片战争后，各国都使用本国文字，如遇有文辞辩论之处，总以外国文字正义。照会成为外交机关交涉事务的一种平行文书。

四、“中华民国”时期的文书

辛亥革命推翻了清朝，建立了“中华民国”。“中华民国”从1912年到1949年，经历了南京临时政府、北洋军阀政府、国民党政府等几个阶段。

南京政府于1912年初，颁布了第一个公文程式条例，规定了令、咨、呈、示、状五种文种和用途。这个条例废除了几千年来封建王朝所使用的制、诏、敕、表、奏等文书名称。1912年2月，发布临时政府大总统令，规定公文中不许再用“大人”、“老爷”的称呼，官员之间要以职务名称相称，如“局长”、“科长”等；在民间文书往来中则互称“先生”或“君”。

北洋政府在原南京政府所颁布条例的基础上，经过补充和修改，先后三次颁布了官署公文程式。第三次颁布的《官署公文程式》规定的公文种类有大总统令、国务院令、各部院令、任命状、委任令、训令、指令、布告、咨、咨呈、呈、公函、批等13种。

国民党政府于1927年颁布了公文程式条例，规定的公文文种有令、通告、训令、指令、任命状、呈、咨、咨呈、公函、批答等。又在1928年11月15日颁布了《公文程式条例》，规定的公文文种有令、训令、指令、布告、任命状、呈、咨、公函、批、布告等。其中令、训令、指令、任命状、批、布告用于下行文；呈用于上行文；咨、公函用于平行文。1942年后有所变更，下行文有命令、训令、指令、批、布告；上行文有呈或报告；平行文有函、通知。公布法令、任免官吏及有所指挥时用令；上级机关对所属下级机关有所谕饬或差委时用训令；上级机关对于所属下级机关因呈请而有所指示时用指令；任命官吏时用任命状；机关对于人民陈请事项准驳时用批；对公众宣布事实或有所劝诫时用布告；“五院”（“立法院”、“司法院”、“行政院”、“考试院”、“监察院”）对于国民政府，或各院组织的机关对于各院，及其他下级机关对于直接上级机关，或人民对于公署有所陈请时用呈；同级机关公文往来时用咨；不相隶属的机关公文往来时用公函，官署对人民或团体有所通知时亦准用函。除上述九种公文外，在当时机关的实际活动中，惯用或沿用的文种还有：似令体的电令、代电、手谕；似布告体的通告、赏格、广告、牌示、条示、指示、给示、榜示；似呈体的电呈、代电、说帖、意见书、理由书、建议书、报告书、请愿书、节略、签呈、手折；似咨体的质问书；似公函体的电函、代电、便函、通知、告书。还有宣告类的宣言、通电；会议类的提议案、会议录；诉讼类的诉愿书、辩明书、决定书；证验类的护照、证书、证明书；宣誓类的誓词等。

五、中华人民共和国成立后的文书

中华人民共和国成立后对文书工作高度重视，先后颁布了很多文件对公文的文种和使用范围进行规定，以国家行政机关为例，曾六次就公文文种和公文处理办法等予以修改。

1951 年中央人民政府政务院颁布的《公文处理暂行办法》规定了 7 类 12 种公文：报告、鉴报；命令；指示；批复；通报、通知；布告、公告、通告；公函、便函。

1957 年，国务院秘书厅对 1951 年颁布的《公文处理暂行办法》中规定的公文名称进行了调整，增加了令、请示、批示；删去了鉴报和公告；统称公函和便函为函，仍为 7 大类 12 种公文：命令、令；指示；报告、请示；批复、批示；通报、通知；布告、通告；函。

1981 年国务院办公厅颁布了《国家行政机关公文处理暂行办法》，将通用公文改为 9 类 15 种：命令、令；指令；决定、决议；指示；布告、通告、公告；通知；通报；报告、指示；批复；函。

1987 年，《国家行政机关公文处理办法》正式颁布实施，将命令公文文种调整为 10 类 15 种：命令（令）、指令；决定、决议；指示；布告、公告、通告；通知；通报；报告；请示；批复；函；会议纪要。该办法增加了“会议纪要”这个重要文种，将命令、令合成一个文种。

1993 年，国务院办公厅重新修订和发布了《国家行政机关公文处理办法》，公文文种变为 12 类 13 种，分别为：命令（令）；议案；决定；指示；公告、通告；通知；通报；报告；请示；批复；函；会议纪要。保留了常用文种，删除一些不常使用或使用不便的文种，使得通用公文更加具有实用性。

2000 年 8 月 24 日，最高国家行政机关——国务院发布了《国家行政机关公文处理办法》，规定全国行政机关使用的公文文种主要有命令、决定、公告、通告、通知、通报、议案、报告、请示、批复、意见、函、会议纪要 13 类 13 种。

与此同时，党的机关的公文文种也经历了多次变化，最近修订的文件是中共中央办公厅1996年5月3日发布施行的《中国共产党机关公文处理条例》，规定全国党的机关中通用的公文文种有决议、决定、通知、通报、公报、报告、请示、批复、意见、函、条例、规定、会议纪要14种。《国家行政机关公文处理办法》和《中国共产党机关公文处理条例》规定的公文文种是目前我国机关通用的主要公务文书种类，也是各级各类机关文书工作的基本依据。

近半个世纪以来文书的制作形式发生了很大变化，除了纸质文书外，胶片、胶卷等感光材料和以磁带、磁盘、磁鼓等磁性材料为制作载体的照片、录像带、磁带、磁盘、光盘等新型载体大量涌现，据此大致可以将文书分为纸质文书、感光介质文书、磁介质文书和半导体介质文书四大类型。从文书形式上来看，随着信息技术、计算机技术和网络通信技术的发展，电子文书近年来受到了普遍关注，并带来了文书工作的变革（详见第五、六章）。

在上述演变过程中，文书作为一种独特的客观事物，其本质特征是什么？如何对它加以界定？伴随着文书的历史演变，人们对于文书的认识也大相径庭。据史料考证，“文书”一词最早出现于西汉政治家、文学家贾谊（公元前200—前168年）的《新书·过秦论》，文中记载：“秦王怀贪鄙之心，行自奋之志，不信功臣，不亲士民，废王道而立私权，禁文书而酷刑法……”此时的“文书”概指春秋战国时期的各种文书和诸子百家的诗书，其概念范围宽泛，凡有史料价值的文字材料都可称为“文书”。后来，著名的史学家、文学家司马迁（约公元前145—公元前90年）在《史记》中也多次用到“文书”一词，其指代范围颇似现代文书的含义。例如，《酷吏列传·张汤传》中记载：“数从中文书事有可伤汤者，不能为地也。”这里的“文书”是指臣下上奏给皇帝的书面文字材料。及至东汉，史学家班固（公元32—公元92年）在《汉书》中也使用了“文书”一词。《汉书·刑法志》中写道的“文书盈于几阁”中的“文书”特指处理诉讼的公文文书，即现今所称的司法文书，与现代“文书”的含义非常接近。进入20世纪后，文书被普遍地认为是机关、团体或个人在工作、管理、活动中用以传达意图、处理问题、反映情况、记录事项的一种书面工具。近半个世纪以来，随着信息技术的发展，文书的记录形式已经不再囿于纸质，形成了光盘、磁盘等多种载体共存互补的局面。尽管如此，文书作为处理事务的工具，它的性质、特点和作用却是始终不变的。

第三节 文书的基本特点

一、文书的基本含义

通过对文书产生与演变的历史性、规律性总结，我们不难发现，文书这种社会事物，虽然在历史上不同时期具有不同形式和特征，但其内在的特性一直保持不变，这使得文书区别于其他事物，也反映了文书的“质”的规定性，即文书是人类在社会生活中，由于处理事务的需要而形成和使用的、依据特定程序制作而成的各种记录材料。这种关于文书的“质”的规定性包括以下五层含义：

其一，文书是人类社会实践活动的直接产物。文书的产生主体是处在各种社会实践活动中的单位或个人，没有各种社会实践活动，就不可能产生文书。

其二，文书的产生具有明显的目的性。文书是出于人类的主观愿望而产生的，是为了满足某项社会实践活动中记录和传达信息以及处理事务的需要，其内容必须依据特定的目的而制作，不能凭空捏造或随意想象。

其三，文书具有固定的制作程序。文书一般都是按照特定的程序生成的，按照特定程序制作的文书才能具有法律效力，特别是公文文书，其发文程序包括拟稿、核稿、签发、缮印、校对、用印等。

其四，文书具有完整的体式和系统的内容。文书与其他文字材料不同，其制作必须遵守严格的体式，例如，要根据不同的需要选择不同的语文体式，内容必须包括文头、行文、文尾三部分且各部分都有详细规定，用纸、书写和印装等也有格式要求。

其五，文书是一种记录，是社会实践活动中产生的第一手资料，是没有经过任何加工的原始材料。这种原始材料的记录形式并没有统一的规定，它随着技术的进步在不断拓新。

二、文书的基本特点

根据上述界定，可以将文书的基本特点概述如下：

1. 功能突出

这是由文书的社会工具属性决定的。文书是为了完成某项社会实践活动而产生的，具有很强的目的性，其制作通常以具体的社会实践活动为基础，以待解决的实际问题或实际事务为内容，一文一事，紧紧围绕某个主题，具有传递作者意图、解决实际问题和推动实际事务开展的功能。

2. 表意明晰

表意明晰是由文书显著的目的性决定的。作为联系事务、互通有无、传达意图的工具，文书内容包含着作者对某项社会活动的主观意志，作者制作文书的目的是通过文书传达自己的意图、愿望、思想和要求等，文书表达的思想能否被阅读者准确地获取直接决定了文书的效用，因此必须清晰明了地表述作者的意思。

3. 讲究时效

讲究时效是由文书的时效性决定的。任何一份文书都不会永远有效，文书的效用会随着时间的推移、社会的发展、机关的变革和情况的变化等发生变化。因为文书是在具体社会实践活动中产生的，用以推动具体社会实践活动的开展，其内容只有符合实践活动的特定时间范围才能发挥应有的作用。这就是为什么文书结尾一般都会注明落款日期的原因，有些文书还要对实施日期、生效日期和废止日期等予以特别说明。

4. 责任明确

这是由文书的法律效力所决定的。权利和义务是相辅相成的，法律赋予了文书作者制发文书的权利，就必然要求其承担相应的义务，具体地讲就是，文书作者需要对其通过文书传达的，要求阅读者知晓、遵守、参照或执行的思想、意图、主张、指示和要求等负责。这就是为什么文书必须在结尾署上作者姓名或者作者单位，有些甚至在结构、用纸、用印、封装等方面都需要体现出作者的身份。

5. 体式固定

在文书漫长的发展过程中，逐渐形成了固定的体式，从用语要求到内容部分的诸多要素和结构，再到用纸规格、书写格式、用印形式、封装方法等都有统一的规定，只有符合了固定的体式，文书才具有法定效力。这是文书区别于其他书面文字材料的显著特征，也是文书在国家管理和社会活动中发挥无可替代作用的重要保证。

以上是对文书特点的简单概括。实际应用中，不同种类文书表现得程度和侧重点可能有所不同，有的文书在这几个方面表现得比较明显，而有的则在另外几个方面体现得比较明显，具体应用时需要灵活对待，切不可照搬硬套。

第四节 文书与公文、文件

文书这一事物出现以后，在不同的时期，人们对它有过不同的称呼。如商代称典册，周代称中，秦代称典籍，汉代称文书、文契、文案，三国称公文，唐代称文卷、文案、案牍，宋代称文牍，元代称文卷、簿籍，明代称文牍、案牍，清代称奏本、行牌、文件，民国称文书等。时至今日，文书、公文、文件三种称呼仍在沿用，文书、公文、文件成为文书学研究中经常遇到的三个名词。

一、关于文书与公文、文件关系的探讨

文书、公文、文件的含义及其相关关系一直是文书学理论颇为关注的研究热点之一。在这个问题上的看法主要有以下几种。

第一种意见认为文件、文书与公文的意思相同，可作为同义词使用（陈作明：《文书学若干问题的推敲》），或者，习惯上，文件即是公文（朱玉媛：《档案学基础》）。

第二种意见认为，文书、文件、公文是三个不同的概念（郑玉豪：《评〈文书学及实用公文〉》）。

第三种意见认为，公文是文件中正规化、标准化程度最好的一个层次，文件是大于公文的，公文不等于文件（陈兆禩：《文件》）。

第四种意见认为，公文是文书的一部分，所有的公文都是文书，而作者具有官方身份性质的特别的文书才是公文（程英：《中国公文工作制度史研究》）。文件的概念有狭义和广义之分，狭义的文件指正式发出的具有国家格式的公文，即红头文件。广义的文件是指有关实际事务活动的系统信息书面记载。

第五种意见认为，虽然目前文件、文书、公文三个名词概念的定义尚未确定，但在实际工作的应用中，三者的内容既有联系又有区别，有时相互交叉，有时相互包含。其中任何一个名词被使用时，他人究竟作何理解，全凭名词所处的语言环境及人们约定俗成的一般印象的制约。

文书、公文、文件是构成文书学的最基本的概念单元，它们的含义存在着差别。正因为如此，它们才有必要同时存在。

文书包括公务文书和私人文书两部分。公务文书简称公文，是国家机关、社会团体、企事业单位在公务活动中形成和使用的文书，它可以进一步

分为通用公文和专用公文两类。私人文书是个人、家庭、宗族在处理私务时形成和使用的文书，如手稿、证书、书信、契约、日记、自传、家谱、遗嘱等，都属于私人文书。公文是文书的主要部分，文书学中述及的文书、文书工作一般只是指公文、公文工作。

文件的概念却十分模糊，内涵和外延均不十分清晰，一般来说，包括公文、私人文书及其他记录材料，显然要比文书和公文的概念更为宽泛。在国外，文件的含义很丰富，涵括范围很广，包括一切簿册、证件、地图、照片和其他记录材料，而不论其物质形式和特征如何（谢伦伯格：《现代档案——原则与技术》）。在我国，文件既“指公文、信件之类”，又是“计算机的专有名词”，意思是：① 指若干个相关的记录构成的集合，若干个项目构成一个文件；② 磁带、纸带、卡片上存储的内容（夏征农：《辞海》“文件”词条）。平时，人们习惯称党政领导机关的公文为文件，还把科技图纸、表册、数据称作文件，把档案材料也称作文件。《中华人民共和国档案法》第二条规定，档案材料包括“对国家和社会有保存价值的各种文字、图表、声像等不同形式的历史记录”。而文书只是所有档案材料中的一部分，公文又只是文书中的一部分。文书、公文、文件，都是指国家机构、社会组织及个人在社会实践活动中形成的记录，这是它们共同的内涵。就它们的外延看，文件的外延要比文书的外延大，文书的外延又比公文的外延大。由此，公文可以称作文书、文件，文书可以称作文件；但是，某一文件就不一定能称作文书、某一文书或文件就不一定能称作公文了。

正是因为文书、公文、文件有着相同的内涵，所以三者在使用时出现了诸多的替代现象，或者叫做习惯用法。如将一份公文称作一份文书或一份文件（中共中央公文、国务院公文称作中共中央文件、国务院文件），将公文处理称作文书处理或文件处理，将公文材料称作文书材料或文件，把公务文书工作称作文书工作，把公务文书的立卷、归档称作文书立卷、归档，把公务文书学称作文书学。这些替代是允许的，因为它们并没有破坏文书、公文、文件的含义。也正是因为这个道理，1951 年制定的《公文处理暂行办法》、1957 年公布的《国务院秘书厅关于对公文名称和体式的几点意见》、1981 年颁布的《国家行政机关公文处理暂行办法》、1987 年颁发的《国家行政机关公文处理办法》、2000 年发布的《国家行政机关公文处理办法》等，都没有用“文件”或是“文书”二字来代替“公文”二字，称为“文件处理办法”或“文书处理办法”。

然而，公文毕竟是一种独特的文书。为此，2000 年国务院办公厅颁发的《国家行政机关公文处理办法》和1996年中共中央办公厅颁布的《中国共产党各级领导机关文件处理条例》都对公文做了界定。《国家行政机关公文处理办法》指出："行政机关的公文（包括电报），是行政机关在行政管理过程中所形成的具有法定效力和规范体式的公务文书，是依法行政和进行公务活动的重要工具。"《中国共产党各级领导机关文件处理条例》指出："党的机关的公文，是党的机关实施领导、处理公务的具有特定效力和规范格式的文书，是传达贯彻党的路线、方针、政策、指导、布置和商洽工作，请示和答复问题，报告和交流情况的工具。"依据这些文件的规定，公文由法定作者制成和发布，具有法定的权威和现实执行的效用，具有规定的体式和需要经过规定的处理程序。这些是公文的特点，也是公文区别于文艺作品、学术论著、新闻通讯等的标志。

二、公文的基本特点

1. 公文由法定作者制成和发布

公文的作者是依据宪法、法律、行政法规成立，并能以自己的名义行使法定的职能、权利和担负一定的任务、义务的组织和组织的代表人。国家机关、社会团体、企事业单位及其领导人，都是依据我国的宪法、法律、行政法规建立和产生的。如各级党组、人民代表大会、人民政府及其领导人是依据《中国共产党章程》、《中华人民共和国宪法》及有关的组织法建立和产生，在《中国共产党党章》、《中华人民共和国宪法》及有关的组织法中，还规定了这些机关及其领导人的职能和这些机关及其领导人制发公文的权限。如《中华人民共和国宪法》规定："中华人民共和国主席根据全国人民代表大会的决定和全国人民代表大会常务委员会的决定，公布法律，任免国务院总理……发布戒严令，宣布战争状态，发布动员令。"

各类机关及其领导人就是法定作者，他们可以根据自己的职能和权限制发和公布公文。不是法定作者，则无职无权制发和公布公文。

公文有可以作为凭证取信的标志，以证明法定作者的身份，从而使公文具有法定的效力。这些标志是机关与机关领导人的印章、戳记、文头、领导人签署的手迹等。

2. 公文具有法定的权威和现行执行的效用

依法成立的机关及其领导人，都由宪法、法律或行政法规赋予了法定的职能和权力，都具有了法定的权威。公文是机关及其领导人职能和权力的反映和体现，也就当然具有了法定的权威，在它的面前，有关的组织或个人必须遵照贯彻执行，公文的法定权威由制发机关的权威所决定，制发公文的机关的权威决定了公文的效力和生效范围。如全国人民代表大会及其常务委员会的发文、国务院的发文，具有法律规范和行政管理的权威，在全国范围内生效，而地方各级人民代表大会及其常务委员会和地方各级人民政府的发文，虽然同样具有法律规范和行政官吏的权威，但是只能在其所辖范围内生效。上级机关制发的指示、决定等，具有领导、指挥的权威，所属的下级机关必须遵照贯彻执行；下级机关制发的请示、报告等，具有向其上级机关请求指示、答复的权威，其上级机关必须作出批示、批复。

公文的现实执行效用从以下几个方面体现：第一，公文在机关的各种现实活动中形成和使用，直接指挥着、制约着机关的现实工作活动。第二，公文在国家管理的现实工作活动中，使各机关、部门在发生纵向、横向的联系中协调动作，形成一个有机的整体。第三，公文上有明确的生效时间。一般的公文自签发、发出的日期起生效，法规公文则有规定的生效日期。1979年11月29日第五届全国人大常务委员会第十二次会议通过的《关于中华人民共和国建国以来制定的法律、法令效力问题的决议》，是关于法律法令时效问题的文件。公文生效的时间长短各有不同。公文终止生效应当符合下列情况：新的公文公布后，相应的旧公文即失去效力或是明文规定废止原有的公文；制发公文的机关撤销或是公文的使命已经完成，适用公文的条件不再存在。

由于公文在现实工作中形成、使用并发挥作用，它也就自然地成为工作活动的真实记录，成为日后参考的依据，这是绝大部分公文在办理完毕以后能够转化为档案的依据与基础。

3. 公文具有规定的体式和处理程序

公文具有规定的体式和处理程序，是公文在形式上与形成过程中的特点。由于公文代表制发机关的法定权威，为了维护公文的法定权威和便于公文的处理，就需要对公文的体式作出统一的规定和要求。另外，公文的体式符合规定和要求，正常发挥公文的作用也可以得到保证。如开具的介绍信，必须加盖机关印章，否则，该介绍信将无效。公文具有规定的体式，也是形成公文的机关与机关之间的上、下级或隶属或平级关系的反映，是机关之间按照一定的组织关系有次序地进行活动的需要。

三、公文的特定作用

公文需要经过规定的处理程序，如公文的形成，要符合公文处理办法或条例的规定，要经过拟稿、审核、签发形成定稿，而后经过缮印形成正本；公文的处理要经过收文或发文的一系列程序等。经过这些处理程序，公文具备特定的作用。

1. 传达作用

传达作用是指公文具有传达制发机关意图的作用。机关的意图是利用公文来传达的。如某上级机关形成了某项决议，要求其所属的下级机关贯彻执行，于是利用公文，将这项决议记录下来，向其所属的下级机关发出。这样，机关就将自己的意图通过公文传达给了所属的各下级机关。

2. 联系作用

公文具有联系作用。各类各级机关的联系是通过公文来实现的。上级机关向下级机关发出命令、指示，要求下级机关贯彻执行；下级机关向上级机关提出请示、报告，要求上级指示、批复；同级或不相隶属机关之间互相了解情况、协调有关工作等联系活动，都是通过公文来进行的。由于公文的联系作用，沟通了四面八方、上下左右的机关，使全国各类各级机关成为一个有机的、相互联系的网络。

3. 凭据作用

公文具有凭据作用。公文通过其所载文字记录来传达机关的意图。文字记录不仅传达了制发机关的意图，而且还是意图的凭据，受文机关据此而开展工作。因此，公文具有凭据作用。上级发出指示或通知，下级根据指示或通知采取措施和行动；下级呈送请示或报告，上级根据请示或报告发指示或作批复。可以说，公文就是为传达机关意图时作为凭据而出现的。凭据作用不仅是公文的现实作用，当其现实作用完成以后，仍然具有凭据作用，即有保存价值的公文还要转化为档案保存，以作为历史的凭据，继续发挥作用。

至于公文的法规作用、领导作用、宣传作用、教育作用等，实际上是公文文字中包含的内容所起到的作用，而不应看做是公文的作用。公文是不等于公文文字所包括的内容的。公文内容产生于社会活动，社会活动有什么内容，反映到公文的内容上，就可以说有什么样的作用。而且，法规作用、领导作用、宣传作用、教育作用等，也不一定是某一特定公文同时都能起到的作用，也就没有普遍的意义。如某一通知、某一信函，能说它具有领导作用、法规作用、宣传作用、教育作用吗？但是，传达作用、联系作用、凭据作用，是任何一份公文同时都具有的作用，是它的本质作用。如上述的某一通知、某一信函就是这样的。

第五节 文书与档案

文书与档案，虽然它们含有相同的成分，但它们之间是有区别的。文书是现行工作中正在使用、未经整理的文书，档案则是文书工作结束后停止使用、已经整理归档的文书。文书是现行工作的依据和记录，档案是过去工作的历史材料，对今后的工作起着查考作用。

文书是档案的前身，档案是文书的变体。文书是档案的重要来源之一，档案则是文书的主要归宿，所谓“今日之文书，明日之档案”就是这个意思。但是，从文书到档案，中间有一个转化的过程，并且也不是所有的文书都能够转化为档案。文书转化为档案，是在文书处理完毕以后，剔除不必立卷归档的那一部分，而把那些有价值的、能够为社会提供查考利用的部分按照一定的规则，经过整理成为案卷（详见第八章）。案卷是按照一定规则组织起来的文书集合，已不再是文书本身了。组案完毕后，还需要提交档案馆（室）归档保存，并由档案馆（室）向社会提供利用。这是文书转化为档案的过程，即由文书形成档案的过程。在电子公文流转过程中，也是需要通过提交电子公文到档案馆、档案馆审查验收后才能成为档案保存。

从上述可以看出文书与档案的区别与关联，它含有如下几层含义：

（1）档案的来源是文书的一部分；由于社会生活的不断丰富，社会信息产生的主体不再局限于官方文书，档案的来源由原来以文书为唯一来源而发展为多元化，因此，文书只构成档案来源的一部分，当然还是重要的一部分。

（2）作为档案来源的文书是处理完毕、经过鉴定确认具有保存价值的文书，即能够提供人们查考利用的那一部分文书；也就是说，在机关工作中产生的文书只有一部分能转化为档案。

（3）经过整理，即经过立卷处理的文书从性质上看，已经不再是文书，而是案卷或者称为文书的集合了。作为文书已经完成了历史使命，开始履行新的社会职能。

（4）档案必须存放在特定场所，即档案馆（室）。档案由档案馆（室）向社会提供利用。

据此可以得到这样的结论：文书是国家机关、社会组织及个人在社会活动中，为了表达意图、进行联系和作为凭据而形成和使用的各种记录材料，它有待于转化为档案；而档案是处理完毕确认值得保存以供社会查考利用的、保存在特定档案机构的文书的总和。显然，上述关于档案的界定仅仅局限于文书转化为档案这个层面的考察，如果放在更加广阔的视野内，档案的含义则宽泛得多。参考有关档案学理论方面的论著，读者可以更加全面地解读档案的含义及其本质特征。

复习与思考

1. 什么是文书？文书是如何产生的？
2. 文书有哪些基本特点？
3. 文书、文件和公文有何区别和联系？
4. 如何理解公文？
5. 如何认识公文的特点与作用？
6. 如何理解文书与档案的关系？
7. 如何认识文书转化为档案的条件？
8. 从文件转化为档案的过程考察，如何理解档案的定义？
9. 为什么说文书只是档案的来源之一？
10. 在文书转化为档案的过程中，需要做好哪些工作？

第二章　文书工作

本章要点

1. 文书工作发展历程
2. 文书工作任务
3. 文书工作性质与组织
4. 文书工作管理
5. 文书工作原则
6. 文书工作制度
7. 纸质文书工作流程
8. 电子公文流转系统

关键词　文书工作　任务　性质　组织　管理　原则　制度　电子公文　电子公文流转系统

文书工作是指机关形成、处理和管理公文的各个环节及其中相衔接的各项程序和手续。文书一经产生，作为制作和管理文书的社会活动——文书工作亦随之形成。在经历了从商周至今的发展历程后，文书工作形成了固定的程式。公文的形成，要经过撰拟、签发、缮写、发文等程序；公文的处理要经过收文、拟办、承办、催办等手续；公文的管理，要经过平时归卷、立卷、归档等步骤。上述形成、处理、管理公文的一系列程序和手续，即是具体的公文从形成经运转到完成使命的全过程，其中的各项工作都是文书工作。

第一节　文书工作发展历程

一、商周春秋战国时期的文书工作

商代的文书工作已经具有一定的程式。第一，甲骨文书的制作有一个周密的过程，大致要经过取材、锯削、刮磨、钻凿、灼兆、刻辞、书辞、涂辞、刻兆九道程序，由专人分工进行。第二，甲骨文书由史官负责起草、镌刻，并要在文书上签名、记时。第三，甲骨文书案卷已有整理次序。

周代的文书工作普遍建立起来，并且形成了一定的制度。第一，“天子建天官，先六大，曰大宰、大宗、大史、大祝、大士、大卜，典司六典”。大史和大士掌管文书，在王的左右主司记载，所谓“史载笔，士载言”，大史之下还有僚属执掌不同的文书。其他各官也都掌管与其职务相关的文书，如大卜主管卜辞，大祝、大宗主管宗庙祭祀的祝词和宗族谱系。此外，还设有司徒、司马、司空、司寇、司士五宫，都主管本机关的文书。一般说来，凡主管政务、参与国家大计的官员，都负责一定的文书工作。第二，各种典章制度也推行于各分封的诸侯国，各诸侯国也设有祝、宗、卜、史等官，分别掌管职任内的文书，其中仍以史官为主管文书的官员。第三，地方机关也建立了相应的文书工作。在州府、闾府中，均有官员掌管丁籍文书，并规定按等级分别著录、逐级上报。第四，图版、盟书、牒谱文书都有正副本，除本机关保存一副本外，史官也保存一副本，以备王室查考，正本送宗庙保存。

春秋战国时期各诸侯国，仍遵循周代旧制，设祝、宗、卜、史等职官，既负责政务，同时也主持任内的文书工作。各大国都有史官职掌天文、历法和记注。凡周王颁发的册令、各国之间往来文书，以及国家政治活动记录，都由史官保管。

因诸侯国的兼并战争，出现了大量的盟书和檄书，文书工作出现了以下变化：第一，注意文书的写作，如孔子自言写作一篇公文，“为命裨谌草创之，世叔讨论之，行人子羽修饰之，东里子产润色之”。第二，有了文书用印制度，规定无论何种文书，必须加以印封。第三，随着世卿制度的瓦解、官僚制度的形成及神权地位的衰落，史官不再在国君左右参与决策，各国设立了一些新的职官，如赵国设御史、齐国设掌书、秦国设尚书、魏国设主书，侍于国君左右，处理文书和管理文书。

二、秦汉时期的文书工作

秦汉时期是封建社会文书工作及其制度的确立时期，秦始皇统一中国后，建立起了中央集权国家的行政机构。随着中央集权国家机构的建立，从中央到地方的各级机关中都建立了一套文书工作的组织机构，其中有些是专门负责文书处理工作的，有些是由别的机构兼做文书工作的。皇帝和中央的文书处理工作，秦和西汉时均由丞相府负责，东汉时则由尚书台负责。

丞相府是百官之长，辅佐皇帝处理全国政务，也是国家收受天下文书、颁发诏令的总机关。各郡县的请示报告文书经由丞相送尚书转呈皇帝，并秉承皇帝的意旨进行议决和处理，然后加以收藏。皇帝颁下的诏令由丞相府分发政务机关执行，其中一部分诏令由尚书转御史大夫，再由御史大夫转给丞相颁下，也有一些诏令由尚书同时转丞相、御史及太尉的。由于诏令经丞相府颁下，丞相府如认为诏令有不合法律和制度的，可加以封驳，不往下颁发。丞相府的文书工作由丞相下面的分司属吏负责。有长史，为众史之长，是丞相的助手。丞相府内设有奏曹以及其他各曹，奏曹专门负责章奏的起草。此外还设有主簿，是丞相的私人秘书。丞相府内各曹设有令史负责本曹的文书工作。

西汉中叶以后，丞相府文书工作的职权，逐渐为尚书台所代替。东汉的尚书台总管章奏的收受、拆读、批阅和审查，负责诏书的起草、封印、转发并记录底本，成为皇帝的秘书性质的机关。尚书台的文书工作分工进行，尚书令负责掌呈章奏，尚书仆射主管诏令章奏的启封，尚书各曹有侍郎和令史若干人，负责各曹的文书起草和抄录。

中央各机关也各有文书工作组织。

随着郡县制度的建立，地方机关的文书工作组织得到加强。郡太守设有主簿和记室令史，负责郡守的文书处理工作。郡内各曹设书佐负责各曹的文书工作。县令之下也设有主簿，负责县的文书工作。

秦汉还规定了一些文书工作制度。主要有：① 避讳制度。公文中凡遇皇帝名字要予回避，以别的字代替。遇皇帝字样，还得换行抬头顶格书写。② 校勘制度。公文拟写完毕必须校勘，准确无误后方可发出；公文抄转也要校勘，校勘后还要作记录。③ 用印制度。公文必须加盖印章后生效。对于皇帝的“玺”和百官的印管理很严，规定凡丢失、私制或盗用官印者都以犯法论处。④ 传递制度。在全国范围内建立了驿道、驿站，以咸阳为中心，四通八达。每五里设一邮、十里设一亭、三十里设一驿，为传递公文人员提供快马和食宿。

三、唐宋元时期的文书工作

唐宋时期是文书工作空前发展的时期。唐代中央以尚书、中书、门下三省长官共议国政，行使宰相职权。尚书省下设吏、户、礼、兵、刑、工六部，六部尚书分掌全国政务。宋承唐制，但宰相不专任三省长官，中书令、侍中、尚书令不预朝政，实际上实行的是以同中书门下平章事任宰相，以参知政事任副相，掌管朝政。宋代另设枢密院执掌军机。地方分州、县，任命知州与县令，由朝廷直接控制。

唐宋时期的文书工作组织相当完备。据《唐六典》“三省条”和《旧唐书·职官志》“翰林院”注载，唐中央由中书、门下、尚书三省共议国政、施行政令，负责文书工作。中书、门下两省执军机要，中书省整理、陈奏章奏，提出意见、起草制诏。重要机密诏令，由翰林院撰拟。门下省负责审查中书、尚书两省撰拟的制诏或转呈的章奏，不当者，可以修改奏或退回。尚书省是最高行政机关，属六部，“掌施帝令”，负责中央部门的文书工作。至宋时，三省只管行政文书工作，增设枢密院“掌军国机务……出纳密令”。还有专门的文书工作机构，如通进司、进奏院，管中央文书的收发登记。在中书、门下两省各派一名检正官催办省属各部的文书工作。三省又都设有开拆房、催驱房（章奏房），负责收发和催办。

唐宋时期的文书工作制度十分严密。如规定有公文的一文一事制、贴黄制、折叠制、装封与编号制、移交制等。一文一事制要求一份公文只叙及一件事，不同的事情不得混于一文。贴黄制为唐代首创，是在公文错处贴上黄纸，在黄纸上改正错误。折叠制为卷轴制的改进，是在公文制作完毕后，按一定大小尺寸折叠，以便阅读、运转和保存。装封与编号制是规定公文必须装入一定规格的封套后，实封、加印、编号才能发出。移交制是规定各级官府的公文必须定期移交。移交制标志着公文和档案的界限开始划分，文书工作与档案工作开始明确分工。在档案工作的组织上，唐代设有专管甲历（人事档案）的甲库，设主事、主书、录事专管。另有史馆，亦兼有档案馆性质。宋代在三省、六部、枢密院皆设有架阁库，并设有“主管架阁库诸藏帐籍文案”的库官，地方州县亦设有架阁库，由令丞、主簿掌管，还配有做具体工作的管勾、守当官等。

除上述制度外，诸如避讳、拟制、誊抄、签押、用印、判署、收发登记、传送、承办、催办、保密等，也都有严明规定，有所违误，依法制裁。唐律规定：“稽缓制书一日”、“写制书误事未失”、“文书误犯宗庙讳”都要“笞四十”；驿使送公文“误诣他所稽程一日”或乘马带“私物一斤”，要“杖六十”；“诸泄露大事应密者绞”。

元代，中央机构实行一省制，中书省代替三省。又设行中书省作为中央临时派遣机关，加强对地方的控制。中国地方行省制即从元开始。在中书省和行中书省设有检校所、照磨所、承发司、架阁库等机构和人员，分掌检校、磨勘、收发文书和文卷储藏工作。

元代的文书工作形成了一些制度，其中大多数是首创，并为后代所沿袭，如照刷、磨勘制度、朱销文簿制度、当面交卷制度、公文传递制度等。照刷、磨勘制是一种监督公文处理的制度，由各级监察机构具体执行。照刷即检查公文有否稽迟、失误、遗漏、规避、埋没、违枉等情况发生；磨勘即在照刷之后，再做一次检查，看其中的错处是否纠正。朱销文簿制度是将要处理的公文按时间先后逐日逐件地登录在文簿上，处理完一件就用朱笔勾销一件。这一制度可以督促及时处理公文，防止公文拖延积压，并为监察部门照刷文卷做好准备。当面交卷制度规定凡新旧文书官员更替时，双方必须当面将公文案牍移交清楚，如发现有缺失，要当面查询、依法处理。实行当面交卷制度可以有效地避免公文缺失，有利于保持公文的完整。公文驿传制度自春秋战国始，春秋战国已有邮驿通信，邮即步行，驿即骑马送递；秦统一中国后，修驿道，开河渠，车同轨，书同文，更促进了邮驿通信的发展。汉时，多次遣使通西域，邮驿伸展到中亚细亚。至唐，邮驿极盛，分陆驿、水驿及水陆兼办三种，全国设驿馆一千六百多个，紧急公文，三百里行程，朝发夕至。元时，驿传通信比以往任何朝代都发达，始称驿传制。据《元史》记载，元代在全国到处设有水站、陆站、汉人站、蒙古站、海青站等各类驿站。海青站在紧急军事行动时设立，水站以舟为传递工具，陆站的传递工具则有马、牛、驴和车，大的驿站设有驿令，小的驿站设有提令掌管站务，并签民为站户，承担站役。除驿站外，还另设有急递铺，专门递送紧急公文，每10里、15里或25里设一铺，以铺司一人为头目，隶有铺兵四人。凡中央机关的紧急公文以绢袋封缄，以牌书号，号用千字文编次。如果是边关紧急军事公文则用匣子装封上锁，另行编号，编号后署名发送和接收衙门。其他紧急公文则交付承发司，按投送处所分类，同一类归为一缄，装封后交急递铺递送。各铺收到公文后，由铺司在“回历本”上登录公文事目及收到时刻，令铺兵装束停当，系铃乘马疾驰而去，下一铺听到铃声立即做好准备，待铺司登记完毕，接过公文继续传递，一天一夜，公文可达400里。这种公文驿传制度被明清沿袭。

四、明清时期的文书工作

明代洪武十三年，废中书省，罢丞相，六部直接由皇帝掌握。又另设都督府同兵部分掌军机。地方设十三布政使司（省）。布政使司、按察使司、都指挥使司分掌地方政、刑、兵事宜。省下分府、州、县。同时还建立卫所制度。清承明制，但内阁已无实权，雍正十年又设立军机处，由皇帝总揽全国军政大权，并选派皇帝心腹充任地方巡抚或总督。明清封建中央的这种极端化，导致封建文书工作更加系统、严密。

明清时期的文书工作机构，据《明史·职官志》、《明会典·翰林院》等记载，明代由内阁掌理中央文书工作，所辖中书科负责秘书工作，诰敕房管文官、外交文书工作，制敕房管内务文书工作。六部除仿元制设照磨、检校官外，均设司务厅，管公文的收发登记、分发、催办。皇帝通过司礼监代问奏章、传布政令。又设翰林院，置翰林学士、典簿、修撰等官员，专管"制诰史册文翰等"。设通政使司，总管中央机关的公文收发，成为内外、大小衙门向皇帝呈报公文必经的咽喉。六科既是辅助皇帝办理文书的机构，又是对口监督六部，对六部拥有封驳、纠弹之权的专门监察机关。

据《大清会典》记载，清代内阁设典籍厅、满本房、汉本房、蒙古房、满票签处、汉票签处、诰敕房、稽察房、收发红本处、批本处、副本处、中书科等，取代明代的中书科和诰敕、制敕两房，负责中央的文书工作。中书科的主要任务是书写诰敕，满文诰敕由满中书缮写，汉文诰敕由汉中书缮写，金册、银册写好后，由工部派工匠镌刻，中书科加以监督。通政使司仍是总管中央机关的公文收发。另设奏事处，收发机密奏折和诏令。六部皆设司务厅、督催所、当月处。司务厅掌京外衙门之文书收发登记；督催所与元明时期的检校所相似，是六部衙门的文书稽察机构，掌催本部所属各司所议之件而督以例限；当月处掌监堂印，收在京衙门之文书以付于司，送题本于内阁。兵部设捷报处、驻京提塘，捷报处掌接驰奏之折而递于官门，凡军机处寄信、批折，皆加封而交发；驻京提塘掌递部院官文书，送敕、印以达本官，凡应传抄者皆刊发。设六科掌"科抄"、封驳、注销文卷。设南书房、军机处，南书房拟进谕旨，而军机处则"掌书谕旨，综军国之要，以赞上治机务"。军机处从雍正七年（1729 年）至宣统三年（1911 年）共存一百八十余年，设立后成为凌驾内阁之上的政务中心，其职责是拟写皇帝发布的谕旨、办理皇帝交议的大政、审办大狱案件、奏补文武官员、考查行军之山川道里与兵马钱粮、考查大典礼旧案与考证历史事件、稽察各部院衙门汇奏事件等，军机处也是负责处理机密文书的机构。

明清时期的省、府、州、县都设有吏、户、礼、兵、刑、工六房(科)，置典吏、号吏、稿书等官员，分工负责文书工作。文书工作制度极为严格，如公文拟写和缮写制度：明代规定奏本用《洪武正韵》字体，黄册不准浮贴，改错处要用印压盖；奏章有涂改要问罪。行移勘合制度：明代规定“若诸司不凭勘合，擅接无勘合行移，及私与行移者，正宫、首领官各凌迟处死，吏处斩”。条旨及章奏贴黄制度：条旨即票拟，类似拟办，进奏公文，先用小纸拟出处理意见，贴附章奏呈皇帝供参考；章奏贴黄或引黄，是进本官摘要章奏大意，贴附章奏呈皇帝，以减轻皇帝总阅全文的负担。驿传制度：明清时期更加完善，如规定铺兵递送公文耽误，要挨二十鞭子；不准递送无印信公文，不得损坏封装和拆封，否则都要受罚；地方州县设有检查督促公文驿传的官员；紧要公文还要实行驿传勘合制度等。保密制度：清代规定，六科办完的内阁秘本要密封交回，密折不准与人商酌或让同僚知道，下行御批密谕不准横传、相邻不准互通、路过不得打听，下行密本于收存前，非亲办者偷看以至泄露要挨六十大板，直至判三年徒刑。清《惩治泄露军事机密章程》规定，对泄密者视情节轻重判五年徒刑以至死刑。

1840年鸦片战争之后，清代的文书工作及其制度发生了许多变化。咸丰十年（1860年）十二月初十日，成立总理各国事务衙门，至光绪二十七年（1901年）七月二十五日改为外务部。在总理各国事务衙门时期，内部机构设英国股、法国股、美国股、俄国股、海防股，文书工作机构设司务厅，掌办往来文书及一切杂务。改称外务部以后，内部机构办理外交事务的有和会、考工、榷算、庶务等四个司，掌管编译、新闻及储才的也有翻译处、清档房、机要股、储才馆四个组织，掌管文书、档案及内部事务的有司务厅、电报处、银库、文报局、统计处五个机构。其中进行文书工作的有六个机构。一是专管翻译各国文书并传达语言的翻译处。二是专管清档编辑事宜的清档房。清档房后又增设秘书股，专管机要文书的拟稿及编辑事宜。三是专管收集机密消息、发布新闻的机要股。四是专管掌收文书、领用印信的司务厅。五是专管电报翻译传递事宜的电报处。六是专管寄递各驻外使馆与外交部往来公文的文报局。

清末，清政府“立宪”，进行官制改革，宣统三年（1911年）成立责任内阁，整个国家机构发生了很大变化，文书工作机构在很大程度上简化，内阁设承宣厅专掌文书工作，包括宣布诏令，办理奏折、文移，保管图书、档案等；设制诰局，专掌进拟制诏诰敕和进呈贺本等；设收文处掌收京外衙门投内阁的文书。内阁下属各部，一般设承政厅（局）或总务厅（局），其下分科治事，如设机要科、案牍科、秘书科之类，各分掌一部分文书工作。中央度支部门设立了清理财政处，各省设立了清理财政局，专门掌管清理财政。同时，仿照欧美国家的统计制度，在内阁设立了调查局，专门掌管各项统计，随着财政、统计机构的普遍建立，出现了财务和统计方面的专门文书。

五、民国初年和国民党政府时期的文书工作

南京临时政府时期，中央的文书工作由总统府所辖的秘书处负责，各部的文书工作由政务厅主持，地方的省都督府设秘书处处理文书。

北洋政府时期，中央的文书工作由国务院秘书厅负责，秘书厅下设机要科、文书科。各部的文书工作由本部总务厅主持，总务厅下亦设机要科、文书科。机要科掌管机要电报、收发机要报告、拟制重要训条，并兼管电报处工作，其他日常文牍等事务统由文书科处理。文书工作要求严格保密，规定收发处和电报处不许随便任人进出，如有人擅动公文，除当场拦阻外，还要报知总长查究。没有发表的公文，不得私下宣示。地方的省、县公署设相应的文书机构处理文书。

国民党政府时期，由国务会议处理国务，国务会议由主席委员和委员12～16人组成。政府直辖五院，重大国务、法令的颁布，经国务会议议决，交政府主席及各院院长署名颁行。“行政院”是政府处理政务的总机关，下设内政、外交、军政、财政等十部五会。地方省、县、区、乡分别组成相应的机构。

中央的文书工作由政府文官处负责。文官处设置文官长1人，秘书8～12人。文官处下设文书局、印铸局，置局长、科长、科员等，分别负责国务会议与政府一切文书及其印铸事项。五院均设秘书处，置秘书长1人、秘书6～8人，科员10～12人，掌管各院的文书工作。“行政院”下属各部也设秘书处，负责部长机密文电的处理，还在总务处下设文书科，具体负责文书处理。省政府也设秘书处，置秘书长、秘书，分别负责省、县的文书工作。

国民党政府时期的文书工作，从公文用纸、用印、拟写、处理程序，到公文立卷、归档等，都有比较完备的制度。第一，公文用纸，1929年规定一律采用平折装订，与过去的散页装订比较，不需按页骑缝盖章，与过去的联页平折装订比较，则可整齐划一而且牢固。稿面、稿心、稿底纸皆有定式。稿面纸每页印长方线格，列事由、拟办、决定办法、批办、附件各栏。稿心纸每页印十行长方线格。稿底纸印长方线格，列发文时间、缮写校对和监印人姓名等栏。1945年还对公文封、摘由纸、签呈纸、稿面纸、稿心纸、便条纸、信笺、信封的格式、尺寸作了具体的规定。第二，公文格式结构，

规定公文由标题、文种名称、文号、发文时间、收文机关、正文、签署、时间、印章构成，行文自上而下、自右至左，白话文，分段落，使用标点符号。正文中的机关、人、地要用全称，正文采用依据（叙由、叙案）、引申（申述）、归结（结论）三段式，并规定公文起、承、转、合的专门用语。第三，行文关系，规定不越级行文，不直达非所属机关。如五院对非所属机关的行文，应函该机关的主管院转行。有必要直接行文，不得用令，应以函电代之。中央机关对县不得用令，必要时需经省政府转令遵办。下级机关行文分呈各上级机关或分函同级机关时，文尾要注明分呈或分函的机关名称。下行令分行各下级机关，也要在文尾注明分行机关的名称。政府发布的公文，除密件外，一般都用“国民政府公报”予以刊布。第四，文书处理程序，1928 年 6 月公布的《修正内政部办事细则》规定，收文程序为收文、核阅、分送、拟办、检查、归档。检查即催办，根据稿面、文件稽核簿、销号单、查询单、收发文簿进行。1933 年 8 月，“行政院”和内政部拟定将发文分为最速件、速件、普通件三种的公文总检查办法，速件每周检查一次，每两周总检查一次。公文未办者，要将未办理由和预办结时间列表送主管与收发文簿核对后会同署名盖章，报告主管长官。如再经检查未办结的，要通告查询。归档，是由收发人员将办结公文按卷粘连，骑缝盖章，在档案编存簿内登记公文种别、类别、卷数、案由、件数、附件等栏，随卷交机关管卷员登记、盖章，分别编存。发文程序有拟稿、核签、撰稿、核判、缮校、用印、封发。拟稿由业务部门拟写公文内容或素材；核签由部门主管官员核定；撰稿由主管机关的秘书部门加工成稿，再交核判、缮校。拟稿和撰稿也可以合为一道程序。第五，保密制度，1933 年 8 月公布的《各部会审查处理公文改良办法》规定收文按性质分为急要件、重要件、次要件、先办后呈阅件、密件、普通件；发文分为急要件、要件、普通件、密件，分别用各色卷夹呈阅。凡密件包括图表由主管机关自行缮校制绘。密件在“会稿簿及回单上均不注明事由，原稿及附件应用火漆封固，封面注册稿号，派专员送”。封装用火漆封口，并盖收发室图记。密件或亲启件，收发室不得开拆，要直接送总务处或亲启人。

国民党政府时期，曾提出所谓“提高行政效率，建立万能政府”口号，对文书工作进行过一系列的改革。1927—1933 年，先后颁布有关文书和文书工作的条令和办法，重点是制定公文程式，作为行文、运转和处理的基本原则。内政部和教育部提出在公文中取消习用套语，采用标点符号、分段，公文承转不套引，拟文改用白话，统一公文用纸等。1933—1935 年，针对机关行文混乱、公文处理迟缓，影响政令推行，提出行政效率改革运动，推行文书档案连锁法，即把文书收发和档案管理在某些做法上统一起来，使机关的总收发室和总档案室发生密切的连锁，实行统一编号、统一分类、统一登记，简化公文处理手续。1938—1945 年，推行设计、执行、考核相连的三联制，方法是各机关根据业务范围对各项工作先拟计划，然后层层上报，最后由中央政府汇总进行总设计，而后贯彻执行，并在执行中和执行后考核。因文书工作是主要的工作内容，故对公文的判行、会稿、承转、叙法、编号等提出了改革办法，实行分层负责制。1947 年还进行过一次文书工作竞赛，着重提要实施一些过去的改革措施。

文书、文书工作随国家的出现而产生，随社会的发展而发展。社会的发展，一方面表现为社会活动领域的扩大，为了适应新形势的需要，必须加强文书、文书工作的建设。另一方面表现为国家机器的不断健全严密，既包括政权的更替、国家机构的重新构建，也包括一个政权中国家机构的调整，在这种情形下，文书、文书工作相对于以往的文书、文书工作而言，既有继承，又有改革。因此，文书、文书工作为社会活动需要所决定，随社会的发展，始终循着适应、不适应与再适应社会活动需要这种矛盾运动的轨道向前发展。

第二节　文书工作任务与性质

一、文书工作的任务

文书工作的任务概而言之就是科学地组织每一份文书从开始到结束的全部工作，推动本机关相关工作的正常开展，沟通对内对外的各项联系。

机关在履行职权、执行任务的过程中，不断地形成和使用文书。由此，机关需要建立以文书为对象的文书工作。机关里负责文书工作的部门或机构，称为文书工作部门或文书工作机构，从事文书工作的人员称为文书工作人员或简称文书。

文书工作机构的设立具有自己独特的任务，即及时、准确、有效地处理本机关收文、发文及其立卷、归档工作，为机关各项业务活动提供实用的信息，使文书在机关领导和其他各项工作中发挥辅助性、服务性功效。这是文书工作基本内容的要求，也是文书工作的性质和作用的具体体现。从机关管理角度上看，任何一个机关都少不了文书部门和文书工作人员，不可能没有文书工作。从国家管理的角度上看，公文具有传达意图、联系业务和凭证作用，是不同机构之间沟通的桥梁，素有“经国之枢纽”、“政事之先务”之称，在国家管理中有着不可替代的地位。

如果将文书工作的任务具体化，文书工作的发文工作包括拟稿、核稿、签发、缮印、校对、用印、登记、封发、询办等流程，收文工作包括签收、登记、分发、拟办、批办、承办、催办、注办等程序。此外，文书工作还包括文件的清退与销毁工作、文书的整理工作、文书的保管和借阅工作、文书的整理归档工作等。

二、文书工作的性质

文书工作是机关工作的一个重要组成部分，是完成机关工作任务的一个十分重要的手段。把文书工作简单地看做是收收发发、抄抄写写是不恰当的。

文书工作的性质可以概括如下：

1. 辅助性

文书工作在机关领导工作中发挥着重要的辅助作用。文书工作不是直接进行决策的工作，而是通过文书为领导决策提供真实可靠的信息，为领导决策提供参考。同时，如果缺乏文书处理工作，领导决策的意图很难及时地传达下去，决策执行的情况也难以反馈。正是通过文书工作，公文在机关之间往来，往来公文既向收文机关传达了发文机关的意图，发文、收文机关产生了联系，又使收文机关工作有了依据。文书工作通过公文在机关中传递、承上启下、联系内外，将机关内各部门协调一致，使机关内外上下左右形成了一个合力，共同实现机关的使命和目标。

2. 服务性

文书工作是通过日常对文件的运转处理等一系列十分繁琐细致的工作为机关领导的决策服务，为机关的事务管理工作服务，为机关的业务工作服务。具体说来，文书工作的服务性主要表现为三个方面：为本级机关服务，为上级机关服务，为下级机关和人民群众服务。其中，为本机关服务是文书服务工作的主体。

3. 政治性

党和国家通过制发公文贯彻自己的领导与指挥意图，记录信息、传达政策、解决问题、推动工作，具有很强的政治目的。这个政治目的实现，要通过文书工作的一系列环节才能逐步体现出来。从党中央到千千万万个基层党支部，从国务院到成千上万的县、乡政府，公文恰似纽带，把上下组织紧密联系起来，以保证全国上下各级组织运转灵活、上下合拍。

4. 机要性

文书工作的机要性是由文件内容的机密性决定的。党政机关制发的文件，大部分都具有不同程度的机密性，是党和国家机密的集中所在。文件内容的机密性，决定了负责形成、处理和管理文件的文书工作具有很大的机要性。工作中一旦疏忽大意，通常会造成失密泄密，给党和国家的工作带来不良的后果，甚至会造成很大损失，危害到党和国家的安全。

5. 枢纽性

文书工作在机关工作中处于一种枢纽地位。它的办文、办事不是孤立的，处于承上启下之中，而它又通过办文、办事达到联系上下、沟通左右的目的。上级的意图通过文件贯彻下去，下级的工作情况和问题又通过文件反映上来，通过文件的周转，又使各部门和全体工作人员的认识一致、行动协调，并做到彼情我知、我情彼知、互通信息、运转合拍，因此文书工作在机关工作中实际起着一种枢纽作用。

6. 统一性

对文书的种类名称、体式结构、用纸尺寸等，国家都有统一的规定，不得随意标新立异；对公文的办理、行文的规则、文件的立卷销毁等，国家也有统一规定，不能随意行事。如发文要经过拟稿、核稿、签发、缮印、校对、盖章、封发；收文须经过签发、登记、拟办、批办等程序，任何人不得擅自处理。这种统一性，也是文书工作的一个特性，它有利于维护文件的严肃性，促进文书工作的科学化，并保证全国上下左右在办文上协调一致。

第三节　文书工作组织与管理

一、文书工作的组织

文书工作的组织形式主要有集中处理形式和分散处理形式两种类型。

（一）集中处理形式

集中处理形式是指在一个机关内，除了公文的承办即具体办理外，文书处理的其他程序都集中在机关的中枢机构即办公厅（室）来进行，由办公厅（室）直接同机关领导和各业务部门联系，对机关的文书工作进行统一组织，各业务部门不再设立文书机构或专职、兼职的文书人员。

（二）分散处理形式

分散处理形式是指一个机关的文书工作，分别由机关的办公厅（室）和各业务机构的文书部门或专职、兼职文书人员分工承担。机关办公厅（室）与各业务机构的文书部门如何分工，具体做法如下：

1. 按公文的性质和内容分工

属于方针政策性的、全局性的、综合性的公文及以机关名义发出的公文，由总的文书部门即办公厅（室）处理；属于具体业务性的公文，由有关业务机构的文书部门或专职、兼职文书人员处理。

2. 按文书处理的不同程序分工

一部分处理程序，如公文的收发、登记、缮印等由办公厅（室）去处理。另一部分处理程序，如催办、立卷等分别由各业务机构的文书部门或专职、兼职文书人员承担。

一个机关要提高文书工作效率，在加强领导、健全制度的同时，还要根据文书工作的原则和各级党政机关、企事业单位自身的特点组织工作。采取集中形式还是采取分散形式，总的要求是合理方便、适应工作需要。一般来说，集中形式宜于职权范围不大、内部组织机构简单、驻地集中、公文往来不多的基层、小型机关和企事业单位采用，如区、乡、厂矿、商店、中小学校等。这些机关、单位只设有办公室、秘书科或一两个文书或秘书工作人员，统一负责文书工作。有些机关虽然职权范围不小，如中央、省及大型企事业的驻外机关，多属县团级，但是它们的组织机构简单、驻地集中、公文往来不多，同样宜于采用集中形式，只要有相应的文书工作机构和文书工作人员负责公文就行了。分散形式宜于职权范围大，内部组织机构多，层次在两级或两级以上或驻地分散、公文往来数量多的机关，如县级以下的党政机关及其直属机关，大中型企事业单位的公司、厂矿、科研院所、大专院校等。这类机关、单位应当采用分散形式，即机关、单位本身设有办公厅（室）秘书处统一管理机关单位的文书工作。下属机构、单位也设有办公室或秘书科，或者文书、秘书人员管理各自的文书工作，组成由机关、单位办公部门统一指导、协调运转的文书工作系统。

采取分散形式组织文书工作的机关、单位，设有总收发室，负责外收发，各个组织机构的文书工作人员负责内收发。公文的收发、登记、缮印集中进行，公文的催办、承办、立卷根据公文的业务内容分散进行。

二、文书工作机构设置

文书工作机构是各级党政机关和企事业单位内部的机构，是为完成组织内的特定任务而设定的，不具备一般组织的独立处置和活动能力，因而不能称作一级组织。

各级党政机关和企事业单位内部的机构，按照它们所担负任务的性质不同，可以分作三类。一类是业务部门或称作职能机构，它们领导管理机关的某项业务工作，担负机关的一部分职能。如某工业厅的科学技术处、机械设备处等，某机械厂的技术科、工艺科等，某大学的教学工作处、科研工作处等。一类是机关的人员、财务、物资等的管理部门或称作管理机构，它们领导管理机关的组织、后勤、保障等工作，如人事处（科）、保卫处（科）等。一类是机关办公部门或称作中心机构、综合职能部门，它们主要负责协助领导进行工作，如各级机关、企事业单位的办公厅（室）、秘书厅（局、处、科、室）等。机关办公部门起着机关的中枢作用，它们的日常工作任务主要是通过管理、协调机关的文书工作，协助机关领导处理、协调整个机关的日常事务。因此，通常把各级机关的办公部门，即办公厅（室）或秘书厅（局、处、科、室），包括它们所辖的收发、信访、打印或印刷、机要等单位，统称文书工作机构，其所属的工作人员称作文书工作人员。此外，机关业务部门一般还设有秘书或管理文书工作的干部，他们也属文书工作人员之列。机关的领导人、业务部门的负责人及工作人员，在不同程度上也参与某些方面的文书工作，如签发、批办、承办、拟制等，他们虽不是文书工作人员，但与文书工作的关系十分密切。

机关内部组织机构的层次和数目，根据工作需要而定。一般说来，大的机关设有两三层机构，如中央各部设的司（局）、处、科（室），中等机关设有两层机构，如省档案局内设处、室，小的机关和基层单位只设一层机构，如区、县级机关只设局（科），或只有简单分工不设内部机构，如小学、小商店等。

三、文书工作领导体制

文书工作不像其他工作，有一个全国性的领导机构来领导。例如，档案工作有一个全国性的领导机构国家档案局领导全国的档案工作。那么，对全国各类各级机关的文书工作怎样实施领导呢？

（1）中共中央办公厅和国务院办公厅分别负责指导党和政府系统的文

书工作，通过召开有关的全国秘书长、办公厅主任会议，颁发有关的条例、规定和办法，作出有关的指示，对全国的文书工作进行领导。

(2) 一个机关的文书工作，由本机关的秘书长或办公厅（室）主任负责领导。秘书长或办公厅（室）主任根据本机关文书工作的任务和组织，提出全面的工作计划和实施方案；总结本机关及其所属机关、单位的文书工作经验；组织印制机关文书规范化、标准化所需的公文版头、文书处理表格，购置文书处理工作所需的设备；指导机关各部门专职、兼职文书工作人员的业务；制定机关文书工作规范、规章制度，并对执行情况进行检查、监督和协调。

(3) 上级领导机关的办公厅（室）负责对其所属的机关、单位的文书工作进行业务指导。

(4) 机关档案室负责对机关各部门的文书立卷和归档工作进行指导、监督和检查。

(5) 机关业务部门，责成一名秘书负责本部门的文书工作。

第四节　文书工作原则与要求

一、文书工作原则

原则，按照《辞海》的解释是“观察问题、处理问题的准绳”。机关公文处理工作必须遵循一定的原则或准绳来进行，这是提高机关办事效率、保证领导工作正常运转的关键问题。为此，中华人民共和国成立以来，党和国家领导机关在有关公文处理的文件中，对机关公文处理的基本原则作过一系列阐述和说明。

1955 年，经党中央批准的《中国共产党中央和省（市）级机关文书处理工作和档案工作暂行条例》第三条指出：“文书处理工作的基本原则，是及时准确地处理文书；反对积压和紊乱，反对文牍主义。”

1981 年，国务院办公厅发布的《国家行政机关公文处理暂行办法》中规定，“公文处理必须做到准确、及时、安全”，“必须实行严格的保密制度，确保国家机密”。

1993 年 11 月国务院办公厅修订发布的《国家行政机关公文处理办法》第六条、第七条、第八条规定：“公文处理必须做到准确、及时、安全。公文由文秘部门统一收发、分办、传递、用印、立卷、归档和销毁。”“各级行政机关的公文处理工作，应贯彻‘党政分开’的原则。”“在公文处理工作中，必须严格执行国家保密法律、法规和有关保密规定，确保国家秘密安全。”

1996年5月中央办公厅发布的《中国共产党机关公文处理条例》第四条、第五条指出：“公文处理应当坚持实事求是、按照行文机关要求和公文处理规定进行的原则，做到准确、及时、安全、保密”。“党的机关的办公厅（室）主管本机关的公文处理工作，并对下级机关的公文处理工作进行业务指导。”

2001年1月开始执行新的《国家机关公文处理办法》，对文书工作的原则进行重新规定：“公文处理应当坚持实事求是、精简、高效的原则，做到及时、准确、安全。”

根据上述精神，机关公文处理工作的原则可以综合表述为：公文处理必须本着实事求是，准确、及时高效、安全、简便地集中统一管理机关公文。

（一）实事求是

实事求是是我党一贯提倡的工作作风。新的公文处理办法首次把“实事求是”作为文书工作的指导原则具有重要的意义。

文书工作是党和政府机关工作的重要和关键部分，没有文书工作的实事求是，机关工作的实事求是就无从谈起。文书工作的实事求是主要应该体现在以下几个方面：

（1）发文。发文的目的一是布置工作，二是解决问题。发文时，必须根据受文单位的实际情况，确定公文的内容。不能盲目地、无的放矢地发那些对实际工作毫无意义的文件。如果是为了解决某一个问题而发文，发文机关应深入有问题的单位或地区进行调查，了解事实真相，得出正确结论，然后针对问题的本质，有的放矢地发文，防止走马观花、回避问题等官僚主义的现象出现，这样才能正确地解决问题。

（2）承办。在接到上级文件之后，要根据本单位的实际情况制定出切实可行的办法，不可照抄照搬上级文件，使文件精神无法落实。如遇上级文件精神不符合本单位实际情况时，应积极向上级提出建议和意见，使上级做出正确决定。如果贯彻文件是为解决本单位的问题，决不可掩盖问题真相，偏袒犯错误的单位和个人，大事化小，小事化了，使问题得不到有效的解决；亦不可因个人恩怨，借机报复，使问题更加严重。在承办过程中，应本着实事求是的态度，认真贯彻落实上级的文件精神。

（3）管理。应根据本机关的职能和工作性质，制定符合本机关实际情况的文书工作制度，以保证文书工作作用的充分发挥。在整理和保管文件时，应按文件自然形成规律，从历史的观点出发，进行整理和保管工作，不可带任何感情色彩。

（二）准确

文书工作必须准确无误，万无一失，这是由文书工作的性质和作用所决定的。文书工作只有做到准确，没有偏差，才能确保党和国家的各项方针政策和法令的贯彻执行，确保机关工作职能有效实现。例如：在撰写公文时，用词要准确，否则就会因词害意，影响文件精神的传达；在文书的处理过程中，主送机关和抄送机关的确定要准确，否则文件的精神就得不到及时的落实。拟办和批办时，承办单位的指定要准确，否则文件所安排的工作就无人去做；在文书的管理过程中，对文件分类要准确，否则整理的质量就得不到保证；利用当中密级的掌握要准确，否则就会使国家机密泄露出去，造成重大损失。总之，文书工作是一项严肃认真的工作，必须准确、周密、一丝不苟，这样才能充分发挥文书的作用。

（三）及时高效

要求文书工作及时，就是要求文书工作保证效率。只有文书工作效率得到保证，机关工作的效率才能够保证。

文书工作的及时高效，包括两层意思：

（1）处理文件要迅速。即处理文件的节奏要快，提高文件的周转率，按时完成文件处理的各个环节的任务。例如，签收后的文件，要多长时间分发到各有关单位和部门，文书部门就要遵守这个时间；上级要求承办部门什么时间之内完成工作任务，承办部门就要按时完成；文书部门的人员还要监督各个部门按时阅读文件，及时周转文件。

（2）处理文件要适时。有些文件的传递和阅读，必须按照规定的时间进行，既不能提前也不能拖延。这就有一个区别几种行文方式的问题。例如，要求逐级行文时，就不能直达行文和多级行文；要求直达行文时，也不能逐级行文和多级行文，一定要按要求行文。

总之，及时地处理文件，就是要求文书人员具备时间观念，迅速及时地做好文书工作。

（四）安全

文书工作安全的要求有两层意思：

（1）保证政治上的安全，要求对机密文件内容的保密。各级机关都有一部分机密文件，这就要求文书工作的各个环节都必须注意保密，不允许有任何失密、泄密的问题出现。文书人员不能把机密文件的内容告诉不应知道的人员，不要让与机密文件无关的人接触到此文件等。

（2）保证物质上的安全，确保文件不丢失、管好文件。

（五）简便

简便就是精简、方便。文书工作要厉行简便、讲求实效。这种简便的原则主要体现在三个方面：

（1）发文要少而精。不要事事都发文，凡是能够不发的文件一律不发，能够少发文的尽量少发。能够用其他方式解决问题，就不要发文。

（2）处理文件要方便读者。能够直接送阅的，就不要装封邮寄，能会议传达的，就不要人人传阅，能直接送阅的，就不要层层转送，这样就会减少环节，节省时间，有利于文件的传达贯彻。

（3）文书管理要有利于使用。文书管理要严格，手续要严密。这是必要的，但不能做得太繁琐，把文件管得太死，否则就会影响文件的使用。管理文件的目的在于方便使用，应当根据这一目的，制定文件的管理办法，使其符合简便的原则。

随着政府信息化工程的推进和电子文件的大量积累，公文处理的原则将运用计算机技术和网络技术，向更加及时、高效、简便发展。

二、文书工作要求

《国家行政机关公文处理办法》在“总则”中规定，“公文处理应当坚持实事求是、精简、高效的原则，做到及时、准确、安全。”“公文处理必须严格执行国家保密法律、法规和其他有关规定，确保国家秘密的安全。”《中国共产党各级领导机关文件处理条例》在“总则”中亦指出，“文件处理的基本原则是准确、及时、保密。”“行文要注重效用，要少而精，防止和克服官僚评论、形式主义、文牍主义。”“行文应贯彻党政分开的原则。”根据上述规定，文书工作的要求可以归纳为以下几点：

1. 文书处理必须准确、及时、安全

准确是文书工作保证质量、避免差错、发挥公文作用的前提和基础。无论什么工作都要讲质量、避免差错，文书工作关系到党和国家事务的管理，更应当讲求质量、避免差错。具体来说，在文书工作中，每一处理程序都必须按照要求准确无误地进行，因为任何粗枝大叶、草率马虎都有可能造成不良的后果，不但使公文发挥不了应有的效用，而且还会使机关工作造成混乱。如登记的发文字号不准，会造成公文的下落不明；信封上的收文机关地址填写不准，会造成公文的误投；拟制的公文词语不准，会造成公文的意图表达不清等。

文书工作的及时要求，有公文本身的时效性决定。因为公文应特定的需要形成，在一定的时间里使用和解决一定的问题，误时就会误事。所以，文书处理必须及时，反对拖拉作风和积压公文。例如，公文的撰写、印制、传递、办理不及时，贻误了时间，所针对的事物发生了变化，就失去了制发的意义。为加快文书工作节奏，机关应健全制度，明确分工，简化手续，改进工作作风，针对不同的公文文种和内容制定不同的时限要求，积极地研究和推行文书工作的标准化、制度化、现代化，以保证文书工作及时执行。

文书工作的安全要求，是要确保国家机密，做到不失密、不泄密，公文不丢失、不被盗。许多公文涉及党和国家的重大问题，涉及政治、经济、军事等重要机密。贯彻文书工作的安全要求，主要靠机关工作人员特别是文书工作人员的政治觉悟和严格必要的安全保密规章制度。对公文的收发、登记、传阅、保管、调用以及文件去向的记载，都要按章办事，一丝不苟。公文该谁阅、该谁办，就送谁阅、送谁办，而不应阅、不该办的人员，坚决不许接触公文。某些机关内部工作或社会生活管理的公文，在一定时间和范围内，也有适当保密的必要。文书工作必须严格执行保密制度，一切尚未公开的秘密公文都要注意保密，这是文书工作政治性、机要性的要求。文书工作人员必须遵守以下保密措施：

① 不该说的机密，绝对不说；

② 不该问的机密，绝对不问；

③ 不该看的机密，绝对不看；

④ 不该记录的机密，绝对不记录；

⑤ 不在非保密本上记录机密；

⑥ 不在私人通信中涉及机密；

⑦ 不在公共场所和亲朋好友面前谈论机密；

⑧ 不在不利于保密的地方存放机密文件、资料；

⑨ 不在普通电话、明码电报、普通邮政信件、未加密电子邮件中传达机密事项；

⑩ 不携带机密材料游览、参观和出入公共场所。

一旦发生文件丢失，必须立即查找；发现泄密，必须立即采取措施挽回或防止更大范围的泄露，以保证文书工作的安全要求。

2. 行文要党政分开

党和国家机关的性质不同，职能不同，组织形式和工作方式也不同。党对国家事务实行政治领导，其主要方式是党的主张经过法定程序变为国家意志，通过党的组织活动和党员的模范作用带动广大人民群众实现党的路线、方针、政策。应当划清党组织和国家组织的职能范围，理顺党组织与人民代表大会、人民政府、司法组织、社会团体、企事业组织和其他各种社会组织之间的关系，做到各司其职。党的机关的公文不应主送政府机关，政府机关也不应当向同级或下级党的机关发指示、交任务；党委不能包揽政务，政府也不能取代党务。各级行政机关要在党的领导下充分发挥自己的职能作用。各级党政机关要在党的领导下充分发挥自己的职能作用。各级党政机关的文书工作，都要注意党政分开，属于行政方面的工作，向政府机关请示、报告；属于党的思想政治工作、组织建设方面的工作，通过党的机关请示、报告。

3. 行文要注重效用

行文要注重效用，少而精，反对官僚主义、形式主义、文牍主义。官僚主义是机关的领导作风问题。形式主义、文牍主义是一种事无巨细、无论有无必要都以文来文去的工作方法。形式主义、文牍主义是官僚主义的产物，又是滋长官僚主义的温床。各级党政机关都应当深入实际，调查研究，密切联系群众，工作讲求实效，一切从实际出发，反对只办文不办事和为办文而办文的不负责任、不问实际效果的官僚主义、形式主义、文牍主义作风。

公文是管理国家政务必不可少的工具，文书工作是国家机关必不可少的工作，但绝不能把办理公文作为机关唯一的工作方法。并不是文件发得越多越有利于推动工作或解决问题。相反地，以文来文去为唯一的工作方法，就会导致不加控制地滥发公文，浪费人力、物力，使机关工作陷入形式主义、文牍主义，助长官僚主义作风，对工作百害而无一益。因此，机关必须认真精简公文，可发不可发的公文，做到坚决不发。机关职能范围内的工作，根据已有的有关规定处理，而不是遇事都请示；可以通过现场会、座谈会、电话或调查等形式解决的问题，就不用发文了。

第五节　文书工作制度

文书工作制度指的是领导机关的文（秘）书部门在工作中产生的、正在办理或已经办理完毕而尚未立卷归档的一切收文、发文和其他书面材料的活动的总称。文书工作是党和政府的领导机关一项重要的工作，它的对象主要是公文。文书工作包括相互衔接的一系列程序，是一项政治性、政策性、机密性、科学性和时效性很强的服务工作。在新的历史时期，公文工作的主要任务，概括地讲，就是管好用活各类公文，高效优质地为领导决策和机关工作提供服务，重点在于“管好用活”。所谓“管好”，就是做到“一保三化”，即文书工作要达到规范化、制度化、科学化，保证党和国家机密的绝对安全。规范化就是将文书工作的诸环节程序化，拟定具体标准、规范和技术操作规程；制度化就是建立健全各项规章制度，如收发制度、借文制度、保密制度等；科学化就是对文书工作实行科学管理，结合实际引进自然科学和企业管理经验、方法，逐步创造条件，用现代化的设备和手段装备文书工作部门。所谓“用活”，就是要在文件规定的阅读范围内最大限度开发利用公文信息资源，充分发挥文件内在的效用，高效优质地为领导决策以及同级和下级机关服务。

文书工作制度一直与封建法律相结合，历代刑律中的《职制律》，多有明文对文书工作的程序制定严格的规定和限制，如有违反，要受到处罚。如《唐律·职制》有59条，其中关于文书工作的规定就有19条。《大明律·吏律》中也作了类似的规定。可见文书工作制度在我国古代也是以法律为保障的。

一、古代文书工作制度

我国古代文书工作的发展表明，古往今来曾建立过多项文书工作制度，包括已湮没的历史制度与继承沿用的现行制度、失败的制度与成功的制度。现举例说明如下：

1. 封驳制度

我国自秦始皇建立君主专制下中央集权的封建王朝，皇帝拥有至高无上的权力，最高统治者精明或昏庸，直接影响国家治乱安危。统治阶级总结历史经验与教训，认识到为使皇帝的诏命体现整个地主阶级利益，就需要在政权内部对皇帝的旨意加以调节。封驳制度作为专制制度的补充物应运而生。封，是对所收皇帝诏命原文封还，示不执行。西汉初，丞相经常封还皇帝诏书。驳，则是进一步指出诏书中的错误，唐行三省制，中书省出诏，门下省驳正，尚书省施行。明代诏书如有失宜，由六科给路中驳正。

2. 核稿制度

春秋时期，已有对文稿修改、审核把关的程序。清代地方衙署存世档案中，由书吏起草文稿上多留有幕友修改的字迹，审核颇严。中央各部衙署中，文书由书吏起草、修改、誊清，谓之呈堂稿；须当面对堂官（尚书、侍郎）朗读并附作解释、说明，称为说堂；经堂官、司官询问明白，审查通过，全文方才核定。

3. 编号登记制度

汉尚书已建立对诏书登记、留底备查的制度。如汉武帝时，故相窦婴与丞相田蚡党争不胜，被系猜狱中，使昆弟子上书，言在景帝时曾受遗诏，遗诏曰“事有不便，以便宜论上”，以求解脱。为鉴验诏书真伪，朝廷“案尚书”，但“尚书之中无此大行遗诏”的记载，遂正窦婴之罪。南北朝时曾建立“朱销文簿”的制度。宋代出现发文编号的做法，文书以千字文编号，公文用印发出更须“以千字文”为号，并“编录为籍”，在外官司向枢密院投奏状须“用号书贴”。对文书的各项登记置“簿历”，州由签判、县由令丞掌管，监司则置“都簿以总之”。机关间往来行文，复文机关在复文中标明来文字号，可避免重述来文内容，凡“官司会问文书用字号者，于回报公文前朱书来号”。

4. 拟办和批办制度

拟办是对收文办理所预拟的意见，一般由文书主管人员进行。明代内阁大学士为皇帝处理奏章，进行票拟，相当于古代的拟办制度。清代皇帝将所收奏章批结军机处拟旨，就属于古代的批办制度。

5. 催办制度

古代是发文机关催促收文机关对文书办理、答复的制度，它包括办文程限（即办文周期）、催办方法、逾限处罚三方面规定。唐代公式令根据文书所述事项的大小、难易和传递途程远近，皆规定“程期”。如果对上级下达文书办理稽程，“常务计违一月以上、要务违十五日以上不报……”杖责二十；经发文机关催办，“符碟再下犹不报，常务通计违五十日以上，要务通计违二十五日以上……”杖责四十；经发文机关再次控办，“如符碟至三度，因违不报，常务通计违八十日以上，要务通计违四十日以上……”杖责六十，并对收文机关长官、勾官等给予不同行政处分。宋代依事之大小分别规定办文程限，对不须捡覆的行遣小事，限五日；须检澄案或须勘会的中事，限十日；须计算簿账或须议论的大事，限二十日。各官司收进文书当天须加盖收文日戳，第二天交付办理，凡“诸受文书有程限而未能回报者，具事因先报”。对需要逐级抄写行下的制书、赦降及其余公文，也计纸数而定书写程。“诸文书应互相取会未报者，每拾日一催，叁经催不报者，听关申所属究治”，以防同级间推诿、稽迟。对于上行文逾期不复，规定许越级上报。如诸官司申请尚书吏部事项，“已申而不报者，申尚书省或枢密院，又不报者，具奏”，如事属急速者，为防止延误，许先奏后申，以防上级对下级来文不加理睬。元代在至元八年二月曾立定行移程限，限小事七日、中事十五日、大事三十日办完。又根据途程远近，详定催办期。对办文逾限，至期一催、再催、三催，若三催不报，则依法问罪。明中叶，张居正改革，对文书运转迂缓、办理迟误的积弊，也曾立定文书程限。清代规定，“内外衙门公事，小事五日程，中事十日程，大审二十日程，并要限内完结”。由于清代公文运用汉、满、蒙、回多民族文字，又规定部院各衙门收到清字（满文）文移，“笔帖式详细译汉不过三日；其译汉呈堂日期、并译汉之笔帖式、及查法之满司官，俱于堂行簿内注明，如有逾限者，将该管司官、笔帖式记过”。又于乾隆十四年（公元1749年）定交部会议办件的办结期限。

6. 秘密文书回收制度

秘密文书回收始于清朱批回缴制度。清初，“于本章之外，准用奏折，以本章所不能尽者，则奏折可以详陈”。而皇帝的“谕旨所不能尽者，亦可于奏折中详悉批示，以定行止，此皆机密紧要之事，不可轻泄”。雍正始令内外臣工，定期将经皇帝亲笔朱批的奏折集中回缴，形成定制。

7. 正副本制度

正副本制度始于西周。当时规定，无论何种文书都要形成正副本。如王命文书宣读后，把正本交给承办者，史官将根据正本形成的副本藏于王室备考。其他文书亦是在形成之后，在正本的基础上誊抄出副本，以备查询。此制度一直沿用至今，但内容有所变化。

8. 用印制度

用印制度始于春秋后期，到战国时期已形成一种制度，要求各国相互往来的文书均要用印，一是表示权威，二是作为凭证。

9. 用纸制度

用纸制度是对公文用纸的颜色和尺寸的规定。东汉以后，凡皇帝下达的文书专用黄纸书写，其他公文则只准用白纸书写。纸张尺寸，不同级别的文书用不同规格的纸张。

10. 引黄、贴黄制度

引黄是在文书封皮或前面，写出文书的主要内容或时间、地点。贴黄是将诏敕中有所改动的内容，奏状中需要补充的内容，写在另外一块黄纸上，并贴在文书上面。此制度始于唐代。

11. 票拟制度

亦称条旨制度，即在向皇帝呈送公文时，必须在公文上面签押纸条，写出处理意见，以供皇帝审批。后来有所变化，凡呈皇帝的奏章，都由专职官员用红笔批出，呈皇帝阅读。此制度始于明代。

12. 勘合制度

古时文书加盖印信，分为两半，当事者各执一半，查验骑缝半印，作为凭证，以防欺诈。明代多用于边戍调遣和除授官员，清代官吏奉差出京，沿途用驿站马匹，须查验邮符，亦称勘合。官府的文簿，由上级官员盖半印，称为勘合文簿。例如，明洪武十五年的行移勘合制度。“其制，以簿册合空纸之半而编写字号，用内府关防印识之，（印文的）右之半在册，左之半在纸。册，付天下布政使司、都指挥使司及提刑按察司、直隶府州卫所收之；半印纸，藏于内府。凡五军都督府、六部、察院有文移，则于内府领纸，填书所行之事，以下所司。所司以册合其字号，印、文相同则行之。谓之半印勘合”，并在半印簿册上逐号登记收文的主要内容（附写缘由），用满上缴内府备查。清代地方衙署下发文书，多将文面合发文登记簿面圈、盖印、编号，再在发文登记簿上填写月日、事由等项目。

此外，古代的文书制度还有保密制度、驿传制度、签字画押制度、公文折叠制度、避讳制度等。这些制度都是顺应各个朝代的统治建立的。

二、当代公文行文制度

行文即公文从一个机关发往他机关。行文必须遵循严密的行文关系，按照一定的行文方向，通过相应的行文方式进行。行文关系、行文方向、行文方式构成了行文制度。建立健全的行文制度有助于机关按照各自的职责，进行正常的领导和管理工作，保证机关工作的正常秩序，避免行文混乱，防止公文“旅行”，减少不必要的发文，防止文牍主义，提高机关工作的质量和效率。

（一）行文关系

行文关系即发文机关与收文机关之间的关系。行文关系由发文机关与收文机关的组织系统的归属和其职权范围所决定，即由发文机关与收文机关之间的组织关系所决定。

（1）同一系统的机关，有上级领导机关，又有下级被领导机关。上下级机关之间，构成领导与被领导关系，又称隶属关系。如政府组织系统中的国务院与各省、自治区人民政府；各省、自治区、直辖市与所属的各自治州、自治县、市、市辖区人民政府。党的组织系统中的党中央与各省、自治区、直辖市党委；各省、自治区党委与所属的各地、市、自治州党委。

（2）上级主管业务部门和下级业务部门之间具有业务上的领导或指导关系。如国家教委与各省、自治区、直辖市教委；财政部与各省、自治区、直辖市财政厅（局）。

（3）不同系统之间，无论级别高低，无领导与被领导关系、也无上下级业务部门的指导关系，而仅是一般的关系，或称作不相隶属关系，如中央军委与省人民政府、省委与县人民政府、省教委与县民政局。

（4）不同系统的同级机关和同一系统的同级机关之间的关系属于平行关系。如省人民政府与省军区、省人民政府各厅（局）。

机关之间的组织关系体现在行文中就是行文关系。

（二）行文方向

根据行文关系，公文由一个机关向他机关运行的去向就是行文方向。公文向下级机关运行称下行，该公文称下行文，公文向上级机关运行称上行，该公文称上行文；公文向平行或不相隶属的机关运行称平行，该文称平行文。

（三）行文方式

行文的目的和要求不同，所采用的行文方式就有不同。行文方式有逐级行文、多级行文、越级行文、普发行文、联合行文、平行行文。

（1）逐级行文。逐级行文是下级机关向直接的上级机关，或上级机关向直接的下级机关行文。逐级行文是上行文、下行文最基本、最常用的行文方式。因为无论是党的机关或是国家机关，都是既集中统一又分层负责地进行管理的，所以机关的对外联系主要是与自己的直接上级或直接下级之间的联系。另外，逐级向上行文，可以充分发挥各级机关的职能作用，减轻上一级领导机关的负担。逐级向下行文，便于各级领导机关结合实际情况，提出切实措施和要求向下布置，以求得行文的最佳效果。

（2）多级行文。多级行文是下级机关同时向自己的直接上级机关和更高级的上级机关行文，或上级机关同时向自己所属的几级下级机关行文。在下行文中，这种方式可以避免公文的逐级转发以提高时效，使几层下级机关都能迅速地收读，及时贯彻。如中共中央同时发文给省委、县委，国务院同时发文给各省、自治区、直辖市和行政公署、自治州、县、自治县、市人民政府。在上行文中，这种行文方式不宜多用，通常是遇到比较重大或特殊的问题需要同时请求直接上级和更高一级的领导机关了解和指示、批复时才采用。如县委行文给省委并报中央，或给中央并报省委，省计委行文给国家计委并报国务院等。

（3）越级行文。越级行文一般用于上行文中，是下级机关越过自己的直接上级机关向更高级的上级机关直至中央行文。这种行文方式，只有在特殊情况下才采用。一般地，下列情况下可以使用越级行文：

第一，由于情况紧急，逐级请示或报告会因延误时间而造成损失，如发生战争、严重事故、自然灾害等；

第二，经过多次请示直接上级机关，长期没有得到解决的问题；

第三，上级机关交办的并指定越级上报的问题；

第四，对直接上级机关检举控告的问题；

第五，与直接上级机关有争议而无法解决的问题；

第六，与直接上级机关职权无关，需越级询问、联系的一般事务。

越级行文，除了检举、控告者外，应当抄报被越过的直接上级机关。

（4）普发行文。普发行文又称作直贯行文、通行行文或直达基层组织或群众的行文。普发行文一般是党政领导机关的行文。普发行文一般是时间性强、涉及面广，需要动员各级组织和广大人民群众共同执行的。这种行文可以减少中间环节，使基层组织和广大人民群众迅速了解和执行。

普发行文有的采用在报刊上公布。有时在报刊上公布的文件不另行文，目的是精简文件，减少不必要的文件往来，提高办事效率。不是所有在报刊上公布的文件都不另行文，有些重要文件，如法规等政策性强的文件，即使在报刊上公布了，仍须按系统行文。确定不另行文的文件，应在报刊上注明“不另行文”字样。不另行文的文件，应视为正式文件，与正式文件多有同等效力，与正式文件一样保存和归档。

（5）联合行文。两个或两个以上的机关对涉及各自职责或各自利益的事项，经协商后达成一致意见而联合制发的公文，称联合行文。联合行文的机关应是同级机关，不是同级机关不能联合行文。如县人民政府只能与另一个县人民政府或相等级别的机关联合行文，不能与省人民政府或乡人民政府联合行文。联合行文的机关对文件必须共同承担责任。

（6）平行行文。同级或没有隶属关系的机关、单位之间的行文，称平行行文。党政军机关、人民团体、企事业单位之间，根据工作需要，可以直接行文。平行行文涉及面广，可以是同系统的同级机关，如各省、自治区、直辖市人民政府之间行文；也可以是不同系统的同级机关，如省人民政府和省军区之间行文；还可以是不同系统的机关或单位，如县政府与企业之间行文。平行行文的公文文种通常用函，不能用指令性或请示性公文。公文的口气是平等协商，不是提要求或下指示，也不是请示或报告。

三、行文制度内容

根据行文关系、行文方向、行文方式，行文制度包括以下内容：

1. 行文应分清主送与抄送机关

一般请示或要求办理、答复的公文，应主送一个机关，以便收文机关及时处理。需要由两个以上机关共同办理、答复的公文，才主送两个以上的机关。受双重领导的机关对上级机关的请示，应视公文内容分清主送与抄送。上级机关对受双重领导的机关行文时，应同时抄送另一个领导该机关工作的机关。

2. 严格控制抄报与抄送的范围

抄报与抄送机关是需要了解公文内容并协助公文办理的机关，否则不予抄报、抄送。向上级领导机关的请示，不必同时抄送下级机关；向下级机关的重要行文，可以抄报直接的上级机关。转发上级机关的公文，不要再抄报。

3. 除非有必要，一般不得越级行文

下级机关避开直接上级机关向上越级行文，会打乱正常的领导关系，使直接上级机关的工作陷入被动，还会造成公文往返传递、拖延办理时间。因有特殊情况必须越级行文时，需抄报所越过的直接上级机关。

4. 不相隶属的机关，不应以隶属关系的身份行文

不属同一系统的机关，没有领导和被领导关系，不能以下行文方式发出命令、指示、决定等领导性公文和以上行文方式发出请示、报告等请求给予领导的公文。要防止党政不分的行文现象，政府机关和社会团体的党组，不是一级党委，不宜用党组的名义行文；上级党委可以向政府机关和社会团体的党组行文，不宜直接向政府机关发指示；政府机关也不宜直接向党的机关报告工作或发出指示。

上级机关的业务部门与下级机关的业务部门，如中共中央组织部与省委组织部、省工业厅与县工业局，只是在业务上有指导关系，而没有直接的领导关系。下级机关对于重大的、方针政策性的问题，应向上级领导机关请示和报告；属于一般业务问题，可以由下级机关的业务部门与上级机关的主管业务部门直接联系，以缩短行文路线、减少转折。上级机关的主管业务部门，可根据机关领导的授权，答复下级机关提出的有关业务问题，但不宜直接对

下级机关发出领导性公文，如省工业厅不能对县人民政府发出指示、决定等。

5. 必要时，两个以上的同级机关可以联合行文

凡对下属业务部门的发文涉及其他平行机关的业务权限和具体政策时，可与有关机关洽商一致后联合发文，以便在贯彻执行中相互配合。

6. 机关内部应当明确规定发文权限

凡属于涉及国家方针、政策和机关全局工作的重要公文，以机关名义行文；属于既定的方针、政策范围以内的业务性公文，以业务部门的名义行文；属于行政事务方面的公文，以综合办公部门的名义行文。

7. 严格控制发文的数量与范围

行文必须本着精简公文的原则，严格控制发文的数量与范围，反对乱发指示和事事请示的做法。发文应当做到：凡是不该发和可发可不发的公文，一律不发；不该转和可转可不转的公文，一律不转；不该抄送和可抄送可不抄送的公文，一律不抄送；能够综合处理的问题，不要零星行文；定期汇集带有普遍性而又不涉及机密的公文以公报形式公开发布，而不另行文；同一份公文已发给某部门办理，就不要同时发给另一部门重复办理；行文要考虑周到，不可朝令夕改，一再补充修正，以致重复行文；上级和下级的业务部门尽量对口行文，减少中间转递环节。

执行行文制度，保证公文正常运行，是机关之间上下左右联系顺畅、运转灵活的重要条件。因此，各级各类机关在行文中都必须高度重视和认真执行行文制度。

第六节 文书工作流程

文书处理有许多具体的工作内容，每一项工作内容就是一个程序。按照文书处理的规律，这些程序互相衔接，承前启后，形成了公文在机关中运转的全过程。文书工作流程是文书处理的步骤，是机关文件运转、办理和管理的紧密衔接、相互关联的完整过程。不同机关的性质和规模虽然有所不同，但是在通常情况下，机关的组织结构近似，文书工作程序也是基本相同的。

当前，文书工作正处于纸质公文处理和电子公文处理相互并存的局面。随着电子政务、电子商务的迅速发展以及办公自动化的深入推进，无纸化办公得到了快速发展。在此背景下，运用计算机技术、网络技术和现代通信技术撰写公文、办理公文、传输公文、交换公文并对办毕公文进行归档管理，已经成为现代文书工作的一个崭新领域，是信息化环境下公文自动化发展的

必然趋势。纸质文书处理与电子公文处理在流程上并没有本质区别，只不过后者依赖于计算机通信技术的应用，因而具备文件数字化、传输网络化、服务远程化、人员专业化等特征。

一、纸质文书工作流程

一般地，纸质文书工作程序可以分为收文处理和发文处理两个方面，见图 2-1。其中，收文处理现有公文的签收、拆封、收文登记、审核、退分或分办、拟办、传阅、批办、承办、催办、注办等程序；发文处理有公文的拟稿、核稿、签发、缮印、校对、用印、发文登记、封发、询办等程序。在收文处理的承办程序进行时，对于那些需要办理复文和转发的公文，又得从拟稿起进入发文处理程序。公文出来的所有程序一环紧扣一环，互相制约。每道程序工作内容、工作要求不同，其作用也不同。不同的机关对于程序的具体做法可以不同，但在程序的安排上不可随意颠倒或删减，否则，就会直接影响公文的正常运转和机关的工作效率。

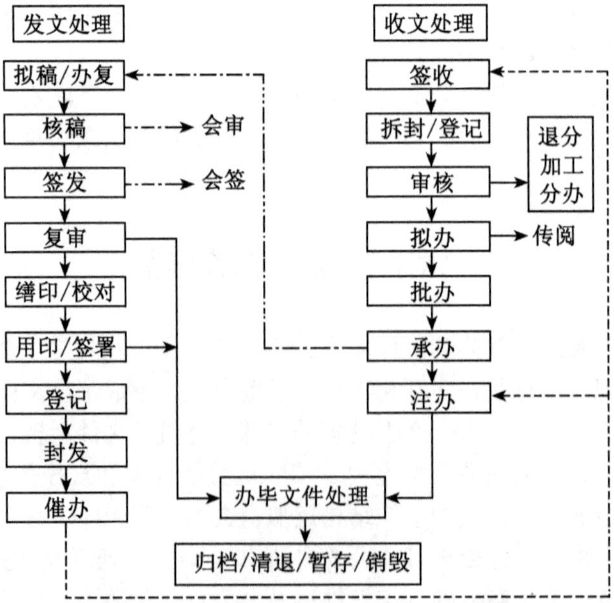

图 2-1　纸质公文处理流程示意图

图 2-1 公文处理流程是各个单位收发文的一般程序示意图，各具体环节

的操作详见第五章、第六章。不同单位在具体实施发文处理程序时，往往根据上述流程，结合自己的实际情况实施。图 2-2、图 2-3 是某大学收、发文处理流程图，从中可以看到，除了审核、签发环节更加严格把关以外，其他程序和图 2-1 的发文处理程序基本一致，但往往更加具体、严格，操作性很强。

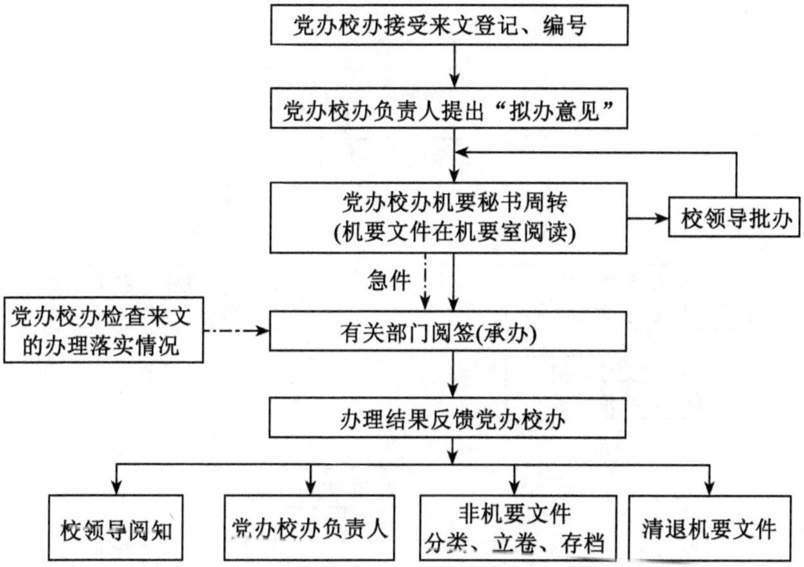

图 2-2　某大学收文处理流程图

上述文书工作流程由机关的有关部门和人员分工执行和完成。机关的收发室作为外收发，负责公文的收进、发出以及对收文、发文的简要登记，并将收文按情况分送给机关领导人、机关办公部门和其他部门。办公部门和其他部门的内收发，负责收文的拆封、发送、催办、发文的用印、装封和收文、发文的详细登记。办公部门及其他部门的承办人，负责公文的拟稿、校对、注办、询办。办公部门和其他部门的负责人，负责公文的拟办、批办、签发。机关领导人负责重要公文的批办、签发。文印室或印刷厂负责发文的缮印。

机关应遵循文书工作的有关文书的登记制度、签收制度、传阅制度、保密制度等，明确地提出文书处理的具体要求，以规范文书处理的各个程序。

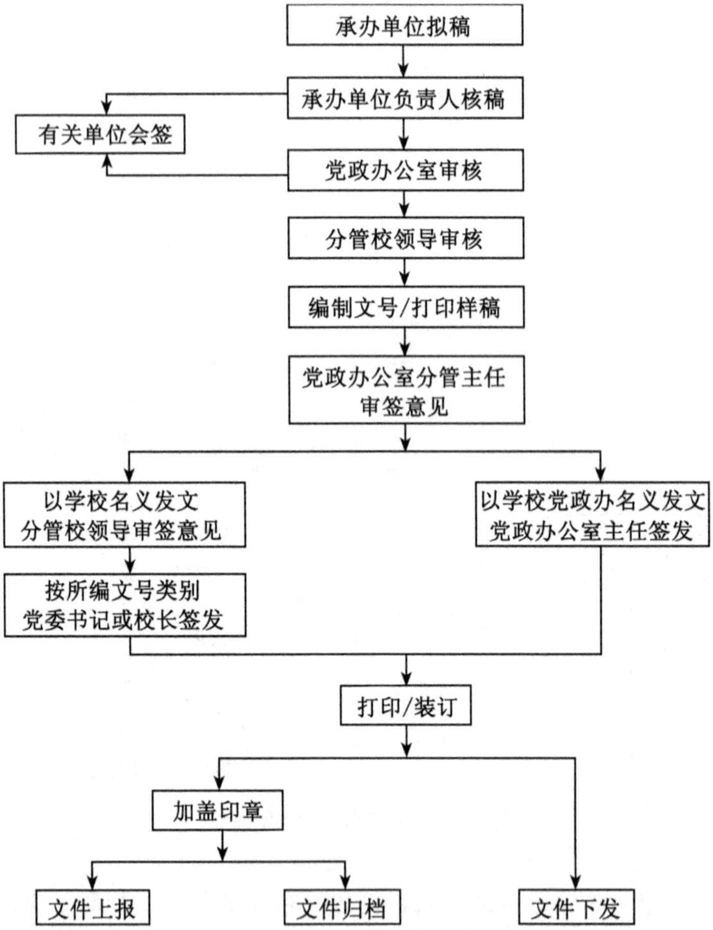

图 2-3　某大学发文处理流程图

二、电子公文及其流转系统

（一）电子公文

在《基于 XML 的电子公文格式规范》第一部分“总则”（GB/T 1967.1—2005）中提出，电子公文是“以数字形式存储于磁带、磁盘、光盘等载体依赖计算机系统阅读、处理并可在通信网络上传输的公文”。在国务院办公厅颁发的《电子公文传输管理办法》中，明确规定了电子公文与相同内容的纸质公文具有同等的法定效力。

电子公文是通过电脑进行操作、传输、存储等处理的数字化产物，它通常包括以下三个要素：

（1）内容。公文中所包含的表达作者意图的信息。

（2）结构。公文内容信息的组织表达方式，如文字的段落安排，电子公文所使用的代码、格式以及载体、附件等方面的信息。

（3）背景信息。能够证明文件形成过程和文件之间相互关系的信息，包括文件来源和传送目的地的信息、与内容信息相关的其他信息，如发文者、签署者、文件生成日期、收件者等。

对于一份完整的电子公文而言，上述三个方面缺一不可。电子公文从形成到利用的各个环节都必须依赖于计算机。离开了计算机，电子公文不可识别，也无从管理，更谈不上利用。与纸质公文相比，电子公文也存在自身无法克服的局限性，如信息与载体分离、不能直接阅读，必须依赖于软件和硬件才能识别和利用，容易被人修改、复制，修改之后几乎不留痕迹等。这对电子公文的真实性、可靠性提出了挑战，为此，为保证电子公文的真实可靠性，必须围绕电子公文的内容、结构与背景信息，需要通过数字签名与加密技术等技术手段和相应的法律法规作为保障。

电子公文是运用计算机技术生成和管理的数字化公文。电子公文也是公文，它具有公文的一般属性。和纸质公文相比，电子公文是一种数字化的、虚拟化的文件形式，它在生成形式、运行方式、保管和利用方法等方面存在着很大的差异，具有独特的属性。

在生成方面，电子公文以二进制编码形式表达，不仅可以转化为传统的文字文件，而且可以生成图文信息、音频信息、视频等电子公文，形成声像并茂的文件，真实地记录了当时工作的情况，从而强化了文件的记忆功能。

在运行方面，电子公文一旦生成，其流转过程看不见、摸不着。这个流转过程依赖于计算机的软硬件。丧失了软硬件的支持或者没有安装合适的软硬件，电子公文的流转过程便无法完成。

在保管过程中，电子公文不仅需要保存文件本身，还需要保存其生成的背景信息和运行的软件。电子公文保管的整个过程是动态性、变化的，人眼无法直接识别，因而增加了保管的难度。

在保存方面，电子公文保存在硬盘、光盘、优盘等光磁载体中。这些高密度存储载体可以脱离计算机独立存在，但易受存储环境的影响。一旦光线、灰尘、温度、湿度等环境因素发生了剧烈的变化，电子公文可能丢失。

因此，同一内容的电子公文往往需要采取两种不同质地存储介质的“双套制”，并采取异地保存的方法进行妥善保管。

在传输方面，电子公文是通过广域网或局域网进行传送的，可以在各个地区、国家乃至全球范围内的政府部门之间进行，对于远距离的文件传递而言，可以大大地提高传递效率。

在利用方面，电子公文不能被人工直接识别，必须借助计算机特定的程序解码，将其还原为输入前的状态，才能为人工所识别。这一特征与最早的泥版文书和甲骨文书直到当今的纸质文书是完全不同的。

与纸质公文相比，电子公文具有存储体积小、检索速度快、远距离快速传递及同时满足多用户共享等优点，因此，尽管电子公文应用的时间不长，却得到了办公部门的广泛青睐。通过电子公文处理，不仅实现了公文格式自动生成，而且提高了公文写作的质量和效率，提升了公文处理的质量和效率。在网络环境下，通过电子公文处理系统能够做到上下左右全方位的及时沟通，从而实现了电子公文的高效运作。

（二）电子公文流转系统

电子公文流转系统，也叫做电子公文办理系统，是利用电脑网络功能，实现从发文的拟稿、核稿、审稿、签发、制发到归档以及收文的登记、拟办、承办、注办到归档的一系列综合性的公文流转的全程管理。它是以保证电子公文科学管理和顺利传递为目的的技术、设备、管理、法律、标准、人才等相关因素组成的一个多层的、跨平台的信息系统，旨在解决上下级机构之间公文信息的交换。随着政府信息化建设的大力推进和电子政务的蓬勃发展，电子公文流转系统既开发有独立的系统，也有嵌入电子政务系统的电子公文流转系统，为政府机关办公自动化提供了重要平台。

1. 电子公文流转系统的功能需求

电子公文流转系统的功能需求中，最重要的部分是在保证电子公文原始性、完整性的前提下，利用电脑及其外部设备对公文进行电子化管理。它以公文的收发为主，往往嵌入档案管理、辅助办公、内部通信、信息发布、会议管理等办公业务活动。设计电子公文流转系统时往往根据需要分为若干个功能模块。例如，从系统处理的内容上看，既可以包括各个单位在公务中形成和使用的通用公文，也包含经济、司法、外事、文教等专用公文；既有正式的规范公文，也有信息类、简报类、信函类、礼仪类和讲话类等非规范性公文。再如，从系统软件上看，除了收文办理、发文办理、公文交换和存档管理等功能外，系统控制软件、安全防范软件、电子印章软件也不可缺乏。

此外，从技术出发，该系统具备建立制作排版、电子打印、网络传输、加密控制、流程控制、权限控制和备份等技术方面的功能。从便于工作出发，尚需要配备打印、扫描、复印等办公设备，并构建内域网、外域网、因特网网络设施，以方便公文的传递。总而言之，设计电子公文处理系统的功能时需要考虑到本单位的需要，也要结合办公自动化未来发展的智能化、集成化趋势。不论如何，一个单位公文处理过程中的收文处理、发文处理是最基本的需求，其他功能模块都是围绕着确保其安全、方便、快捷以及日常办公的便利设计的。

考察现有的电子公文流转系统，发文登记、收文登记、公文模板、文印管理、发文销毁、收文销毁、文件查询与统计、文件追踪、文件催/查办以及综合新闻、辅助信息、机关事务管理、会议管理、系统维护在电子公文处理系统中均有设计。这些不同模块的设计都是从电子公文处理的需要出发，以确保电子公文从形成到利用的每一个环节的安全性，从而维护电子公文的真实性。电子公文处理系统已经成为一个技术成熟、系统安全、传输高效、操作简便、可扩展、可集成性的开放系统，有利于用户与其他相关系统之间进行数据交换。

2. 电子公文流转系统的功能模块

设计电子公文流转系统时需要考虑如下功能模块：

（1）定义流程。定义流程，即为当前公文指定相关的流转办理过程，须确定该公文需要经过哪几个工作环节，并为每个处理环节指定办理人员及其相应的办理权限。

（2）发文处理。发文处理是采用消息传递和工作流技术，由用户设定公文处理和工作流程后系统应能自动完成发文工作的全部流程，它包括拟稿、核稿、会签，另外还有签发、成文、打印、盖章、封发、归档、查询等。

（3）收文处理。收文处理主要包括：登记录入、拟办、批示、分发、传阅、承办、协办、催办、归档、查询。

（4）公文监控。电子公文流转系统中，可以通过流程监控、自动催办和人工催办的方式，提醒可能因为事务繁忙而延迟或遗忘的待处理的公文。

（5）委托办理。领导或工作人员为避免公文的积压可授权他人代理自己的公文，同时设定授权的具体时间，授权时间一过系统自动取消授权。公文授权操作完成后，被授权人员—代理人可立即收到授权人当前待办的授权类型公文，同时系统会以明显的提示信息告知代理人授权的有关信息，并将代理人办理的意见如实记录。授权人可直接在自己的公文中查看到具有明显代理人办理标识的文件办理信息。

(6) 电子印章管理。通过加密技术对公文和印章加密，并完成制作、保存、记录、分发和管理电子公章功能。

(7) 检索与打印。提供基于内容和结构的全文信息检索，支持预览和打印。

(8) 参数设置。公文参数设置是用户结合本单位的实际情况，为使公文管理功能正常进行，需要对公文管理的有关参数进行预先设置以及进行日常维护工作。参数设置包括：密级权限设置、公文流程模板设置、公文类别设置、公文办理定义、公文日志管理等方面。

(9) 安全控制。提供不同密级的加密传输，使系统在电子公文传输、阅读等方面得到可靠性保障。

上述功能模块的实现，往往结合在办公自动化系统中。以东莞市万维网络科技信息有限公司开发的网上办公管理系统（Wanve OA 5.0）为例，该系统基于 Internet/Intranet 技术（B/S 结构)，采用了浏览器、应用服务器、数据库服务器三层体系结构，后台连接大型的关系数据库系统 MS SQL Server，集收文、发文、办文管理、档案管理、行政管理等办公流程于一体，真正实现了无纸化办公。该系统公文处理流程见图 2-4。

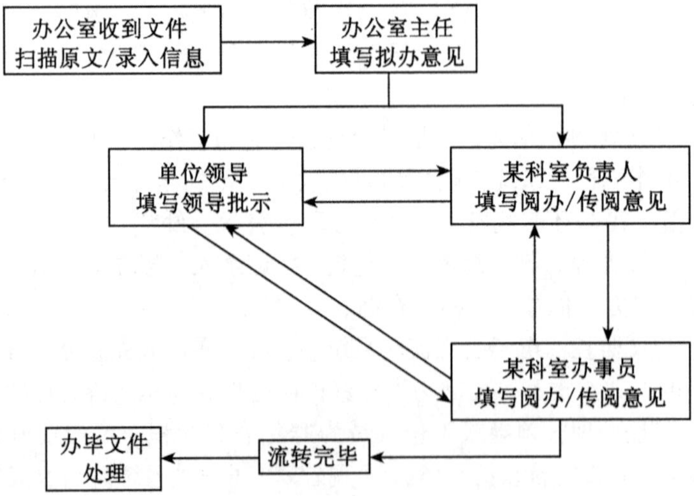

图 2-4　Wanve OA 5.0 公文流转示意图

上述系统流转示意图比较简洁：办公室收到文件，进行原文扫描和必要信息录入。然后，办公室把文件发送到办公室主任处。由办公室主任填写拟办意见，并将此文件发送到单位领导和经办人处。此后，经办人填写意见。在整个文件流转过程中，文件可在各个人之间不限次数互相传阅。该系统可以实现如下功能：

（1）流程自定义管理：可灵活定义公文、业务审批流程，如发文流转流程、办事审批流程等，很容易实现流程跟踪及催办督办，并逐步使各科室由以前的串联办公模式改变为并联办公模式；

（2）工作流程跟踪机制：自动跟踪每个工作流程，通过催办/督办，实施监控工作流程中单位工作人员的办理情况及办事效率；

（3）用户登录信息锁定机制：将用户登陆信息（用户名和口令）与计算机系统内部信息相结合，即使用户的登录信息为他人所剽窃，也无法与该用户的身份登录到 Wanve OA 系统；

（4）文件权限分明：文件的标题和全文必须是有权限者才可以查看或办理，未经授权的用户不能进入，确保信息的安全性；

（5）文号自动生成机制：在发文过程中，可自动按顺序产生发文编号，自动检测重号漏号、自动生成主题词等；

（6）文件修改留痕：在发文或审批过程中的拟稿、审核、核对阶段的各种批注、指示、改动意见等修改，文件能够保留修改者的相关信息，如修改人、意见、时间等；

（7）支持手写笔及其他数字化设备：可利用手写笔及数字化设备进行文件修改、批阅，保证与用户使用习惯一致；

（8）与 MS OFFICE 集成：与 WORD、EXCEL 等工具结合，自动生成 WORD 文档和 EXCEL 统计数据表等；

（9）纸介质、电子文档转换：扫描文件、传真文件自动生成电子文档，各种可打印输出的文件均可转换为电子文档；

（10）强大的安全机制：除支持 SSL2 和数字证书（CA）外，系统还在数据库级、表单级、用户级采用多种存取控制和授权功能。

限于篇幅，本书仅对公文流转系统中收文处理系统、发文处理系统两个基本功能模块进行介绍（详见第五章、第六章）。对于公文模板、文印管理、发文销毁、收文销毁、文件查询与统计、文件追踪、文件催/查办以及综合新闻、辅助信息、机关事务管理、会议管理、系统维护等功能，读者可参看相关论著。

复习与思考

1. 文书工作有何内容和特点？
2. 如何认识文书工作的地位？
3. 如何理解文书工作的要求？
4. 分析我国文书工作的领导体制。
5. 什么情况下才能越级行文？为什么一般不得越级行文？
6. 行文制度的实质是什么？
7. 行文方式共有哪几种？
8. 怎样进行联合行文？
9. 如何制定文书工作制度？
10. 电子公文的本质是什么？它有哪些不同于纸质公文的特性？
11. 如何理解电子公文流转程序？
12. 电子公文与纸质公文的处理方面有何相同与相异之处？

第三章　文　书　学

本章要点

1. 文书学研究的对象
2. 文书学研究的内容
3. 文书学的任务
4. 文书学与相关学科的关系
5. 文书学研究现状
6. 文书学研究热点

关键词　文书学　对象　任务　档案学　行政管理学　秘书学

第一节　文书学的研究对象与任务

一、文书学的研究对象

社会的发展使文书、文书工作在国家和社会中的作用不断增强。为了进一步提高机关工作效率，以适应国家管理工作和社会发展的需要，于是产生了对文书、文书工作规律进行研究的专门学科——文书学。许同莘使用了《公牍学史》为书名，首次使用了“公牍学”这个名称。从20世纪60年代至今，郑崇田、松世勤、张清明、梁毓阶、郝全梅、张煜明、曹润芳等系统地研究过文书学，并对文书学进行了界定。概括起来，文书学以文书、文书工作为研究对象，是研究文书、文书工作的理论、原则、方法及其产生、变革和发展规律的科学。

二、文书学的任务

文书学的任务取决于文书学研究的内容。一般认为，文书学研究的内容包括以下几个方面：

(1) 关于文书的研究，例如文书的性质、文书的特点、文书的作用、文书的体式等。

(2) 关于文书工作的研究，例如文书工作的任务、文书工作的内容、文书工作的地位、文书工作的组织，以及公文的形成、处理、管理等。

(3) 文书、文书工作的历史研究，例如文书、文书工作的起源、产生、变革、发展规律及其变革的发展趋势等。

(4) 文书写作的研究，例如公文写作的要求、公文写作的程式以及各类公文具体写作的探讨等。

文书学以上述内容为具体对象进行研究，其任务一方面是总结文书、文书工作的历史经验，另一方面是在积累经验的基础上进行理论探索，以掌握文书、文书工作发展的规律，从而继承文书、文书工作的历史遗产，阐明国家机关的文书、文书工作的理论、原则、方法和制度，以指导和推动当代的文书、文书工作健康地发展，充分发挥它们在党和国家机关实行管理过程中的作用，达到不断提高党和国家各级机关的工作效率和管理水平，实现为社会主义现代化建设服务的目的。

第二节　文书学与相关学科

文书学与其他学科发生着关联，这些学科主要是档案学、行政管理学、秘书学等。

一、文书学与档案学

文书与档案是两个不同性质的事物，文书工作与档案工作是两项不同性质的工作，文书学与档案学是两门不同性质的学科。文书学与档案学的研究对象不同，文书学的研究对象是文书与文书工作，而档案学的研究对象是档案与档案工作。文书工作的对象是文书，档案工作的对象是档案；文书工作的任务是处理文书，档案工作的任务是管理档案；文书工作的目的是处理文书，推动机关工作正常进行，档案工作的目的是保管历史记录，为机关工作提供参考和凭据，为编史修志、科学研究提供史料。从上面的比较可以看出，文书学与档案学是各自独立的两门学科，但是档案来源于文书，文书工作的质量影响着档案工作，文书与档案、文书工作与档案工作有密切的因果联系，因而文书学与档案学也有亲缘关系。

在历史上相当长的时间内，文书工作与档案工作是不分家的。中华人民共和国成立后，推行了文书部门立卷制度，两项工作才有了明确的分工，文书学逐步发展为一门独立学科。目前，文书学的研究任务仍由档案部门和档案工作者承担，文书学的教学、科研人员多出自档案专业，全国的文书工作情况和经验介绍基本上刊登在档案刊物上。党和国家所发布的有关档案工作的重要文件，如《中国共产党中央和省（市）级机关文书处理工作和档案工作条例》、《国家档案局组织简则》、《关于加强国家档案工作的决定》等，表明国家档案管理部门的档案工作，不论是国家档案局还是地方档案局，都把文书工作包括在内。

二、文书学与行政管理学

行政管理学研究在行使国家权力对社会事务管理的活动中，有效地、协调地进行计划、组织、用人、指挥和控制。行政管理学就是关于管理国家政务的学问，其宗旨在提高行政管理的效能和效率。

管理国家政务要制定政策、颁布法规、下达命令和指示、上报和交流执行结果，这些都离不开文书与文书工作。因为文书是管理国家政务的工具，文书工作是运用这一工具来管理国家政务。文书、文书工作在建立国家正常秩序、提高行政管理效能和效率中起着重要作用。文书工作不力，直接影响到国家对社会事务的管理。所以，在研究行政管理学的同时，必须研究文书、文书工作，而文书、文书工作是文书学研究的对象。这样，文书学便构成了行政管理学研究的一个重要内容。

三、文书学与秘书学

秘书学是以秘书、秘书工作为研究对象的一门学科。秘书是机关领导的参谋、助手，秘书部门是机关的综合办事部门，秘书学研究的范围涉及秘书工作的各个方面，如辅导决策、协调联络、收集整理资料、会务、信访、查办、档案及文书处理等工作。文书处理工作是秘书工作的主要业务，又是文书学研究的对象。文书工作是秘书工作的一部分，一直归属秘书工作体系，机关、团体、企事业单位的文书工作归属于机关办公厅（室）和秘书处（科）管理和领导，因此，在研究秘书学的同时，必定涉及文书学，文书学是秘书学研究的重要组成部分。

此外，文书学与政治学、法学、写作学、语言文字学等都有密切的关系，在文书学的研究中必然要涉及这些相关学科。

第三节　文书学研究

一、文书学研究的发展演变过程

文书、文书工作在我国有着悠久的历史。社会的发展使国家机构日益严密、国家制度日益完善。为了适应机关工作的需要，文书、文书工作不断地进行继承、改革，以充分发挥在国家管理中的作用。在这个过程中，文书学作为一门学问，也在逐步地孕育和发展着。

春秋战国时期出现的《尚书》，是第一部公文集，之后涉及或专门论述公文的著作时有出现。如三国魏文帝曹丕的《典论论文》，南朝梁刘勰的《文心雕龙》，明徐师曾的《文体明辨》，清末出版的《公文式》、《奏摺体例辑要》等。《文心雕龙》是第一部涉及公文特征、功用、文体和写作等四方面的著作，是有理论价值和实践意义的文书学的思想资料，一千多年来，对公文的发展产生了深远的影响。

辛亥革命推翻了封建帝制，国家机构变革，文书及其制度随之也有了重大改革。特别是辛亥革命后数十年间的国民党执政时期，针对往昔的公文及其制度，更是有过多次改革。在这一时期为了适应改革的需要，出现了许多研究文书工作的著作，其研究范围包括了公文程式、公文演变、公文写作与公文处理诸多方面。从20世纪20年代末始，又有了较多系统的著作。进入30年代后，在国民政府开展的行政效率运动中，文书学的研究和文书学知识体系得到进一步的丰富和发展。其时，一批热心于行政管理学研究的官员、学者、文书和档案工作者，在研究行政管理学时认为，要提高行政效率，文书工作是关键。

在这次行政效率改革运动中，一些报刊，特别是《行政效率》杂志刊载了六十多篇有关文书档案研究文章，除了介绍美、英、法等国近代文书档案管理法外，也有不少是讨论总结国内各级机关的文书档案管理的文章。随后，有关文书、文书工作的调查报告、论文、专著不断出现，于是逐步创立了文书学。不过，此时的文书与档案、文书工作与档案工作还没有科学区分，还都是作为行政管理学的一部分进行研究的。

在这一时期，文书学研究的代表作首推徐望之的《公牍通论》和许同莘的《公牍学史》。

《公牍通论》是为了适应当时国民党的“训政”需要而产生的。国民党在训政期间，为了训练其“党治”人才，举办了训政学校，并设置了公牍课程。“公牍”在学校作为一门系统的课程，这在历史上还是第一次。徐望之于1929年将他在河北省训政学院主讲的《公牍讲义》修编成《公牍通论》，1931年出版。《公牍通论》分释义、类别、体例、储养、撰拟、结构、公文之叙法、用语、程式九章，论述了公文的含义、种类、历代公文的名称、民国文书的体例和程式、撰拟方法和处理手续。《公牍通论》贯通古今，例证翔实，具有相当的学术水平，作为出现较早的现代科学意义的文书学专著，对当时的文书工作有着指导意义。该书与只讲实用的专书不同，而是理论与实际并重。张惾评论该书说，其“探索源流，斟酌古今。网罗详备，条目井然。举凡立一定义，增一解释，皆以理则为准，而扫除一切规避取巧之陋习”（《公牍通论·序》）。汪鸿孙也评论说，其“熔铸经史，贯通百家。尝考自古昔公文名称类别至百数十种之多，元元本本，殚见洽闻，又杂采近代切于实用诸作，并自拟令文表示，以示楷模。循循乎，纲举目张，有条不紊。凡上行、平行、下行、程式，纤悉靡遗”（《公牍通论·序》）。

《公牍学史》于1947年出版，初始本名《公牍诠义》，全书分为述指、导源、流变、观通、择雅、通俗、法后、去忍、养耻、博趣、余论、辞命十二篇。《公牍学史》沿袭了《公牍诠义》之精华，为中国文书史之专著，许氏亦是将文书史、档案史发展为专门学问的学者。许同莘在晚清当过张之洞幕友，长期从事文书工作，文史水平高，实践经验丰富，他将公牍史视为一门学问，创见甚多。杨寿枬评论《公牍学史》说：“窃以为公牍之学，世但为刀笔筐箧俗吏之所为，不知关系国计民生利害者，至深且巨。词以明洁为主，意以精密为归。拙者为之，则肤泛而不切事情，曼衍而不知体要。文人学士，鄙为末务，或终身未涉其樊；薄书之吏，虽习文法，而罕明其理。是书出而后人知政事文章为一贯，用以究古今之流变，观政学之会通，岂徒抱牍操觚者禀为程式而已哉！”又称该书“钣析条流，苞综巨细，言公牍而推本于经史源流。学术正变，宏裁精识，并世罕俦”（《公牍学史·序》）。

中华人民共和国成立后，对旧政权机关的文书、文书工作制度、方法进行了彻底改变，吸取了革命根据地的文书工作经验，建立起了一整套社会主义的文书工作制度，开创了文书学研究的新阶段。1952年，中国人民大学开设档案专业，将文书学作为主要课程开设，从此，文书学的教学与研究进入高等学府，文书学研究揭开了新的一页。60年代中期，文书学研究在深度和广度上进一步开拓，研究了文书和文书工作发展史、党政机关文书与各类专业文书，研究了文书的特点、作用与写作，研究了文书工作的任务、组织及文书处理程序，研究了文书立卷的原则、要求与方法等问题。

改革开放后，我国进入新的历史时期，从70年代末到80年代中期，有近30所高校开设了档案专业，并且有17个省40所中等专业学校开设了档案专业。1982年1月，国家档案局成立了档案出版社（后更名为中国档案出版社）。1985年底，省级以上的档案部门创办的档案专业刊物达到30余种，文书学的教育和研究出现了令人振奋、蓬勃发展的局面。这一阶段全国公开出版和内部出版的文书学论著、译著、教材、学术论文汇编、参考资料等计有80种之多。文书学研究朝着如下方面发展：① 文书、文书工作发展史，包括文书的起源、演变、历代文书工作的组织、制度与作用等的研究，总结文书、文书工作的发展规律，为现行文书工作提供历史的借鉴；② 历史文书学，包括中国历史上的文书文种、体式、用语、行文的范围，以及现在的史料价值的研究，为历史档案的研究、利用与管理服务；机关文书处理学，着重研究现行机关、团体、企事业单位的文书工作理论原则与技术方法，为提高机关工作效率服务。刘文杰在其编著的《中国档案学文书学要籍评述》中，对这一时期出版的有关文书学专著和教材评论说道，张清明的《文书学及应用公文》“理论分析比较透彻”，梁毓阶的《文书学》“是一本颇有特色的教材”，松世勤的《文书学基础》“具有一定学术水平”，“在一些定义和理论上，较之过去更为全面，在学术界影响较广”。冯伯群的《文书学概要》有些观点比较新颖，在文书学研究中引入了信息知识，使文书学的研究向前推进了一步。

20世纪70年代开始，国外将计算机应用于办公自动化领域，1979年实行改革开放后，我国也开始了办公自动化的研究，随着办公自动化的不断深化，文书工作自动化的研究也不断取得进展。如80年代中期，南京大学图书馆开发的文书档案管理系统，还只具备文件和案卷的录入、编目及修改、检索、统计等功能。到了90年代中期，机械工业部第四设计院开发的文档资料计算机辅助管理系统，具备：① 收发文管理。具有收发文登记、查询、修改、删除、目录打印、文件催办、数据维护等功能。② 立卷归档。负责在年底或次年初对全年收发文进行分类、立卷、归档，具有自动立卷、自动拟写标题等功能。③ 档案管理。包括案卷级、文件级的输入、查询、修改、删除、目录打印、数据维护、借阅登记及各种借阅情况统计分析和处理功能。1997年1月2日，杭州市人民政府开通了办文电子邮件系统，杭州市委、市政府下发的各类公文，均通过计算机网以电子公文形式下发，会议通知、政务信息等将主要通过计算机网传送，并逐步取代纸介质文件；各区、各县（市）人民政府部门、各直属单位上报市委、市政府的请示、报告等，也在报送纸介质文件的同时，通过计算机网传送电子公文。至今计算机技术和网络技术已经得到广泛应用，已把文书工作带进了一个崭新的时代。

二、文书学研究动态

近几年来，文书学研究有了新的进展，取得了一些可喜的成果，其主要反映在以下一些方面。一是文件研究，如关于公文的现行效用问题、关于公文的语体特征及结构格式问题、关于公文、文书与文件的区别问题等；二是文件与档案关系研究，如关于档案是否源于文件的问题，关于扩大档案外延到所有文件的问题等；三是文档一体化的理论与依据问题等；四是《归档文件整理规则》与文书立卷改革研究；五是文件中心与现行文件利用中心研究；六是文件生命周期理论与文件连续体理论研究；七是电子公文的研究。以下就其中的几个方面略作介绍。

1. 关于《归档文件整理规则》与文书立卷改革问题

2000 年 12 月 6 日，国家档案局颁布了《归档文件整理规则》，该规则对传统的立卷工作进行了改革，要求以“件”为单位整理文件。文书立卷改革的实践与研究，一直是档案界关注的问题。《规则》则是文书立卷改革讨论的一个阶段性结论。《归档文件整理规则》一经颁布就引起了热烈的讨论。总的说来，整理文件的单位改“卷”为“件”，有利也有弊。

关于利的方面，一是省时高效。以“件”为单位，按形成时间排列文件，不仅取消了立卷上一系列繁琐的脑力劳动与手工操作，最大限度地简化了归档程序，同时排除了操作业务素质对归档工作的影响，提高了工作效率。二是有利于保护文件。立卷在组卷中对文件打孔、穿线、装订以及切边、裁齐等一系列的处理，都不同程度地损坏了文件，以“件”为单位保管文件避免了对文件的裁拆，有利于保持文件的原貌，减少了文件的损伤。三是有利于文件的保密和利用。以“件”为单位保管文件，可按利用者要求单独抽出所需文件，而不必提交整盒文件。四是以“件”为单位保管文件，直接确定每份文件价值和保管期限，对需要销毁的文件从盒中抽出即可，省去重新组卷装订的麻烦。五是以“件”为单位保管档案，辅以计算机管理，便于计算机检索，增强了检索功能。

以“件”为单位保管文件，也存在着一定缺陷，如档案以“件”为保管单位，按形成时间排列，随时编写目录，因而所归档档案难以确保和反映文件之间的有机联系，在一定程度上影响了系统文件的完整性，特别是由于一些重大问题可能要处理较长一段时间，或经多次处理才能结束的文件，形成周期长的文件，可能被分散在各处存放而破坏它们之间的有机联系，从而造成利用不便和管理不系统。

立卷一直处于改革之中，势必继续改革下去，《归档文件整理规则》虽有不尽如人意的地方，但是在实践中可以不断完善。

2. 关于文件中心与现行文件利用中心问题

文件中心作为一种管理现行文件的介于文件形成单位和档案馆之间的过渡机构，发端于第二次世界大战时期的美国海军部，战后很快以其保管成本低廉，提供利用方便的优势而推广到全国，进而风行世界。我国围绕“文件中心”问题开展的介绍与讨论持续有 30 年。近几年，随着改革开放的深入，全国档案馆现行文件利用中心如雨后春笋般地建立起来，档案学杂志上讨论现行文件开放利用服务的文章不断出现。

现行文件公开利用涉及诸多权利制度，其主要包括知情权、隐私权、著作权和保密制度。全面深刻认识并正确处理现行文件公开利用中的权益制度，对促进政府信息公开进程有着重要意义。

现行文件的开放主体应是现行文件的形成机关，档案馆不宜设现行文件中心。因为：

（1）档案馆是非现行文件存放地，这是世界各国的普遍做法，把现行文件利用中心建在档案馆，明显与档案馆的职能不符。

（2）从国外现行文件开放的相关实践来看，尽管各国的法律有所不同，公开或开放现行文件方式不一样，但基本上是以政府机构作为公开或开放的主体。

（3）从我国有关政府信息公开的规定来看，现行文件开放的主体是各级人民政府及其职能部门以及依法行使职权的现行文件的形成机关，而不是档案馆。档案馆不是文件的形成主体，档案馆只有等到收集到现行文件或有关单位送交后，才能开展工作。因此，档案馆也就不能适时地开展现行文件利用服务。

3. 关于文件生命周期理论与文件连续体理论问题

文件生命周期理论的认识基础源于实用主义哲学观点和谢伦伯格的文件管理思想；而文件连续体理论的认识基础则是澳大利亚学者弗兰克·阿普沃德对档案学的思考、后保管主义思想和吉登斯的结构化理论。文件连续体理论强调文件的可持续价值、逻辑关系、文件管理业务制度化和对于传统档案学理论的继续；而文件生命周期理论则注重文件运动中的价值变化，强调对于文件实体控制与智能控制并重、文档管理的线性一体化以及对传统档案学理论的高度依赖。

中外学者对文件生命周期理论与文件连续体理论的关系有两种不同的理解：一是认为后者可以替代前者，二是认为前者有连续存在的必要和发展的可能。文件连续体理论相对于文件生命周期理论而言，更表现为文件管理理论发展高级阶段的特性。

文件连续体理论是文件生命周期理论在电子文件时代的补充和发展。因为文件连续体理论选择全新的研究角度，运用全新的研究方法，深入揭示了电子文件的连续运动过程，展现电子文件各阶段相互关联、相互影响和相互转化的连续性，从而更适应电子文件运动的特点，使文件生命周期理论得以进一步完善。

4. 文档一体化问题

文件管理与档案管理一体化是信息化、数字化、网络化背景下文件管理与档案管理工作发展的必然要求。文档一体化的理论基础，一是文件生命周期理论，它说明文件在整个生命过程中，由于社会分工的需要，人们将文件管理分为文件管理和档案管理两个阶段，从而出现了两种专业机构，实际上文件管理和档案管理密切联系、相互制约。因此，有必要将两者作为一个整体管理。二是信息论、系统论和控制论。从信息论角度看，信息管理是文件管理和档案管理的共性，两者都要应用信息论有关原则和方法；从系统论角度看，文件管理是一个系统，档案也是一个系统，两者都是一个大系统中的子系统，该大系统就是管理文件的整个过程；从控制论角度看，文件管理和档案管理工作相互影响，关系密切，可以应用控制论从整体上对它们进行有效的控制和调节。

为了树立合理的文档管理观念，建立统一的文档管理制度，设置有效的文档管理机构，制定规范的文档管理制度，应当全面地理解和掌握文件、档案一体化的含义，这就是“文档一体化”。其含义包括文件、档案生成的一体化，管理的一体化和利用的一体化，从现行文件到馆藏档案整个运动过程的全面控制和科学管理。

一方面，文档一体化管理不会引起文件与档案概念的根本变化。文档一体化管理不是要取消文件与档案的概念，树立文件都是档案的观点，采用“大文件”概念。文档一体化管理的实质是加强文书工作与档案工作的联系，使其更好地为机关工作服务。文件与档案之间最本质的区别是它们的价值形态不同，这是文件运动规律的表现，作为客观存在的文件与档案之间的差异是无法抹煞的。另一方面，电子文件的归档包括逻辑归档和物理归档。逻辑归档是将电子文件的物理地址存放在由档案部门控制的网络服务器的网络存储器中，使电子文件能供档案部门利用和处理，因此，逻辑归档只是一种前端控制方式，并没有改变文件的属性。物理归档是把符合归档条件的电子文件按档案管理要求的格式存储到可长期保存的脱机载体。只有完成物理归档的文件才真正完成了归档，因为此时文件的属性发生了质变。所以，在电子文件管理中仍然存在文件与档案的差异。文件与档案之间的区别与联系不仅存在于纸质文件，也存在于电子状态下。文件与档案的联系是实现两者在管理上一体化的基础，文件与档案的区别是在一体化管理的过程中，针对不同阶段采取相应的原则与方法进行科学管理的根据。

5. 电子公文研究

在电子政务的背景下，公文的数字化、网络化已成为行政公文发展的必然趋势，由此推动了电子公文研究领域的日渐活跃。尤其是在电子政务日益迅速发展壮大的环境下，越来越多的政府部门通过网络实现无纸化办公，运用计算机技术、网络技术和现代通信技术对公文的办理、传输、交换、归档实行电子化管理，公文的数字化、网络化已成为政务信息化背景下行政公文发展的必然趋势。

电子公文是以二进制编码的形式记录于特殊的载体上，因而具有完全不同于纸质文书的特点，对于技术、标准、法规有更多依赖性。这些构成了电子公文研究的主要领域。近年来，对电子公文的研究主要集中在以下几个方面：电子公文的概念及其与纸质公文的比较、电子公文的归档管理、电子公文流转系统的功能模块及其开发、电子公文的安全性、数字签名与加密技术、电子公文的法律法规保障以及基于 XML 电子公文的实现等。

电子公文流转系统引起了关注，形成了研发的高潮。通过多种多样的开发手段，形成了基于 Lotus Notes 的公文流转系统、基于 Exchange Server 的公文流转系统、基于 Windows. Net 框架的公文流转系统、基于 J2EE 平台上开发电子政务的公文流转管理系统等电子公文流转系统。各种不同系统具有不同的特点，在不同领域发挥着自身的优势，但都是以电子公文的流转程序为基本的功能。

此外，电子公文归档管理工作也引起了普遍关注。如何用科学发展观指导电子公文归档管理、用统一的法规标准规范电子公文归档管理、用先进的科研成果深化电子公文归档管理等问题都值得深入研究，这是保证电子公文长期存取不可回避的重要问题。

复习与思考

1. 文书学的研究对象是什么？
2. 如何实现文书学的任务？
3. 文书学与档案学有何关系？
4. 如何理解文书学与相近学科的关系？
5. 如何从文书学研究近况看待文书学研究的热点问题？
6. 电子公文研究有哪些基本特点？
7. 如何评价《公牍通论》和《公牍学史》在文书学研究中的地位？
8. 如何认识文档一体化管理？
9. 为什么文件中心在我国难以施行？
10. 文件生命周期对文件管理有何启示？

下　编

文书工作实务

第四章 公文通识

本章要点

1. 公文的类型
2. 公文的文体
3. 公文的体式
4. 公文的结构
5. 公文的稿本

关键词 公文 文体 体式 结构 草稿 定稿 正本 副本 存本 试行本 暂行本

公文是习惯意义上的“文书”。公文个性鲜明，使用广泛，作用突出。了解公文的类型、文体、体式与结构等是公文处理的前提条件，也是搞好文书工作的基本前提。

第一节 公文的分类

一、公文分类述略

文书有广义和狭义之分。广义文书包括公务文书和私人文书，狭义文书仅指公务文书。公务文书是党政机关、社会团体、企事业单位在公务活动中形成和使用的文书；私人文书是个人、家庭、宗族在处理私务时形成和使用的文书。公务文书是文书的主要组成部分，文书学中讲述的文书一般特指公务文书。

公务文书的内容和形式是由所涉及公务活动的内容和性质决定的，不同性质、不同类型的机关、组织和单位在不同的业务活动中形成了各种各样的公文。为了更好地认识公文，有必要从不同的角度对公文进行分类，见表4-1。

表 4-1 **公文分类情况**

分类依据	分类结果
文件来源	发文、收文、内部公文
行文方向	上行文、平行文、下行文
内容性质	法规性公文、指令性公文、指导性公文、知照性公文、商洽性公文、报请性公文、记录性公文等
涉密程度	绝密公文、机密公文、秘密公文、普通公文
缓急程度	特急公文、紧急公文、普办公文
活动领域	通用公文和专用公文
常见载体	纸质公文、感光介质公文等
具体内容	单一公文和复合公文
制发机关	单独制发公文和联合制发公文
规范程度	规范性公文和非规范性公文
形成机构	政府公文、学校公文、企业公文等
传阅范围	内部公文、公开发布公文

（一）依据来源划分

按照来源进行划分，公文包括发文、收文和内部公文三种。这是公文最常见、最基本的一种划分方法，有助于文书处理工作的开展和文书的分类保管。

1. 发文

发文即“外发公文”，是由本机关或本单位制发的、用来表明本机关或本单位意图的，发向外机关或外单位的公文。

2. 收文

收文即“外来公文”，是外机关或外单位制发的、用来传达该机关或该单位意图的、发送到本机关或本单位的公文。

发文和收文通常是相对而言的，同一份公文从不同的角度看，既可以是发文，也可以是收文。如下级机关发给上级机关的请示和报告，从下级机关的角度来看是发文，而从上级机关的角度看是收文。

3. 内部公文

内部公文是本机关或本单位制作的、不外发而只在本机关或本单位内部流通和使用的公文，如本机关或本单位的工作计划、规章制度、会议记录和电话记录等，只对内部成员有重要的参考价值和使用价值。

（二）依据行文方向划分

公文的制发机关和收文机关在工作关系上存在着领导与被领导或者不相隶属的关系，当一份公文由一个机关或单位发送至另一个机关或单位时，就存在着上级机关对下级机关、平行机关或不相隶属机关之间、下级机关对上级机关三种行文去向，也即行文方向。由此，公文按照行文方向可以分为上行文、平行文和下行文三种。

1. 上行文

上行文是下级被领导机关行文它所属的上级领导机关的公文，其方向是自下而上。上行文通常用于下级机关向上级机关汇报工作、反映问题、请示事项、请求工作指导或回复上级提问等。

2. 平行文

平行文是同级机关或者不相隶属机关之间往来的公文，其方向没有上下之分。平行文主要用于没有领导与被领导关系或隶属关系的机关之间互通有无、相互咨询、告知事项、商洽工作、寻求支持、请求批准或答复等。

3. 下行文

下行文是指上级领导机关发给其所属的下级机关的公文，其方向是自上而下。下行文通常用于上级机关对下级机关安排工作、作出指示、下达命令、宣布决定、颁布法律、制定规章、褒奖批评或提出要求等。

与前一种划分方法不同，按照行文方向划分公文是从收发文机关的整体系统来考虑，不存在判断的角度问题。

（三）依据内在属性和效用划分

公文按照内在属性和效用可以划分为法规性公文、指令性公文、指导性公文、知照性公文、商洽性公文、报请性公文、记录性公文。

1. 法规性公文

法规性公文是指国家权力机关、国家行政机关等依据宪法规定的权限，制定的法律、法令、行政法规、规章、条例等。法规性公文的制发主体级别较高，覆盖范围较广，内容具有明显的强制性，需要收文机关的硬性遵守或执行。

2. 指挥性公文

指挥性公文是向所属下级机关传达党和国家领导机关及其领导人的命

令、方针、政策、措施和对下级机关的业务活动进行指导时制发的公文。指挥性公文的目的是体现领导机关的意图，要求下级机关按照指示执行，其内容具有明显的指令性、指导性和指示性。

3. 知照性公文

知照性公文是指向收文机关宣布消息、通告情况、发出通知、提出邀请、号召动员等的公文。其目的是让收文机关知晓或者了解某些事项，不一定需要强制遵守或执行，这是知照性公文的显著特点。

4. 商洽性公文

商洽性公文是指同级机关或者不相隶属机关之间就某个需要对方支持、协作或提供意见的事项制发的具有商量性质的公文。商洽性公文的制发主体间没有领导与被领导的关系，内容没有强制性和约束力，通常需要收文机关的回复。

5. 报请性公文

报请性公文大多是上行文，凡向上级机关汇报工作、反映情况、请求批准、提出建议、请求指导、咨询法规政策等的公文都属于报请性公文。报请性公文有需要批复和无需批复两种，这要根据具体内容而定。

6. 记录性公文

记录性公文常在机关单位内部使用，是指真实、详细地记载和归纳会议、重要活动、重大事件的内容与背景等的公文。记录性公文的显著特点是真实性、客观性和完整性，不能随意加入记录人的主观思想和看法。

（四）依据机密程度划分

公文是国家秘密的一种存在形式，为了确保国家安全和利益，制发公文时需要划定密级，明确每份公文的发送范围和阅读范围。根据国家相关保密制度和法规，国家秘密分为绝密、机密、秘密三种，公文的密级与国家秘密对应，由此公文可以分为绝密公文、机密公文、秘密公文和普通公文四种。

1. 绝密公文

绝密公文是指由国家保密行政部门确定的，内容涉及党和国家的重大机密，只能在极为有限的范围内传递和阅读的公文。绝密公文是国家秘密最重要的组成部分，包括国家政治、经济、科技、军事、航天等方面的重要情报，一旦泄露出去有可能对国家安全和利益造成无法挽回的损失。

2. 机密公文

机密公文是指经由省、自治区、直辖市人民政府保密行政部门审定的，内容涉及党和国家的重要秘密，传阅范围比较有限的公文。机密公文是国家秘密的重要组成部分，涉及国家政治、经济、科技、军事、外交、航天等方面的重要秘密，一旦泄露会对国家安全和利益带来严重损害。

3. 秘密公文

秘密公文是指由县级和县级以上以及其他同级机关确定的，内容在一定程度上反映了党和国家的秘密，需要在一定时间内限定传阅范围的公文。秘密文件也是国家秘密的一部分，同样需要保护。

4. 普通公文

普通公文是指内容上基本不涉及国家秘密，无须特殊限定传递和阅读的时间与范围的公文。普通公文按照公布的范围大小可以分为内部性公文和公布性公文，公布性公文可以向人民群众或向国内外公开发布。

一般来说，公文的秘密等级不是一成不变的，随着时间的推移和形势的变化会逐渐降低直到解密。

（五）依据紧急时限划分

紧急时限是指公文送达和办理的时间要求。在文书工作中，紧急时限分为急、紧急、特急、限时送达四级，由此可以将公文分特急公文、紧急公文和普办公文三大类。

1. 特急公文

特急公文是指不管遇到什么情况，自然灾害或是人为破坏等，必须在限定的时间内或者最短时间内传送到收文机关予以办理的公文。这类公文一般涉及突发事件，十万火急，如果不能在限定时间内送达和办理，可能造成极为严重的后果。

2. 紧急公文

紧急公文是指虽未限定送达和办理的最短时间，但是要求以最快的速度传递和无条件优先办理的公文。这类公文涉及的事项或者事件比较紧急，传递和办理得越快，事情的解决就会越顺利和成功。

3. 普办公文

普办公文是指在送达和办理时间上没有特别要求，只需按照正常程序传递，收文单位可以根据自身条件和实际情况决定办理时间的公文。这是最为常见的公文，但是在能力允许的情况下也应该尽早办理。

（六）依据使用范围划分

按照使用范围划分，公文包括通用公文和专用公文两大类。这也是公文最为常用的一种划分方法，有助于指导人们在业务活动中选择和使用合适的公文。

1. 通用公文

通用公文是指在各级党政军机关、社会团体、企事业单位和组织的公务活动中普遍使用的公文。通用公文通常以文件的形式予以规定，并指出具体名称、格式和用途等，在整个组织系统中都可以得到认可，并具有普遍的法律效力。

2. 专用公文

专用公文是指在一定的机关单位或者一定的业务范围内，根据工作的需要而专门使用的公文。专用公文在内容上具有较强的专业性，使用范围略窄，只在特定范围内具有通用性和法律效力，具有特定的功能。

以上分类是公务文书工作中常见的几种分类方法，除此之外，公文还可以按照载体分为纸质公文和感光介质公文等；根据发文机关的多寡分为单独制发公文和联合制发公文；依据内容划分为单一公文和复合公文；依照制作的规范程度分为规范性公文和非规范性公文；依据形成者进行划分包括党的公文、行政公文和法规公文等。

二、通用公文与专用公文

按照公文的使用范围可以分为通用公文和专用文书，两者在文种以及使用范围上存在着很大的差别。

（一）通用公文

通用公文指《中国共产党机关公文处理条例》（详见附录一）和《国家行政机关公文处理办法》（详见附录二）中规定的公文文种。根据国务院发布、2001 年 1 月 1 日起施行的《国家行政机关公文处理办法》规定，全国行政机关的公文文种主要有 13 种：命令（令）、决定、公告、通告、通知、通报、议案、报告、请示、批复、意见、函、会议纪要。中共中央办公厅发布、1996 年 5 月 3 日起施行的《中国共产党机关公文处理条例》规定了在全国党的机关中使用的 14 种公文文种：决议、决定、指示、意见、通知、通报、公报、报告、请示、批复、条例、规定、函、会议纪要。

1. 命令（令）

命令（令）是国家行政机关及其领导人发布的具有强制性、领导性、指挥性要求的公文文种，属下行文。命令（令）适用于依照有关法律公布行政法规和规章；宣布施行重大强制性行政措施；嘉奖有关单位及人员。如为颁布《反分裂国家法》、《中华人民共和国电子签名法》而发布的《中华人民共和国主席令》；2008 年 8 月 3 日为发布《国务院关于经营者集中申报标准的规定》而制发的《中华人民共和国国务院令》；2008 年 2 月 28 日为公布《国务院关于修改〈中华人民共和国个人所得税法实施条例〉的决定》而发布的《中华人民共和国国务院令》等。

命令（令）的制发主体有着严格的限定，不是所有的机关都可以使用。根据《中华人民共和国宪法》和《中华人民共和国各级人民代表大会和地方各级人民政府组织法》的有关规定，只有全国人大的常委会及委员长，国家主席，国务院及总理，国务院各部委及部长、主任，地方各级人民政府和各级人大，才有权力发布命令（令）。党的领导机关（领导和指挥军事工作的党组织除外）和领导人不得使用命令（令），如有特殊需要可以与同级国家领导机关联合发布，但需以行政公文的形式出现。此外，法院可以用命令（令）授予司法警察警衔和奖励有关人员。

命令和令的性质相同，只是在使用时有所区别。发布法规、规章、任免、奖惩、赦免、通缉有关人员以及战时动员时多使用令，发布行政措施时多使用命令。此外，命令、令可以在报刊上公布。在报刊上公布的命令、令只有其行文部分。

2. 决定

决定适用于对重要事项或者重大行动作出安排、奖惩有关单位及人员、变更或者撤销下级机关不适当的决定事项。例如，2006 年 10 月 11 日中国共产党第十六届中央委员会第六次全体会议通过的《中共中央关于构建社会主义和谐社会若干重大问题的决定》，2007 年 12 月 7 日国务院第 198 次常务会议通过的《国务院关于修改〈全国年节及纪念日放假办法〉的决定》等。

决定的制发主体比较广泛，党政机关和社会团体等都可以根据需要在本机关的职权范围内制发决定。决定是重要的领导性、规定性公文，是党政机关、社会团体就某项重要任务或中心工作，从措施、政策、制度等方面作出的具体部署，具有较强的约束力和强制性，要求下级机关及人员坚决遵守或贯彻执行。

3. 公告

向国内外宣布重要事项或者法定事项。主要有两种，一是宣布重要事项的公告，如为了决定 2008 年 5 月 19 日至 21 日为全国哀悼日而制发的《国务院公告》；二是宣布法定事项的公告，如自 2007 年 5 月 1 日起实施的《中华人民共和国海关总署公告》、2008 年 4 月 16 日的《中华人民共和国商务部中华人民共和国海关总署公告》等。

公告是一种较为特殊的公文文种：在发文机关上，一般由中共中央、全国人大、国务院等较高级别的国家领导机关或者被授权的新华社制发，各种社会团体、企事业单位和基层组织等不得滥用公告；在发文内容上，公告只适用于向国内外宣布重要事项或者法定事项，不能凡遇到公布性事项，事无巨细都用“公告”；在发文方式上，不像其他公文那样以文件的形式下发到各部门，而是大多通过报纸、广播、电视等大众传播媒介以新闻的形式予以发布。

4. 通告

通告适用于公布社会各有关方面应当遵守或者周知的事项。如北京市政府为了北京奥运会开幕式的顺利召开于2008年8月5日制发的《北京市人民政府关于2008年北京奥运会开幕式当天放假的通告》、2007年10月26日国家粮食局制发的《关于粮食行政复议工作试行规程的通告》等。

通告的发布者通常是国家机关的业务部门或职能部门，有些基层单位或群众团体也可以使用。通告与公告相似，都面向全社会，具有知照性，但是两者发文的内容不太一样，通告的内容除个别属于全局性重大事项外，一般都属于局部的业务性问题，而公告则大多属于需要国内外共同知晓的重大事项。

5. 通知

通知适用于发布行政以及党内法规和规章、任免干部、传达上级机关的指示、转发上级机关和不相隶属机关的公文、批转下级机关的公文、发布要求下级机关办理和有关单位共同执行或者周知的事项。如国务院办公厅2008年1月7日下发的《国务院关于促进节约集约用地的通知》，国务院2008年8月15日发出的《国务院关于做好免除城市义务教育阶段学生学杂费工作的通知》（国发〔2008〕25号）等。

通知可以分为指示性通知、规定性通知、批转和转发性通知、事项性通知、会议通知等。

由于通知在内容上的不规定性，对制发机关也没有明确的规定，所以机关制发公文时如宜采用其他公文形式的，要尽量采用其他形式的公文以准确表达公文内容，避免滥用通知的现象发生。

6. 通报

通报适用于表彰先进，批评错误，传达重要精神或者情况。表彰先进、批评错误的通报用于下行文，传达重要精神或情况的通报可以用于下行文或者平行文。如国务院办公厅2007年5月31日发布的《国务院办公厅关于违规修建办公楼等楼堂馆所案件调查处理情况的通报》；2008年4月30日由辽宁省省环保局、省监察厅、省发改委、省经委和省电力公司五家联合发布的《关于"污染减排——辽宁关停造纸企业专项活动"情况的通报》。

机关、学校、社会团体、企事业单位等在日常的工作活动中都可以使用通报来总结经验教训和宣传教育。通报主要面向机关，具有较强的业务性，其适用范围与通知有一定的重合，但有自己专属的用途，不能乱用。

7. 议案

议案属于上行文，是国家行政机关中的通用公文，适用于各级人民政府按照法律程序向同级人民代表大会或人民代表大会常务委员会提请审议事项。如1989年4月4日第七届全国人民代表大会第二次会议主席团第三次会议通过的《国务院关于提请审议授权深圳市制定深圳经济特区法规和规章的议案》，2007年6月27日第十届全国人民代表大会常务委员会第二十八次会议上通过的《国务院关于提请审议财政部发行特别国债购买外汇及调整2007年末国债余额限额的议案》，2008年3月9日河北省代表团向全国人民代表大会提交的《关于修改税收征收管理法的议案》，2006年2月7日贵州省人民政府审议通过的《省人民政府关于通过立法程序保留省政府规章已设定的三项行政许可的议案》。

议案的制作必须遵循一案一事的原则，提交议案的同时需要附上提请议案的草案作为附件。议案的提请场合有严格的规定，不能在全国人民代表大会上提请纯属某一单位内部的某一具体问题，也不能在企事业单位的职工大会上提出对国家某项法律的修改意见等。

8. 报告

报告属于上行文，适用于向上级机关汇报工作、反映情况、答复上级机关的询问或者提出建议。如2008年2月13日国务院煤电油运和抢险抗灾应急指挥中心提交至国务院的《关于抢险抗灾工作及灾后重建安排的报告》，香港特别行政区行政长官曾荫权2007年12月12日向全国人大常委会提交的《关于香港特别行政区政制发展咨询情况及2012年行政长官和立法会产生办法是否需要修改的报告》等。

报告是陈述性、呈请性公文，通常在事情开展之中或之后行文，是对工作、活动结果的总结和汇报，以便于上级机关了解所属机关、部门的工作情况。报告应用范围相当广泛，有陈述性报告、专题性报告、综合性报告、随时性报告、调查报告、会议报告等。报告的使用比较灵活，发文机关没有什么限制，且可以主送至多个机关。

9. 请示

请示是上行文，适用于向上级机关请求指示、批准。如发展改革委提交国务院的《关于报送促进中部地区崛起工作部际联席会议制度的请示》（发改地区〔2008〕4号）；上海市发展改革委提交国务院的《关于核定上海崇明前卫村太阳能光伏电站上网电价的请示》》（沪发改价公〔2007〕004号）等。

请示的主送机关原则上只有一个，即与请示事项有关的主管上级部门。如果多头投送就有可能造成责任不清、上级不回复或者多方回复但意见不一的情况。请示需要在事前行文，只能在有了上级的指示或批准之后实施。上级机关接到请示后，必须就请示的事项及时予以答复。

10. 批复

批复适用于当下级机关用请示向上级机关行文时，上级机关必须以批复作出相应的答复。批复的行文具有被动性，必须以对应的请示内容为基础和前提。如2008年1月11日国务院制发的《国务院关于同意建立促进中部地区崛起工作部际联席会议制度的批复》、2008年7月21日国家发展和改革委员会制发的《国家发展改革委关于内蒙古鄂尔多斯、上海崇明太阳能光伏电站上网电价的批复》等。

批复属于下行文，同级机关或者不相隶属的机关不能用批复行文，而要用“答复”或“复函”形式行文。一般情况下，基层单位对其下级的请示很少用批复，而常用通知取代。

批复、批示、批转之间存在着区别。批复针对的是请示，是对请示的答复。批示则不限于请示，还可用于下级机关送来的报告、总结、计划等，就其中的问题所做的指示性意见。批转则是领导的批示连同来文一起转发给下属机关，即对来文的批示和批转的来文统一在批转标题之下的一个整体。

11. 意见

意见是上级机关对下级机关的工作进行领导、指导所用的一种公文，通常是对某些比较具体的问题提出看法、表明主张或提出一定的要求。如国务院办公厅2008年4月29日《国务院办公厅关于施行〈中华人民共和国政府信息公开条例〉若干问题的意见》、2008年6月29日国务院制发的《国务院关于支持汶川地震灾后恢复重建政策措施的意见》等。

意见的使用较为灵活，上下级机关、同级机关和不相隶属机关之间都可以使用。意见既可针对某一机关，也可普遍发送。

12. 函

函适用于不相隶属机关之间通报情况、商洽工作、询问和答复问题，向有关主管部门请求批准和答复审批事项等。例如，2007 年 3 月 23 日国务院办公厅制发的《国务院办公厅关于同意南昌市承办 2011 年第七届全国城市运动会的函》，2007 年 8 月 16 日北京市发展和改革委员会发给北京市公安局的《关于调整美国公民签证收费标准的函》等。

公函专指处理公务的信件，在上下级、平行和不相隶属的机关之间的公务活动中经常使用。公函使用时需要加标题、编制文号、盖印、签署等程序，但格式方面可以灵活。如果不完全采用正式公文格式，如用机关便笺缮写、不编制文号、不用标题或省略某些文书处理程序，公函就成了便函。

13. 会议纪要

会议纪要适用于记载、传达会议情况和议定事项。如广东省、香港特区、澳门特区卫生部门 2008 年 6 月 27 日签署的《第八次粤港澳防治传染病联席会议纪要》，2008 年 7 月 17 日广西壮族自治区党委与铁道部签署的《关于进一步加快广西铁路建设的会议纪要》等。

会议纪要是在会议记录的基础上加工整理而成的，反映了会议的基本情况、主要精神和中心内容，既可用于向上级汇报会议情况，也可以向下级机关传达会议情况、要求贯彻执行会议精神。

14. 决议

决议用于经会议讨论通过的重要决策事项，《中共中央关于建国以来党的若干历史问题的决议》是广为人知的例证。再如，2008 年 7 月 22—24 日贵州省十一届人大常委会第三次会议表决通过的《关于批准〈务川仡佬族苗族自治县洪渡河生态环境保护条例〉的决议》、《关于批准〈紫云苗族布依族自治县城镇管理条例〉的决议》，四川省十一届人大常委会第四次会议通过的《四川省人民代表大会常务委员会关于汶川特大地震抗震救灾及灾后恢复重建工作情况的报告的决议》等。

决议是一种领导性、规定性公文，针对会议讨论、表决通过、要求贯彻执行的重要事项。决议的内容多为概括性条文，在贯彻执行时，一般还需要根据决议的内容制定具体的规定和办法。

15. 指示

指示是带有法规性质、具有法定约束力的公文，用于对下级机关提出开展工作的原则和要求。指示文种在中华人民共和国成立初期使用较多，如中共中央1950年5月21日发布的《中共中央关于发展和巩固党的组织的指示》、1957年4月27日中共中央正式发出的《关于整风运动的指示》、中共中央1981年9月17日发出的《中共中央关于整理我国古籍的指示》、1982年2月28日发出的《中共中央、国务院关于认真做好第三次全国人口普查工作的指示》等。

指示是领导机关对所属下级行使领导权的一种基本手段，主要适用于布置重要工作，通常是由最高级的党政机关及其领导人制发，多见于中央对地方，地方和基层机关一般不得使用指示。

16. 公报

公报用于向国内外公开发布重要决定或者重大事件，例如1979年1月1日的《中华人民共和国和美利坚合众国关于建立外交关系的联合公报》、2006年10月11日中国共产党第十六届中央委员会第六次全体会议通过的《共产党第十六届中央委员会第六次全体会议公报》。目前，不少国家机关制作公报，如《国家税务局公报》、《教育部公报》等。

公报是周知性公文，通过报刊、广播、电视等大众传播媒介。公报被看做党或政府正式发布的"官方"的报道，其作用是将党或政府以及人民团体的重大事件或决定迅速广泛地传递到国内外。与公告相比，公报发布的事项和决定比公告更为重大；公告文字精练，内容简要，而公报文字详尽，内容具体。

17. 条例

条例用于党的中央组织制定规范党组织的工作、活动和党员行为的规章制度，是具有极强的权威性和约束力的公文，如中共中央办公厅1996年5月3日印发的《中国共产党机关公文处理条例》、全国人民代表大会常务委员会1994年5月12日颁布实施的《中国人民解放军军官军衔条例》、中共中央1998年3月30日印发的《中国共产党党和国家机关基层组织工作条例》、中共中央2006年3月29日印发的《干部教育培训工作条例（试行）》等。

条例的制发主体是有严格限定的。一般来说，只有上级党组织才可以制发条例，下级党组织不可以制发条例。国务院在需要的时候也会用到条例，如经2007年1月17日国务院165次常务会议审议通过、温家宝总理签署的第492号国务院令《中华人民共和国政府信息公开条例》。

18. 规定

规定用于对特定范围内的工作和事务制定具有约束力的行为规范，如中共中央2006年2月26日制发的《关于党员领导干部述职述廉的暂行规定》、中共中央批准自2008年4月1日起实施的《关于中国共产党党费收缴、使用和管理的规定》等。

规定是针对某些政策性问题或某一方面的活动规范提出具体的执行意见或措施。它往往与特定的时期、特定的条件和背景以及特定的问题相关，时效性比较强，稳定性较差。

除了《国家行政机关公文处理办法》和《中国共产党机关公文处理条例》中规定的上述18种通用公文外，还有一些普遍使用的公文文种，如办法、章程、细则、计划、协议等。

1. 办法

办法是介于条例、规定与细则之间的一种普遍使用的规范性公文，主要用于制定对某项工作的安排或具体管理措施，通常是依据一定法令、条例的原则而制定的具体规章，以保证某项活动的正常开展、某项工作的顺利进行，如国务院第23次常务会议2008年8月20日通过的、自2008年10月1日起施行的《中华人民共和国畜禽遗传资源进出境和对外合作研究利用审批办法》，2008年8月13日发布的《广东省市厅级党政领导班子和领导干部落实科学发展观评价指标体系及考核评价办法（试行）》等。

办法适用于各级各类行政机关，应用面很广，涉及的范围多属于具体事务和单一事项，如关于外资企业管理、税收、票汇结算等。办法的约束力不及条例，但比条例更为具体、细致，它更强调具体做法和要求，具有很强的指导性。

2. 章程

章程是党团组织、社会团体为规定本组织的宗旨、性质、纲领、组织机构和原则、行为规范、成员权利与义务等而制定的纲领性文件。章程具有很强的法规性和规范性，一经发布便成为该组织或团体的行为和活动准则，所有成员均应遵守、执行和实施，不得违背。如中国共产党第十七次全国代表大会部分修改、2007年10月21日通过的《中国共产党章程》，中国工会第十四次全国代表大会2003年9月26日通过的《中国工会章程（修正案）》，青海省党外知识分子联谊会成立大会暨第一届理事会审议2008年8月18日通过的《青海省党外知识分子联谊会章程》等。

章程由组织或团体制定，其撰写需要依据有关法律规章，并需要经过全体代表大会的讨论通过才能生效。不是所有组织都可以制定章程，国家行政机关及其职能部门不用章程。

3. 细则

细则是为了条例、规定、办法等规章的贯彻执行而制定的，用于解释和补充说明规章中某项条款的具体实施规则的一种辅助性文件，如国家外汇管理局2007年1月5日制定发布的《个人外汇管理办法实施细则》、财政部和税务总局2008年3月13日公布的《中华人民共和国耕地占用税暂行条例实施细则》等。

细则一般是依据有关规章而制作的，因此同样具有较强的约束力，经有关权力机关和行政机关批准发布后，必须严格遵守和执行。

4. 计划

计划是指机关单位、社会团体或个人，为实现一定的目标而事先制定的，对未来一定时期的某种行为作出打算和安排的文书。计划具有广义和狭义之分。广义的计划包括规划、纲要、设想、安排、打算、方案、要点等，狭义的计划专指计划这一文种。如国务院办公厅2007年12月13日发出通知颁布的、自2008年1月1日实施的《中国反对拐卖妇女儿童行动计划(2008—2012)》，国务院2006年8月5日批准实施的《“十一五”期间全国主要污染物排放总量控制计划》等。

计划是组织开展工作的具体依据，因此制订计划时，必须用科学的理论和方法认识事物发展的规律，以方便实施和检查为准则，在总结过去工作经验和教训的基础上，对未来的工作进行认真分析和研究。

（二）专用文书

随着科学技术的发展，社会分工日益专业化和精细化，各行各业因为日常工作之需要，形成和使用了各种各样的文书，从而使得专用文书越来越多，逐渐成为文书家族中的重要组成部分。按照行业标准进行分类，专用文书可以分为经济文书、司法文书、外交文书、科技文书、文教文书、军事文书等，这里挑选几种常用的专用文书予以简要介绍。

1. 经济文书

经济文书是指机关、团体、企事业单位在处理经济事务、研究经济问题、反映经济活动情况、搜集经济信息、监督经济工作、开展经济交流时形成和使用的专业性较强的公务文书，是一个广义的概念，包括计划、统计、财经、商业、金融、税务、保险、会计等经济工作领域中广泛使用的各种公文文种，例如经济计划、经济简报、经济活动分析报告、经济规章、经济论文、市场预测报告、可行性研究报告、商品说明书、招（投）标书、合同书、维权声明等。

2. 司法文书

司法文书是公安局、安全机关、人民检察院、人民法院、司法行政机关、公证处、法律顾问处等司法机构在司法活动和各类案件办理过程中，按照法定的诉讼程序形成和使用的具有法律效力的文书，如立（破）案报告、起诉意见书、起诉书、免予起诉决定书、不予起诉决定书、申诉书、抗诉书、上诉书、调解书、裁定书、判决书、逮捕决定书、逮捕证、公证书等。

3. 科技文书

科技文书是指工程建设单位、企业生产单位、设计部门、科技研究部门或个人在生产建设、科学研究及管理活动中形成和使用的文书，如科技论文、课题成果论文、科技综述、科技报告、可行性分析报告、科技成果鉴定书、说明书、计算书、工程预算、技术规范等文字材料，以及图样、图表、地图、报表、观测记录等资料。

4. 对外文书

对外文书是进行国际联络和对外交涉的重要根据，是我国改革开放以来使用得越来越频繁的一种文书。

对外文书分外交文书和外事文书两种。外交文书是指国家进行国际联系、对外交涉、处理外交事务时形成和使用的严肃性和国际性的公务文书，是国家元首、政府首脑、外交部、外交代表机关等为实行其国家对外政策所进行的对外活动如访问、谈判、交涉、缔结条约、参加国际会议或国际组织等形成和使用的公文，如照会、条约、公约、宪章、换文、声明、宣言、蓝皮书、白皮书、协定书、抗议书、备忘录、最后通牒、公报外交函件、领事证书、召回国书、全权证书等。外事文书则是国家机关、团体、地方政府领导人和部门以及企事业单位围绕国家对外开放政策从事对外活动、与外国相应机构、外国领导人、外国驻华使馆、使节相互交往活动中形成和使用的文书，包括对外函件、传真、电报、协定、协定书、合同、换文、授权证书、会议纪要、声明、谈话、公告、通告、规定、细则等。

5. 文教文书

文教文书有广义和狭义之分。广义的文教文书是文化教育单位、新闻宣传部门、图书出版机构及其管理部门在文化教育活动中形成和使用的文书；狭义的文教文书仅指学校教育活动及其管理活动中使用的文书，如毕业论文、成绩登记表、学籍、奖状、证书、通知书、教学大纲、教学计划、教案、讲义、试卷分析报告等教学文书，也包括工作计划、财政预算、教务规章、人才招聘制度、职称评定制度、纪律规定、教材管理办法、假期工作安排、教育评估报告、教育工作总结、图书管理规则等管理类文书，以及各项活动中形成的演讲稿、入团申请书、入党申请书、倡议书等文字材料。

第二节　公文的稿本

公文的稿本指公文的文稿和文本。同一公文在写作和印制的过程中，以及根据使用的需要，可以形成各种稿本。同一公文的不同稿本，其作用也有所不同。

一、草稿

草稿是初步写出的文稿。公文的草稿供讨论、修改和审批之用。一般的、篇幅短的公文只需有一次草稿；重要的、篇幅长的公文，因为需要反复讨论、修改而可能形成几次以至几十次草稿。草稿还不是定型的正式公文，只能反映公文的写作、形成过程。有些公文的草稿也打印或对外发出，目的是便于讨论或征求意见还不产生实际执行效用。

按形成的先后次序，公文的各改草稿分别称作“初稿”、“二稿”、“三稿”、“四稿”等；经修改后的草稿称作“修改稿”，提供讨论的草稿称作“讨论稿”；征求意见用的草稿称作“征求意见稿”；供领导审批的草稿称作“送审稿”、“报批稿”等。

重要公文的草稿，反映了公文的写作和形成过程，有参考价值，应妥善保存。

二、定稿

定稿是草稿经过修改审核后，由机关领导人签发或会议讨论正式通过的最后完成稿。定稿又可称作“正稿”、“底稿”、“原稿”，是公文的标准稿本。只有一次草稿的，经审核签发后即成定稿。有多次草稿的，最后一次的草稿经审核签发后为定稿。已发布过的公文，日后需重新修订时，不可将原有的定稿直接作为草稿而在其上涂改勾画，应当用副本或另制复制本作为新的草稿，然后再行修改、重新审核签发。

定稿是缮印复制正本（正式公文）的依据，而且是日后查考的直接凭证，它具有比正式公文（正本）更大的权威性，所以定稿要与正式公文一同保存。

三、正本

正本是根据定稿缮印而成的正式公文，它具有公文的标准格式，有机关领导人的签署或有发文机关的印章，供向外发出用。正本具有法定的效用，是收文机关进行工作的依据。

作为公文的机关领导人的亲笔信函，应将原件作为正本发出，留存一副本归档。

四、副本

副本，也称作抄本。副本是相对于正本而言，是正本的复本。副本的形成，可以根据正本复印或其他的方法复制，也可以和正本同时制成，经签署或加盖印章的为正本，余为副本。副本主要供传阅、查考和交流之用。如为了提高运转效率，收文机关将收文复制若干副本分送有关负责人和有关部门传阅。又如，为了便利收文机关的办理，发文机关在发文的同时，给收文机关发送若干副本。必要时，发文机关还须留若干副本，或参考或与有关机关交流。

五、存本

存本是发文机关留存的发文草稿、定稿以外的印制本。存本根据机关工作的需要可以有三五份，其中一份用做立卷归档，其余作为正本的样本平时利用。

存本不必签署或加盖印章。

六、试行本、暂行本

试行本、暂行本主要用于条例、办法、规章、制度等法规类公文。制发机关认为这类公文的内容尚不成熟、完善，而有待于通过实践总结经验修改订定时，可先以试行本或暂行本方式发布试行或暂行。试行本、暂行本也是具有实际效力的正本，在规定的范围内应认真执行。试行或暂行期不宜太长。相比较，暂行期比试行期要短。在试行或暂行结束，有了经过修订的正式公文后，试行本或暂行本即随之失去效用。

公文的试行本，以“（试行）”、“（试行草案）”等字样形式标在公文标题中的文种名称后面，如《中华人民共和国民事诉讼法（试行）》。暂行本，以“暂行”字样标在公文标题中的文种名称前面，如《中华人民共和国律师暂行条例》、《农业技术干部技术职称暂行规定》、《国家行政机关公文处理暂行办法》等。

试行本、暂行本不宜过多使用。

七、各种文字文本

各种文字文本是指同一种公文有两种或两种以上文字的文本。

在我国少数民族自治地区，为便于开展工作，机关的发文往往是同一种公文同时使用汉文字文本和少数民族文字文本，如蒙文、藏文、维文文本等。两种文本同时作为正本同时有效。

在外事工作中使用的公文，有中文文本和外文文本，如英文、法文、日文文本等。在两国签订条约、协议等公文时，要同时商订以何种文本为准。如在规定两国文字文本有同等效力的同时，还要规定如果缔约的双方就公文内容解释上发生争议时，应以第三种（指定一种第三国文字）文本为准。

第三节　公文的体式

公文的体式包括公文的文体、结构和格式等内容。公文的体式显示了公文与其他文字材料的不同，而且保证使用的有效，并为公文的处理提供了方便。

一、公文的文体

文体，也称语体，是为不同的交际需要而形成的语文体式。文体的种类有公文文体、政论文体、科学文体、文艺文体等不同类型。

公文文体不同于政论文体、科学文体、文艺文体。公文是处理政务的工具。因此，公文文体的特点是以通俗易懂的文字，简洁明了地说明情况、阐述问题、讲清道理、表达意见。兼用议论、说明、叙述三种表达方式，在议论时不作过多的专门论述，在说明时不必对细节过细的介绍，叙述时不在于具体叙事纪实。行文时语体上还有以下特点：

① 语词有严格的单义性，避免一词多义或一义多词，为表意确切而形成偏正化的特点，如《关于香港问题的联合声明》中有："高度的自治权"、"独立的司法权和终审权"、"现行法律"、"英籍人士"等都是偏正结构。

② 一般不用语气词、感叹词，不用富于描绘性、形象性、具有感情色彩的词，如儿化词、文学辞藻，以及形容词、动词的重叠形式。当然，在不用则不能充分表达意思时还是可用，如语气词“的、了、么、呢、吧、啊”，其中“的”、“了”作为不是事情确实如此和已经如此，在公文中有所运用，如《中国共产党第十一届中央委员会第三次全体会议公报》中，就有“正是毫无意义的”、“这个计划安排是积极可行的”和“但是后来被林彪‘四人帮’打断了，破坏了”、“它的生机就停止了”等用法。形容词的重叠也有所使用，如上文中就有“蓬蓬勃勃”出现。

③ 排斥口语和方言词汇。公文是书面语体，要求语言规范，未被普通话词汇吸收的方言和口语词汇不能使用，因为其地方色彩太浓，局限太大，让这些词汇出现在公文中，就会影响公文表意的准确。

④ 排斥省略句和倒装。公文应用主谓完全句，如中英《关于香港问题的联合声明》中有很多句子以“香港特别行政区”做主语，都以完全句形式出现，不省“香港特别行政区”这个主语，因此这一词语出现的频率很高，全文没有一例省略句。

二、公文的结构

一般地，公文由文头、行文、文尾三部分构成。文头部分的内容包括版头、发文字号、签发人、份号、紧急时限、秘密等级；行文部分的内容包括标题、题注、主送机关、正文、附件、发文机关、签署、机关印章、成文期、阅读范围等；文尾部分的内容包括主题词、抄送机关、印制版记。

（一）文头部分

1. 版头

公文一般都有专门设计的版头。版头位于公文首页的上部，约占1/3的版面。版头亦称文头，其上有发文机关标识和发文字号等内容，见图4-1。

发文机关标识标明公文的制发机关，用大字套红，由发文机关全称或规范化简称加“文件”二字构成。例如，“中共中央文件”、“国务院文件”、“国家档案局文件”等。若是联合行文，发文机关标识处理有两种方式：一是用公文主办机关一家的标识；二是联合行文的各机关都并列入标识之中，且主办机关排于前。

在民族区域自治地区，发文机关标识可用自治民族的文字和汉字两种文字印制，将自治民族的文字放在上面或前面。

编号 00023
急

中共××省委文件

××发〔200×〕×号

★

〔秘密〕

关于×××××××的通知

各地、市、县委：

××。

附件：×××××××××××

中共××省委
二〇〇×年×月×日

(此件发至县团级)
主题词：××××　×××　×××
抄　送：××××、××××××

中共×××委办公厅　　200×年×月×日印发

(共印××××份)

图 4-1　公文版式

发文机关标识的正下方是发文字号。在发文字号的下方，居中是一条长140mm的细实红线，称作“间隔横线”或“界栏线”，版头至此线为止。党的领导机关的文件，如中共中央、各省省委的文件，还在线的中间断开，加一颗红五星。

公文有这样的版头，具有法定的意义，显得格外鲜明、美观、庄重、大方，人们常称为“红头文件”。没有使用套红版头的公文，人们称为“白头文件”，多用于条例、办法、规章、制度、总结报告等不需要写明收文机关的公文或机关内部的公文等。

2. 发文字号

发文字号又称作文号、发文号。“红头文件”发文字号在红线正上方；“白头文件”发文字号在标题的正下方或在标题的右下方。

发文字号由发文机关按发文的次序编排而成，其作用在于便利统计发文数量，在查找公文和引用公文时，可以作为公文的代号使用。

发文字号由发文机关代字、发文年度和发文顺序号组成。如“中办发〔2008〕16号”，表示中共中央办公厅2008年度第16号发文。在大机关如中央各部、省人民政府以至各局，发文字号除机关代字外，有时还要加上承办单位代字或公文性质代字。如中共湖北省委对各地、各部门请求的批复，发文字号编为“鄂复〔2009〕1号”，中共湖北省委办公厅发出函件的发文字号编为“鄂办函〔2009〕1号”。有时发文字号还加负责人代字（姓氏），如“（56）国议周字第12号”，表示1956年由周恩来总理签发的国务会议第12号发文。

机关代字应由发文机关总的文书工作部门编制。机关代字的编制要注意发文机关或部门的性质。同一机关、部门的代字应当统一，不要有几种写法；不同机关、部门的代字应当区别，必须避免重复。编制代字，一般以两至三字为宜。代字可取机关名称前一个或两个字，加“发”字组成，如中共中央发文写成“中发”，武汉市人民政府发文写成“武政发”等。职能部门的代字应冠以机关代字的头一个字，或者各省、自治区、直辖市的别称，再取该部门名称的第一个字组成，如中共湖北省委组织部发文，写成“鄂组发”或“鄂组字”；贵州通信服务公司写成“通服公司”，发文代字为“黔通”。这样简称的例子很多，如离退休管理部为“离退部”，组织部、宣传部为“党组”、“党宣”，哲学社会科学院、经济管理学院为“哲社院”、“经济院”，等等。部门上行文可用“字”字，下行文可用“发”字。联合行文只标注主办机关或部门的发文字号。函件可将“函”字编入发文字号，表示平行文，如黄石市人民政府2008年第12号的发文，写成“黄政函〔2008〕12号”。

3. 签发人

签发人项仅用于上报国务院的发文，其作用是表明制发公文的责任者，督导发文机关领导人认真严肃地履行自身的权力与义务，强化公文的质量，并为迅速办文提供便利。

签发人项在发文字号项之后，且同处一行，占两字位置。如“×字〔2009〕1号 签发人：×××。标注时只在签发人后写出签发人姓名即可。

4. 份号

同一公文印制多份，依次给每份公文一个顺序号，这个顺序号称作份号。公文，特别是机密公文，标注份号后，便于登记、分发和核查、加强管理。

份号项标注在文头的左上角。编号的标注方式，如第765份公文可写作“编号000765”或“NO. 000765”等。

5. 紧急时限

紧急时限是对公文送达和办理时限的要求。紧急公文应根据紧急程度，分别注明“特急”、“急”。在实际工作中，紧急时限分为急、紧急、特急和限时送达等情况。在公文上注明紧急时限是为了引起注意，以保证公文的时效，确保紧急的公务得到及时处理。

紧急时限项一般标注在文头左上角、份号之下，同时还须在信封上加戳注明。紧急时限有时不单独标注，而是加在公文标题中公文文种的前面，如《……的紧急指示》、《……的紧急通知》。标明紧急时限只限于确属紧急的公文，不能滥用，否则急件太多，反而影响了真正急件的及时处理。

6. 秘密等级

一个人、一个集团、一个国家出于某种需要，把不能或不愿让别人、别的集团、别的国家知悉的秘密事项，限制在一定范围、一定时间内保守秘密，不能外泄，称为保密。国家秘密是关系国家安全和利益、依照法定程序确定的，在一定时间内只限一定范围的人员知悉的事项。

秘密分为绝密、机密、秘密三级，随着时间的推移、情况的变化和工作的需要，各机关单位对自己产生的秘密等级要不断调整，及时变更或解除，并通知有关单位。但是，对于非本机关单位产生或确定密级的事项，不得擅自变更或解除其密级。

绝密是国家秘密的重要部分，一旦泄露会使国家的安全和利益遭受特别严重的损害，包括国家的政治、军事、经济方面的核心秘密，科学技术的重大发明创造，我国独有的传统工艺技术诀窍等。该密级的确定权限，限于中央国家机关及其各部门和省、自治区、直辖市国家机关以及国家保密行政部门审定。

公文是国家秘密的一种存在形式，是保密重要内容之一。根据国家有关保密法规，对秘密文件的制发、管理、阅读、传递、复印、保存、销毁应制定和执行有关的保密制度。制发秘密文件必须准确划定密级，明确印制份数、发送范围和阅读权限，并在有保密条件的印刷厂印制，印制过程中形成的铅版、校样、蜡纸、废页、余份应及时处理。复制秘密文件应由有关部门批准履行审批手续，并同原件一样管理，收发秘密文件必须建立严格的登记签收制度，按照规定范围在阅文室或办公室阅读，不得将文件带到住处或公共场所。传递秘密文件必须由机要通信部门或机要通信人员递送，不得使用普通邮政。存放秘密文件的设备和地点，必须有安全、保密设施，严格执行文件定期清退、归档制度、销毁秘密文件必须登记造册，经有关领导审核批准，专人护送到指定地点监督销尽。

秘密项标注在公文版头的栏线下方、标题的左上角。绝密或机密或秘密两字用方括号或圆括号或圆点括起，如〔秘密〕、(秘密)、·秘密·。秘密公文除了在公文上标注外，在信封上也要加盖戳印说明。

（二）行文部分

1. 标题

公文标题是公文主要内容的准确、简明概括。“红头文件”的标题在版头的红线下 28mm ±0. 5mm 之第一行；“白头文件”的标题在公文首页第一行。

公文标题一般由发文机关、发文事由和公文文种三者组成，或称作全标题。如《国务院关于加强档案工作的决定》，发文机关是“国务院”，发文事由是“关于加强档案工作”，公文文种是“决定”。但是，在有些情况下，公文的标题就不一定是完整的全标题。有版头的公文，标题中往往不标发文机关名称，如国家档案局印发《档案工作通则》的通知，因版头已有发文机关“国家档案局”的标识，所以标题可以省略发文机关，而只写“关于印发《档案馆工作通则》的通知”即可。

有些公布性的公文，标题中往往省略发文机关和发文事由，而只写公文文种，如《布告》、《通告》、《公告》等。

批转、转发公文的标题，由批转或转发机关、被批转或转发的公文标题组成，有时在其后再加上批转、转发机关使用的公文名称。如《中共中央、国务院批转国家民委党组关于做好杂居、散居少数民族工作的报告》、《中共中央、国务院转发国家农委〈关于积极发展农村多种经营的报告〉的通知》等。除批转、转发法规性公文外，标题中一般不加书名号。

完整的全标题，可以帮助读者在阅读正文前先对公文的制发机关、公文内容和公文的性质、作用有一个概括的了解。公文有了标题，可以便于公文处理，如对公文的登记、分送、阅读、批办、立卷，以至对编制公文目录、查询公文等，都会带来便利。

文件标题要尽量精练，居中排成一行。字数多的标题分作双行，一般不要超出三行。在分行时不要把两个以上的字组成的词分割开来，而排在两行的一头一尾。双行标题，可错落成梯形排列，而尽量不要排列成等号形式。总之，尽量使标题美观醒目。

2. 题注

题注是标题的注释说明，主要用来说明法规或会议讨论时间等，如《中华人民共和国著作权法》的题注是“1990 年 9 月 7 日第七届全国人民代表大会常务委员会第十五次会议通过”。某些普发性公文，其题注只注明成文时间。

题注项位于标题之下，一行或多行居中书写，且多用回括号括起。在一般情况下，采用了题注这一项目后，公文中可不再用主送机关、发文机关、成文日期等项目。

3. 主送机关

主送机关即公文的主要接收者，或称收文机关、上款。主送机关是主要接收、办理公文的机关。主送机关项位于标题之下 10mm ± 5mm 处，左起顶格书写。主送机关最末一字之后要加上冒号。

上级机关对于所属各个下级机关发出的指示、通知、通报等，并要求所属机关执行和了解的公文又称普发文件，各个下属机关都是主送机关。一般公文只有一个主送机关，即由一个机关主办和答复。特别是下级机关对于上级机关、业务主管机关请示或报告事项时，一般指定一个主送机关，其他机关列为抄报机关，以免由于多头主送而造成责任不明、互相等待或答复不一等，不利于工作的现象发生。主送机关应当是全称、规范化简称或同类型机关的统称。

主送机关只有一个时，主送机关直接书写其机关名称。主送机关有多个时要按其性质、级别和有关规定或惯例依次排列，机关之间用顿号或逗号分开。在通常情况下，同一性质的机关之间用顿号，不同性质的机关用逗号；同一级别的机关之间用顿号，不同级别的用逗号。如“各省、自治区、直辖市党委和人民政府，各大军区党委，中央和国家机关各部委、军委各总部、各军兵种党委，各人民团体”，“各委、办、厅、局”，“各厂、矿、社、所、站、校”等，就是用顿号、逗号将各机关的性质、级别分隔的。

主送机关是个人的，一般要写全姓名，机关领导人则要标明其职务，兼任两个或两个以上职务的领导人，采用与公文内容相关的职务。要注意避免只写姓或只写名或只写职务的写法。

下行普发的公文，不必把各单位名称都写出来，而采用泛称写法，如“部属各高等院校、各直属单位”。

越级行文采用“并呈”写法，如“××省委宣传部并呈省委”，这里主送机关是省委，意在使直接上级“××省委宣传部”了解本级公文的内容，避免因越级行文带来的不良后果。

直接向社会民众发布的公文，可以不写主送机关，如布告、通告、公告以及在报刊上发表并注明了“不另行文”的公布性公文。

4. 正文

正文用以表达公文的内容，是公文的主体和中心部分。正文在主送机关之后，另起一行空两格开始。正文直接体现发文机关的意图，发文目的能否很好地达到，主要在正文的写作。评论公文质量高低，也主要看正文的写作水平如何。正文要符合党和国家的方针政策及有关规定，符合法律法规；政策规定的提法要同已发布的公文衔接，保持连续性；反映的情况、问题、数据要实事求是、真实可靠；提出的措施办法要符合实际，切实可行；内容涉及的有关部门要经过会商，意见一致；概念准确、观点鲜明、条理清楚、层次分明；行文讲求公文文体，篇幅力求简短。

当用通知批转、转发公文时，因主要内容在被批转、转发公文中，所以被批转、转发的文件正文不应看做是附件，而是正文的一部分。

5. 阅读（传达）范围

阅读范围用以限定公文的发送范围和规定阅读对象。阅读范围一般在公文末尾注明，如“发至县团级”、“此件发至基层支部”；有时在正文的开首或最后注明，如“此件在省委常委中讨论……日前将意见报中央”、“此件不必普遍转发，只发有关单位、有关负责机构和负责人阅处”。

阅读范围根据工作需要或公文保密安全来确定。某些一般领导性公文、行政事务或业务上非机密性公文，都不必限定阅读范围。下级对上级的行文，也不必规定阅读范围。

6. 附件

附件是附属于正文的材料，也是某些公文重要的组成部分，但不是每份公文都一定具有的内容。附件一般作为正件（正文）的补充说明或参考材料，如作为附件的有关文件以及图表、统计数字、说明正文中提及的数字和事件等材料。在有些情况下，正文只是起批准、发布和按语的作用，这时，附件就成了实际上的主要文件。

附件项标明所附材料的名称（附件标题）及其顺序、件数，如“附件：1.《关于×××的通知》，10件；2.《关于×××的办法》，4件”。仅一份附件者只需标明材料的名称，省略件数。附件位于正文之后，并与正文之间空一行，起首空两字位置。

当附件是被批转、转发的文件时，在正文之后不再标注附件，这时公文的标题必须包括附件的标题。

7. 发文机关

发文机关即发文名义，又称作落款，是制发公文并对制发的公文负有完全责任的机关。发文机关应写机关全称或规范化的简称，几个机关联合发文，应将几个机关名称都写上，且主办机关排在前，机关之间要按印章大小留出空白。

发文机关项位于正文或附件之后偏右，其最后一个字比正文缩进四至六个字。

公文无论是由个人还是集体写成，也无论是领导议决还是首长批准，发文机关一律视发文名义而定。对于同一机关，重要公文的发文机关要用其机关名义，一般公文可用机关办公部门或其他部门的名义。此时公文的发文机关要视发文名义的不同而分别用机关名义或机关办公部门名义。

8. 签署

签署是机关领导人在正文之后、发文机关处签署姓名，代表发文的作者，正式公文的效用，并将签署的公文向外发出。以机关领导人名义的发文应由机关领导人签名或加盖其印章，姓名前应冠以职务。

签署与签发的意义不同。签发是指发文机关领导人在审定文稿后，于文件处理单或发文稿纸的签发栏内签上自己的姓名，表示文稿通过审核。签发后的文稿即为定稿。定稿是制发公文的依据，并向外发出。而签署是在向外发出的公文正本上签字。一经签署，即成正本。各级机关发布的命令、指示、布告和各级行政机关向同级国家权力机关提出的议案等公文，一般由机关领导人签署。

9. 机关印章

公文上的机关印章是发文机关对公文表示负责并标志公文生效的凭证。机关领导人签署的公文不必用印，有些大批印发的公文，依特定格式专门印制了版头，可不再用印，其他正式公文都要加盖发文机关的印章。

公文上用印的位置，一般在发文日期的年月日的中间。对外文书规定"以骑年压月、上大下小为佳"。军事文书规定"在单位名称正中央，上不压正文，下不压时间"。

国务院颁发有关国家行政机关、事业单位印章的形状、尺寸、样式、字体和制发办法，并且规定了凡伪造印章或使用伪造印章者，均要依法严惩。新成立的或更改名称的机关，在启用印章时，要事先向有关机关发出通知。

合同、协议书及联合发文，应由当事人双方或各方的代表或负责人亲笔签署或双方或各方的机关用印。

10. 成文日期

成文日期是公文制成发出的时间。成文日期直接关系公文何时开始生效，因此所有公文均须注明成文日期。成文日期应写全年月日，不能省年或省月，以免日后查考困难。

公文的成文日期一般以签发日期、会议通过日期或以制成日期为准，几个机关的联合行文以会签或签发日期最迟的一个为准，法规公文以批准日期为准。某些法规公文，除成文日期外，还在成文以后专门规定了生效或开始执行的日期，如《中华人民共和国学位条例》，1980 年 2 月 12 日经五届人大常委会第十三次会议通过，在条例后规定 1981 年 1 月 1 日起施行；《全国人民代表大会常务委员会关于修改〈中华人民共和国学位条例〉的决定》于 2004 年 8 月 28 日第十届全国人民代表大会常务委员会第十一次会议通过并公布，中华人民共和国主席胡锦涛发布《中华人民共和国主席令》（第二十七号）中，自公布之日起施行。公文批准的日期或会议通过的日期，通常加括号作为题注写在标题的正下方。

除正文已经规定公文生效或开始施行日期外，公文的成文日期就是其时间效力范围的起点。

发文机关、成文日期和用印，不得放在没有正文文字的空白页上。为此，在印制公文时应先计算正文字数，或适当排密些，将发文机关、成文日期和用印正好排在前一页末尾处；或适当排疏些，移一两行正文到后一页的开头处。需要通过调节文字行距，避免空白页的出现。

11. 附注

附注或称作注释，是对正文中的一些名词术语的解释，或是在正文中不便说明的内容的补充，如用于说明公文的使用方法、阅读传达范围等。

附注项位于成文日期之下、主题词之上，另起一行空两字位置书写。附注有两项及两项以上的要在每项前标明序号。

（三）文尾部分

1. 主题词

主题词直接从公文中选出，是采用公文中那些阐述事物或问题，并且能够揭示其主题内容的规范化的名词或名词词组。如1985年11月26日《中共中央办公厅、国务院办公厅关于解决当前机关作风中几个严重问题的通知》，在末页主题词处标注了七个主题词：工作作风、进口小汽车、乱出国、旅游、请客送礼、不正当收入、经商牟利。

主题法是按照主题词字顺编排材料用于检索的方法。主题法检索利于公文管理科学化、规范化、办公自动化，其特点是：① 它用名词术语做主题，表达概念准确灵活，并按字顺组织排列，查找直接方便；② 它能将分散在各公文材料中的同一内容集中在同一主题词下，便于按主题检索。

在公文上标注主题词，要直接反映出公文所说明的问题、论述的事物。选定的词必须是最能确切表达主题概念的名词或名词性词组。对于表达同一概念的主题词，前后选词要一致。在无适当词表示的情况下，可采用直接上位主题词或概念相近的主题词或采用新词。一份公文根据内容以选用1～8个主题词为宜。

为使公文主题词标引准确无误，有关机关必须制定一个统一的规范的词目表，即主题词表。制定主题词表的词目，除根据本机关的上级主管部门制定的主题词表规定的词目外，还可以按照本机关的工作范围、内容、工作部门的设置、公文的种类和形式等作必要的补充。主题词表的词目必须便于使用。机关的主题词表由机关文书部门编制，经主管领导人审批，也可由上级机关统一编制。主题词表应当定期修订。

1980年出版的综合性《汉语主题词表》是我国第一部大型的综合性的叙词表。它分为社会科学、自然科学和附表3卷，共10个分册，收录主题词108 568个。其中正式主题词91 158个，非正式主题词17 410个。1991年自然科学部分出版增订本，增补新词8 221条，删除不适用词5 434条。《汉语主题词表》涵盖各个学科专业，收词量大，编制体例规范，是主题标引、检索和组织目录、索引的主要工具，对推动中国主题标引工作的开展和促进专业叙词表的编制起了重要作用。

主题词标注在公文末尾左侧，附注之下、抄送机关之上。主题词三字顶格书写，后跟冒号。冒号之后是词目，词目之间空有一个字的位置。

公文经过主题词标引，就可输入计算机进入检索系统。利用者依据主题词表，就能迅速准确地从众多的公文中找到自己所需要的公文。

2. 抄送机关

抄送机关是指协助办理公文或需要了解公文的机关。“抄送”用于同级和不相隶属机关，若是上级机关用“抄报”，下级机关用“抄发”。

抄送机关项位于主题词下，“抄送”两字顶格书写，与“主题词”三字排齐，后加冒号，冒号后是抄送机关的名称。抄送机关若是多个，要按机关的性质、职权、隶属关系依次标注，各机关名称之间用逗号或顿号分隔，移行时抬头应与第一个抄送机关名称的第一个字上下排齐。抄送机关的名称要用全称或规范化的简称。

抄送机关不宜过多，以免增加关系不大的机关不必要的负担。向上级机关的请示，在上级机关尚未批准之前，不应同时抄送同级或下级机关。下发的重要公文，应抄报直接的上级机关，以利于上级机关及时了解情况。受双重领导的机关上报公文，应根据内容写明主送和抄报的机关。上级机关向受双重领导的下级机关行文，应同时抄送另一上级机关。

3. 印制版记

版记是公文制发主要情况的记载说明，内容有公文制发单印制日期、发出日期、印制份数等项。

版记项位于公文末页的末尾、抄送机关下。制发单位、制发日期排成一行，由上下两根通栏墨线相夹。制发单位要用全称或规范化简称，如“中共××省委办公厅”、“××大学办公室”。制发日期是公文制发时间，年月日书写要全，如“2009 年 1 月 8 日印发”。若公文属于翻印，“印发”则用“翻印”代替。标注时，行首行尾均空一字位置。印制份数是指公文印制的数量，置于间隔线外的右下方，如“共印 100 份”。

三、公文的格式

公文的格式指公文的外在形式。为了维护公文的权威性和严肃性，为了便于公文的处理和管理，公文的格式应当有统一的规定和要求。公文的格式包括结构格式、用纸格式和印装格式。结构格式在“公文的结构”中已经讲过，这里只叙述用纸格式和印装格式。

（一）用纸格式

目前公文用纸幅面一般采用16开型（260mm×184mm），推荐采用国际标准A4型（297mm×210mm）。布告、通告、公告等公布性公文用纸大小，根据实际需要确定。

公文纸面分为两个区域。其一是图文区，用以书写、印刷文字、制图等。16开型纸面图文区尺寸为233mm（长）×149mm（宽），国际标准A4型纸面图文区尺寸为270mm（长）×175mm（宽）。一是页边区，包括上下白边和左右白边。白边区内不允许有任何符号。上白边（天头）宽20mm±0.5mm，下白边（地脚）宽17mm±0.5mm，左白边（订口）宽20mm±0.5mm，右白边（翻口）宽15mm±0.5mm。

（二）书写、印装格式

公文的书写、排版一律从左至右横写、横排，少数民族文字则按其习惯书写、排版。汉字的选用规定为：发文机关标识以醒目美观为原则，一般应小于22mm×15mm。标题用二号小标宋体字。秘密等级、送达时限和标记字符或其他重点字句用三号黑体字，主题词词目用三号宋体字。“签发人”三字用三号仿宋体字。其正文用三号仿宋体字。

装订一律在纸面左侧。使用钉装或线装时，注意要在装订线上压钉走线，不要压住文字。

公文格式的详细规定参见附录三《国家行政机关公文格式》。

复习与思考

1. 如何认识公文的特点？
2. 公文有何作用？其分类的目的何在？
3. 如何理解公文格式的含义及其特点？
4. 正确选择公文文种的依据是什么？
5. 当代通用公文有哪些？在什么情况下使用？
6. 略举几例专用公文，并说明其作用。
7. 如何认识公文的文体？
8. 公文有哪些稿本形式？不同形式的稿本之间有何关系？
9. 以联合行文为例，制作公文版记。
10. 以通知公文为例，制作公文式样。

第五章　发文处理

本章要点

1. 发文处理流程
2. 电子公文发文系统
3. 拟稿、核稿
4. 签发与会签
5. 注发
6. 用印

关键词　拟稿　核稿　签发　会签　注发　电子公文　发文系统

发文处理是机关内部为制发公文所进行的创作、处置与管理活动的过程，它是法定机关履行法定职责、表达机关自身意志和愿望的一种特定的行为。发文处理含有特定的环节，一般包括拟稿、会商、核稿、签发、复核、注发、缮印、用印、分装等程序。随着计算机技术、网络技术和通信技术的进一步完善，发文处理也可以以电子公文为对象，通过电子公文流转系统进行处理。

第一节　纸质公文发文处理

纸质公文发文处理有一定的流程（详见第二章第六节），其具体环节包括：

一、拟稿

拟稿是拟稿人根据机关领导人或承办部门负责人交代的公文写作意图、公文写作原则进行公文写作的过程。凡属重要公文，应由机关领导人亲自草拟文稿，一般性公文可由秘书部门或业务部门拟稿。

机关领导人或承办部门负责人在给拟稿人下达公文的写作任务时，事先应有周密的思考，在交代任务的同时，还要向拟稿人交代清楚制发公文的意图、依据以及具体要求，拟稿人在接受写作任务之后，若有不清楚明白的地方，也必须向机关领导人或承办部门负责人作进一步的了解。只有这样，拟稿人在写作时才能尽量地避免难以下笔、勉强成文或误时误事的情况发生，从而迅速顺利地完成拟稿任务。

按照《国家行政机关公文处理办法》、《中国共产党机关公文处理条例》的规定，草拟公文应当做到：

① 符合国家的法律、法规和方针、政策及有关规定。如提出新的政策规定，要切实可行，并加以说明。

② 情况确实，观点明确，条理清楚，文字精练，书写工整，标点准确，篇幅力求简短。

③ 人名、地名、数字、引文准确。引用公文应当先引标题，后引发文字号。日期应当写具体的年、月、日。

④ 结构层次序数，第一层为“一”，第二层为“（一）”，第三层为“1”，第四层为“（1）”。

⑤ 必须使用国家法定计量单位。

⑥ 用词用字准确、规范。文内使用简称，一般应当先用全称，并注明简称。

同其他文章的写作一样，公文的拟稿也要经过起草前的准备、起草、修改等几个阶段。

拟稿过程是在单位信笺上完成，也可以用专门的发文稿纸，见表5-1、表5-2。

一般地说，领导人的讲话稿应由领导人自己写作，而不应由其他人代写；一些重要公文应经机关领导认真思考、慎重讨论，并由主管领导动手写作，或在拟稿人的协助下写作。写作的文稿要符合党和国家的方针、政策、法律法令和上级机关的有关规定，忠实拟稿意图、切合收文机关的实际、文风端正和符合文种体式等要求。

拟稿是一种特殊的创造性活动，需要遵循特定的规则，掌握一定的方法和技巧。该方面的内容详见第九章《公文写作》。

表 5-1 **发文稿纸式样（一）**

（机关名称）发文稿纸

签发：	主办单位： 拟 稿： 会 商：
会签：	核 稿：
文件标题：	
发〔20 〕号	密级： 时限：
附件：	
主送机关：	
抄送机关：	
打印份数：	
20 年 月 日拟稿	20 年 月 日印发

（首页）

（机关名称）发文稿纸　　　　第　页

（续页）

表 5-2 **发文稿纸式样（二）**

（机构名称）发 文 稿 纸

（机构简称） 发〔 〕 号 缓急 密级

<table>
<tr><td colspan="2">签发</td><td colspan="2">会签</td></tr>
<tr><td colspan="4">分管校领导
审 签 意见</td></tr>
<tr><td colspan="4">主 送</td></tr>
<tr><td colspan="4">抄 报</td></tr>
<tr><td colspan="4">抄 送</td></tr>
<tr><td>拟稿单位</td><td colspan="2">拟稿
会商</td><td>拟稿单位负责人
核 稿 意 见</td></tr>
<tr><td>党政办公室文秘科审核</td><td colspan="3" rowspan="2">党政办公室主任审签意见</td></tr>
<tr><td>打字</td></tr>
<tr><td>校对</td><td colspan="2">缮印</td><td>份数</td></tr>
<tr><td colspan="4">附件</td></tr>
<tr><td colspan="4">主题词</td></tr>
<tr><td colspan="4">标 题</td></tr>
<tr><td colspan="4">（正文）</td></tr>
</table>

二、会商

会商是指当公文内容涉及其他有关同级或不相隶属机关或部门的职权范围，需征得其同意或配合时所进行的协商活动。会商的目的在于维护文件的合法性、有效性、维护政令的统一性和权威性。有时候，不同机关之间，或者同一机关的不同部门之间，制定的正式文件存在相互抵触甚至完全对立的情况。这导致实际工作无所适从。更为严重的是，文件的权威性被削弱，机关的威信受到威胁。因此，文件的制定必须和其他机关或部门的文件精神保持一致性，才能在实践工作中产生效用。正确地履行会商程序，就可以避免上述现象的发生。

会商由发文机关或具体承办部门主动组织，就有关问题及其政策与相关机关或部门协商完毕取得一致意见后，应请被邀请机构或部门的有关责任者签署会商意见。会商意见签署在“发文稿纸”有关栏目内（见表5-1、表5-2），写明对有关内容是否同意，并签名。

三、核稿

核稿是对拟稿人写作的文稿进行检查审定，因此，它可以看作拟稿过程的延续，同时也是公文定稿的重要过程。

为了保证公文质量和节省领导人将来在文稿签发时所用的时间和精力，核稿一般由拟稿人所在部门或机关办公厅（室）内熟悉工作情况、掌握公文写作要求、政策水平较高、文字能力较强、富有经验的领导人或秘书承担。

核稿主要依据公文写作的要求，对文稿从内容到形式的所有构成要素进行全面细致的检查审定。

① 是否需要行文，即考查文件是否有必要形成。需要本着精简公文的原则点，可发可不发的公文尽量不发。即使是必须发文，也需要考查发文时机是否成熟。时机不成熟，不可发布公文。

② 文稿内容表达的发文意图是否准确，与上级机关和本机关的有关规定是否一致，所提出的要求、制定的措施是否切实可行，其界限是否明确、交代是否清楚，有无笼统含糊、模棱两可或规定过死、过于繁琐的地方。

③ 文稿的文字表述是否简明、通顺，是否符合语法、逻辑，标点符号的使用是否正确，文字有无错漏，文稿的段落、条款之间是否有互相矛盾、前后不一以及重复交叉的现象。

④ 文稿制发的名义是否合适，是否需要一定的会议讨论或经过上级或有关机关批准。

⑤ 文稿的体式、使用的文种是否恰当，行文的语气是否得体，标题、收文机关、密级、时限、印制份数是否妥当等。

⑥ 文稿是否经过会商，是否经过一定的程序讨论通过，是否需要上报。

审核的重点在是否需要行文；是否符合国家的法律、法规和方针、政策及有关规定；是否与有关部门、地区协商、会签；文字表述、文种使用、公文格式等是否符合有关规定。通过核稿及时纠正所发现的问题，必要时还须把文稿退回给拟稿人修改，或会同承办部门一起研究修改。

核稿并不是所有的发文都要经过的处理程序，那些属于例行或事务性的公文就不必核稿，在拟稿人自行检查审定之后，就可以直接送有关领导人签发。

核稿完毕，填写发文稿纸上的文件字号、印数、密级各栏，在拟稿部门意见栏或办公部门意见栏内填写核稿意见，并签注姓名和日期，以示对文稿内容负责，见表5-1、表5-2。

四、签发

签发是机关主管领导对送审欲发的文稿，经审定后认为可以发出时，在发文稿纸上签署发文意见，并签注自己的姓名和日期。

签发是形成公文的最重要的一道程序。公文草稿一经签发即成定稿，并依据定稿缮印成为正本。签发人代表机关或部门对公文的内容以及文字表述负有完全的责任。签发是领导人行使职权的一种表现。因此，必须是自己职权范围内的有关公文，才有权签发，而不得越权签发，也正因如此，机关对于签发公文的职权分工，应该有明确的原则规定。首先，以机关名义的发文，或者涉及全局的重要文件，由机关领导人（正职领导人或主持日常工作的副职领导人）签发。这是在机关自身法定职权范围内的签发，是正签。机关领导因公外出时，可以授权或委托他人代行签发（称代签）；某些重要公文，由机关领导人集体讨论或依次审阅后，共同签发或由机关主要领导人签发。其次，以机关的某个部门名义的发文，由其部门负责人签发；若因公文内容涉及的问题重要，或部门把握不准，为慎重起见即经部门负责人签发后，再经机关领导人审签（称核签或加签）。再次，与他机关的联合发文，有关机关的负责人需要共同签署（称会签）。

在签发公文时，签发人要在发文稿纸的签发栏内明确地填写“发”、

“印发”、“急发”等字样，并签注签发人姓名和签发日期。凡是需要核签或加签的文件，要明确地填写“请××同志审阅后发”等字样；授权或委托代行签发职责的，要明确地填写“代签”字样。

签发人对签发的公文负有完全的责任，因此，签发人在签发公文时要对公文的内容和文字进行认真的审阅和修正。若发现内容与发文意图出入较大，应退回拟稿部门或拟稿人重拟。

五、复核

复核是文稿正式付印前的最后一次审核。其主要内容是审核审批、签发手续是否完备，附件是否齐全，格式是否规范等，是对文稿从形式到内容的最后一次把关。如果复核发现问题，经过了实质性的修改，应按照程序复审。

六、注发

注发是将领导签发的公文意见进一步具体化，因此，需要根据领导意图和有关规定并结合公文内容具体进行。注发的项目主要包括：

① 明确公文发文范围、阅读范围、紧急程度、密级登记以及印数、印制和发出时间；

② 明确公文的制作方式和发送方式；

③ 赋予公文发文字号；

④ 进行版式设计；

⑤ 向催办部门或人员销办。

上述工作如果已由拟稿人、核稿人完成，则需要逐一审查核对。

七、缮印

缮印是根据公文定稿制成公文正本的过程。制成公文正本一般有打印、铅印、胶印、复印、缮写誊清等方式。文稿在送印前要编好发文号、确定印制份数、注明时限和密级，以便一并缮印。

缮印必须严肃细致，保证公文制作质量。目前，除了信函、信访文书采用手工缮写外，大多数文件采用印刷方式完成。缮印过程中需要注意：

① 忠实于原稿，不许随意改动原稿的文字、标点符号、格式以及调换段落。若发现原稿有疑误之处，未经秘书或办公部门同意，亦不得擅自改动。

② 版面设计美观大方、清晰悦目，字体大小得当、疏密相宜。要尽量

避免末页无正文的现象，若无法避免，则应该通过调节文字行距的方式加以回避。

③ 要防止出现多页、缺页、倒页现象。

④ 注意保密，不得让外人随便翻阅文稿和印制的公文。秘密公文，应有专人负责和送达指定缮印地点印制，并对公文的底版、清样等严格管理，及时监销废页，防止失密泄密现象发生。

⑤ 缮印需建立登记制度，登记的内容包括公文名称、送文单位、送文时间、印文数量、印完时间、缮印人姓名、取件人姓名等项。

缮印完毕，填写发文稿纸上的打印人、印刷日期各栏。公文原稿由承办部门收存。

八、校对

校对是以签发的文稿为底本，对缮印的校样所进行的文字核对校正工作。校对的作用在于保证缮印的公文文字准确无误，因此，所有制发的公文，都必须经过对其校样的校对，才能予以付印。

校样先由文印部门初校，然后再由承办部门或拟稿人复校。大机关和规模大的文印部门应配备专职的校对人员。校对时尤其需要注意：

① 一丝不苟，逐行逐字，甚至每个标点也不能马虎放过，同音异体、字形近似的字，数字、地点、人名等，尤其要反复校准。

② 不得随意改动校样的原文，校样上校出的错漏之处，要以醒目的色笔和规定的符号标明，并牵出版芯。

校对完毕，还应对公文的格式、文头文尾的附加标记作全面的复查。校对一般经过 2 ~3 个校次后方能付印。重要公文还需适当增加校次，以确保文件质量。付印之前，校对人在发文稿纸的校对人栏签名，然后付印。

九、用印

用印是在需要用印的公文上盖上发文机关或机关领导人的印章。只有加盖了发文机关或机关领导人的印章，公文才能有效。

印章应由机关办公部门指定专人掌管，并应建立一定的用印制度：

① 用印必须经有关负责人批准，并由掌管印章的人员经手进行。

② 用印公文的制发机关必须与印面一致，用印公文的内容必须与签发的公文原稿相符，否则不得用印。

③ 所捺印面要端正清晰，不得歪斜模糊；用印的位置要正确，即发文

机关和时间同时见于文面的，印章应盖于发文机关的上端，上不压正文，下不压日期；只有发文时间而没有发文机关见于文面的，印章一般应盖于发文日期上，骑年压月；布告、通知，印章盖于年字上。

④ 要核实用印份数，超过的份数不能用印；要防止将印错盖在漏印的空白纸上。

⑤ 送印刷厂印制的公文，需套印机关印章时，应指派专人送取。

⑥ 以谁的名义发文，就得用谁的印章，必要时可以为下级机关或部门的公文代章，但需注明“代章”字样。有时候，公文的业务性很强，也可以用该机关或部门的业务专用章。

⑦ 用印后要在《用印登记簿》上填写用印时间、用印单位、用印文件标题、件数、批准人、用印人、经手人各栏，见表5-3。

表5-3　**文件用印登记簿式样**

（机关名称）文件用印登记簿

时间	用印单位	用印文件标题	件数	批准人	用印人	经手人	备注

十、分装

分装是公文发出前对公文的封缄工作，以方便传送。分装主要由下列环节组成：

① 由内收发从文印部门接收文件，清点份数，按领导签发意见或注发要求拣配文件。

② 由内收发人员进行发文登记。

③ 装封，即将文件装入文件套或文件筒、信封，填写封皮和回执单（需要时）；检查核对；封口；为密件加密封条。

④ 将封装好的文件转交外收发，并履行签收手续。

最后，由外收发通过邮寄、机要交通、机要通信或文件交换等不同途径发出文件。至此，发文的整个程序便完成了。

上述分装过程中，尤其需要注意发文登记。

凡是发出的公文，都要进行登记。发文登记的作用和收文登记一样，是为了便于发文的统计和查检。

发文登记一般采用簿册登记形式，以年度为单位分册装订。发文登记又可以分为内收发的《发文登记簿》、内收发对外收发的《送文登记簿》、外收发的《发文登记簿》。

内收发的《发文登记簿》的登记项目有：顺序号（发文在簿中的顺序登记号）、登记日期、发文号、密级、文件标题、发往机关、份数、归卷情况、备注等栏，见表5-4。部门多、发文量大的机关，可以增置发文登记簿或在一册登记簿内作出隔离标志，按部门或按发文种类分开登记。

内收发对外收发的《送文登记簿》的登记项目一般有：登记日期、封号（送文在簿中的顺序登记号，此号同时要写于送文的封皮上，故称为封号）、发往机关、发送方式（标明发文是否急件、密件，是否由机要交通发送或通过邮局挂号发送等）、发送时间和签收人（由外收发填写，收文后签名或盖章）、备注等栏，见表5-5。内收发向外收发送交公文时，应履行上述送文登记的交接手续。

表 5-4　　发文登记簿式样

（机关名称）发文登记簿

（内收发用）

顺序号	日期	发文号	密级	文件标题	发往机关	份数	归卷情况	备注

表 5-5　　送文登记簿式样

（机关名称）送文登记簿

（内收发对外收发用）

日期	封号	发往机关	发送方式	发送时间	签收人	备注

外收发的《发文登记簿》的登记项目与收文登记的项目是相同的，可以使用同样格式的登记簿。对机关的外收发来说，无论是其他机关的来文，还是本机关内收发送交的发文，都可以看作来文，所以在“来文机关”栏内，视公文来源分别登记外机关名称及本机关或本机关有关部门的名称。同样，在“收文机关”（或“分送部门”）栏内，外机关来文的收文机关（或分送部门）就是本机关或本机关有关部门。本机关的对外发文，收文机关（或分送部门）就是外机关。

十一、封发

封发是对待发的公文进行封装和发送。

封发由办公部门的内收发担任，包括书写封面、装入公文、封口和发送。公文印制完毕交内收发，内收发应严格清点核对公文的印数，根据主送、抄送意见分别装封,正确填写封皮，加盖密级、急件印戳，经核对封皮及其封装的公文之后，将封口封缄，密件还须贴密封签和加盖密封章。

书写封面时，收文机关的地址、名称字迹要工整，要用全称或通用的简称。为了节省书写的时间和避免差错，对于经常发送的单位，可以事先印制有收文机关及其地址、邮政编码的封皮或标签，以备使用。发文如系密件、急件、亲启件，封皮上要加盖相应的戳记。装封公文要依据发文稿纸注明的发送机关、份数准确分装。为了防止收文机关在拆封时损坏公文，装封的公文要折叠整齐，并略短于封皮的长度。封口要用糨糊或胶水封实，绝密件还要在封口处加盖专用密封章或粘贴密封签。

公文装封后要及时发送。发送的方式按发送要求分别采用邮递、机要交通和专人传递，不要托人代送。邮递要件应有回执单，机要交通和专人传递件要有完备的交接手续。会议发放的公文，要履行签收手续，为了加强公文的管理，还应向与会人员所在单位发送“会议文件目录”或“会议文件通知单”。

公文经封发后，应将发文的底稿和正本及时归卷。如果发文是收文的复文，还须进行收文处理的注办程序，即注明复文发出日期、发送的单位、份数等。注办的文字，可写在文尾的空白处，或填入文书处理单中“处理结果”栏内。

十二、询办

凡是有关请示或商洽的公文，发出时应在发文登记簿上加注“待复”注记，当过了一定时间而不见收文机关的回音时，就要建议领导通过致函、通电或去人向收文机关询问办理情况，以避免发出的公文办理久拖未果。在收到复文后，即将复文与发文放在一起归卷。

询办可交由催办的专门机构或专职人员兼任。

第二节 电子公文发文系统

电子公文发文系统往往具有不同的形式。不论形式如何，其拟稿、核稿、审稿、签发等功能要求是一致的。本书以 Wanve OA 5.0 为例，对电子公文发文系统进行简要说明。

一、拟稿

拟稿由文书工作人员、秘书人员或者业务部门有关人员进行。拟稿在拟稿单上进行。为方便发文，也可以将发文做成模板，直接通过模板进行文稿撰拟。

拟稿时，点击“拟稿编辑”，打开拟稿模板。编辑拟稿内容与平时用 Word 处理文件相同，见图 5-1。

由于发文拟稿可能会经过若干个经办人进行处理，发文拟稿会自动记录修改痕迹并以不同的颜色显示。当鼠标移动到修改痕迹处时，文稿会提示修改情况。

文稿编辑完毕，点击“保存”，关闭文稿，见图 5-2。

上传发文拟稿，直到系统提示拟稿上传成功。必须点击“上传并返回”按钮把刚才编辑的拟稿文件上传到系统。如果不执行此操作，发文拟稿将被锁定且可能出现拟稿内容的丢失。

拟稿编辑完毕，点击办理情况对拟稿文件进行流转处理。

二、核稿和审稿

由机关领导授权的专、兼职人员进行核稿，审核是否确实需要发文、发文是否符合党和国家的方针和政策、文中措施或意见是否切实可行、文件格式、文中选择是否规范等。一旦核稿人认可，需要在发文处理单上进行数字

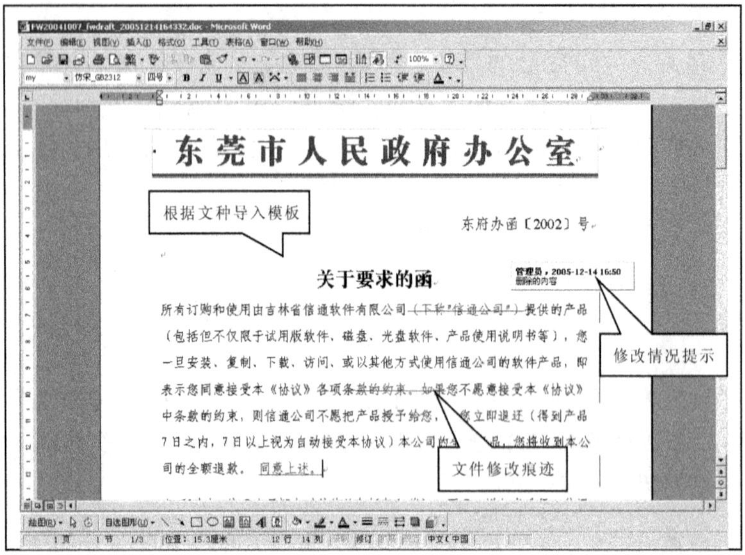

图 5-1　拟稿界面

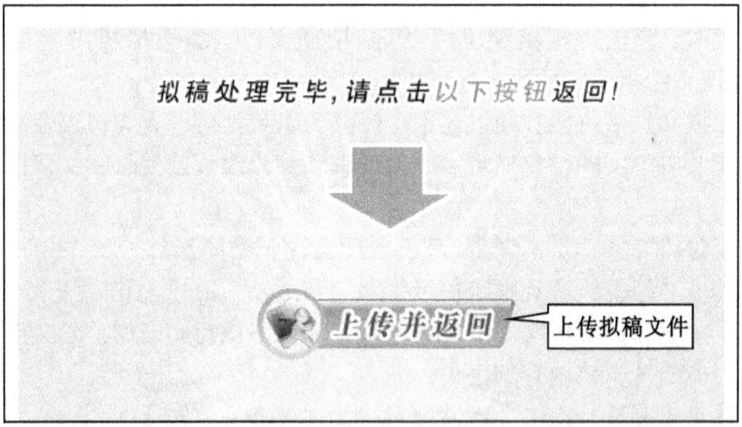

图 5-2　拟稿完毕界面

签名。在此过程中，如果系统发出不合格提示，则需要将文稿发给拟稿客户端，提示拟稿人修改。

审稿在核稿完成后，文件转给有关领导进行审核。领导可以在发文处理单审稿意见栏中签署意见，也可以对文件进行修改。如果文件反复修改，系统自动注明“一稿”、“二稿”、“三稿”字样并自动记录各种修改版本，存于日志中，成为文件生成的背景信息。一旦文件定稿，文件可以进行签发了。

三、签发与会签

审稿通过的文件将报送本机关主管领导进行呈批，由该领导进行审批签发。在设置签发时，设置有“签发”、“不予签发”两个功能键按钮。点击“签发”按钮，文件自动进行签名、盖章；对于“不予签发”的文件，需要附上处理意见。

有时候文件是由两个或两个以上机关联合发出，拟稿完成后需要将文稿提交相关机关会签。各相关单位收到拟稿文件后，需要在发文处理单会签栏中提出会签（包括修改）意见。

四、注发

标明注发范围（主送、抄报或抄送部门和机关）、紧急程度（特急件、加急件）、密级（绝密、机密、密码、非密）。

五、编号制发

编号制发包括编制发文字号、文件版面设计与校对等。其中，发文字号由计算机自动生成编号，文件版面设计是在系统内预先设计生成的规范格式的文件模板，包括文件红头、主题词、印章等。编号一旦确定，便可以形成文件正文。根据具体公文选择收文单位，并设定每一个收文单位可打印的文件份数。

六、发文登记

发文登记界面列出所有文件记录，列表中显示出文件的基本信息，如文号、标题、拟稿人、文件种类等，见图 5-3。

上述发文登记界面的主要功能有：

刷新：刷新页面，跳回第一页记录。

相关查询：弹出查询条件输入框，输入条件组合进行记录检索。

添加：添加一条新的发文记录。

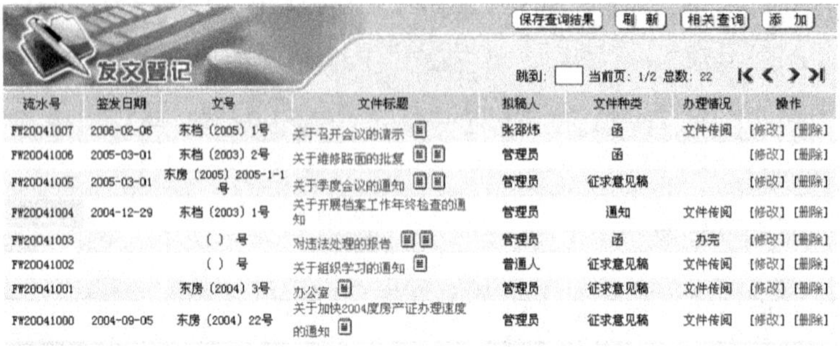

图 5-3　发文登记列表界面

文件标题中的链接：可查看发文文件的具体内容。

文件标题中的：点击此图标可打开该发文文件的电子原文。

操作栏中的修改：选定记录打开修改记录界面。

操作栏中的删除：删除该选定的发文记录。

点击其中任一条记录，可以看到发文登记的基本情况，见图 5-4。

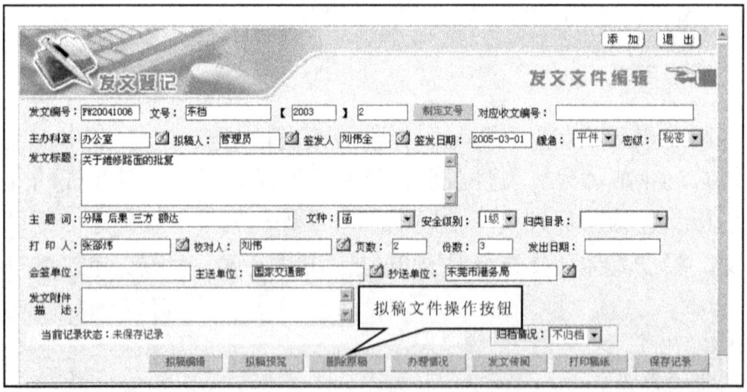

图 5-4　发文登记界面

点击“添加新建发文拟稿”，录入发文的基本信息，选定合适的文种，保存记录后即可进行拟稿编辑。

拟稿模板会根据选定的文种而导入对应的模板（模板可在基本设定—发文设定—设定发文文种上传拟稿模板）。

发文信息录入界面功能描述：

制定文号：根据文号顺序自动计算文件文号。

拟稿编辑：打开拟稿模板，编辑发文文稿内容。

拟稿预览：打开拟稿文件，不显示编辑痕迹的干净文档。

删除拟稿：删除拟稿文件，此操作不可恢复。

办理情况：把发文拟稿转发给经办人办理。

打印稿纸：打印发文稿纸。

保存记录：保存当前录入信息。

一般地，发文系统在发文登记填写完毕后，系统自动在该界面左侧生成文种、发文日期、密级、登记、签发人、发文字号、会签单位、会签人、拟稿人、拟稿日期、文件标题等。同时，文件发出后，系统自动生成“发文列表”，在文件总目录中自动形成一条记录。

七、发文办理

发文办理情况可以根据需要设定固定流程，也可以自设流程。其中，固定流程是按预设的流程模板进行发送（基本设定—发文设定—设定发文流程模板），而自设流程是自定义发送选项，见图5-5。

图5-5　发文办理流程选择

按固定流程发送，点击“固定流程”按钮，弹出固定流程模板列表，选定适合的流程模板，如果流程中出现会签情况的，可在会签经办人下拉菜单中选定会签经办人，按下确定使用模板按钮发送，见图5-6、图5-7。

自设流程发送，点击“自设流程”按钮，弹出发送选项框，选定合适的内容发送。注意发送时的办理方式和办理顺序。办理方式分为顺序处理及并行处理，办理顺序设定为适合该发文流程的处理的顺序，见图5-8。

一旦进入发文办理列表界面，点击首页界面待办提示或点击“公文管理”项目中发文办理均可打开发文办理列表界面。其中，“全部”列出所有

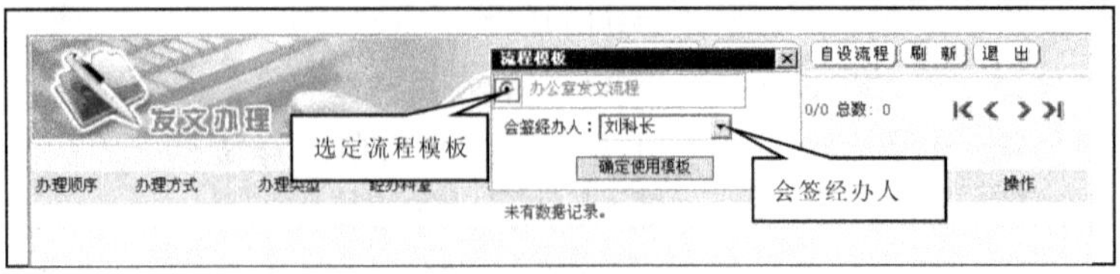

图 5-6　流程模板的选择

图 5-7　流程与办理情况列表

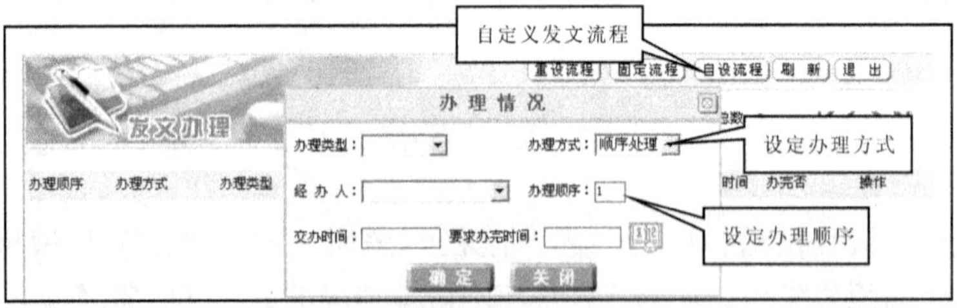

图 5-8　自定义发文流程界面

办完和待办文件，“未办文件”列出待办文件。点击“文件办理”按钮，进入填写发文办理意见界面。发文办理过程见图 5-9、图 5-10、图 5-11、图 5-12。

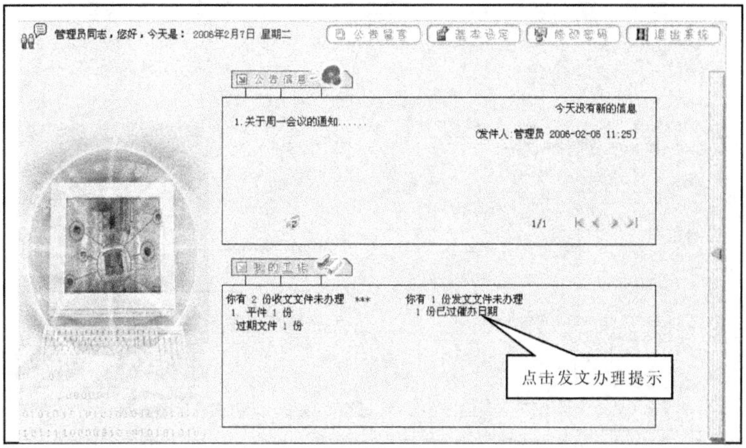

图 5-9　提示发文办理情况

图 5-10　进入发文办理界面

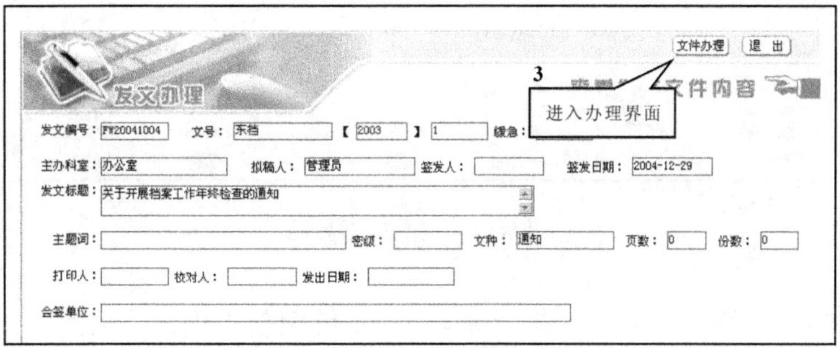

图 5-11　发文办理界面

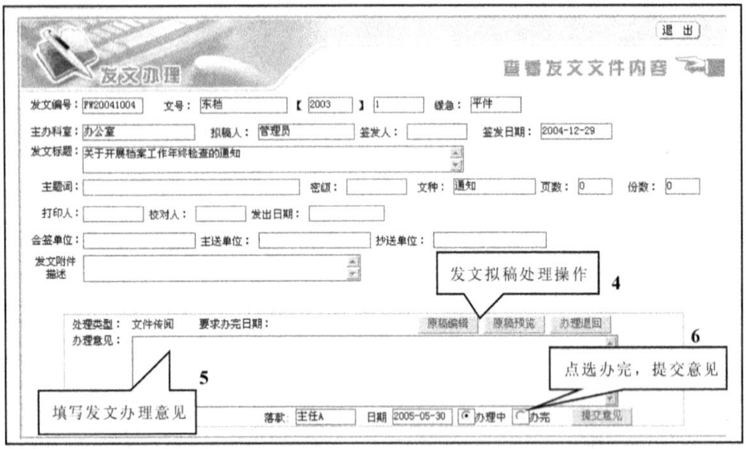

图 5-12　发文办理操作

八、发文检索

发文检索界面提供完整的文件信息检索，见图 5-13。

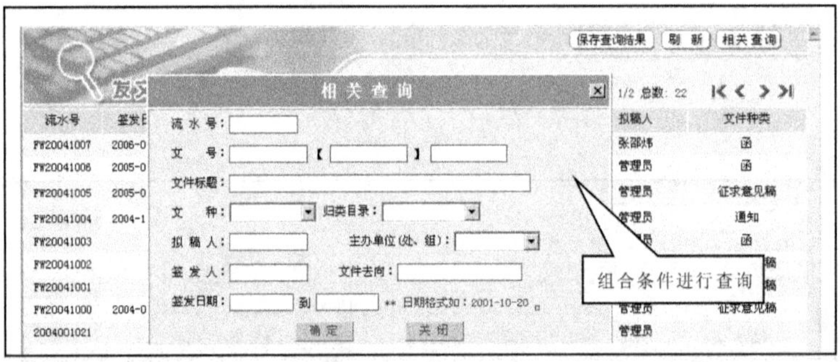

图 5-13　发文检索界面

上述发文检索界面中，按“刷新”，系统刷新页面，跳回第一页记录；按“相关查询”，弹出查询条件输入框，输入条件组合进行记录检索。通过文件标题中的链接，可查看发文文件的具体内容。

九、发文督办

发文督办查看发文拟稿处理情况，及时了解拟稿的处理状态，见图 5-14。

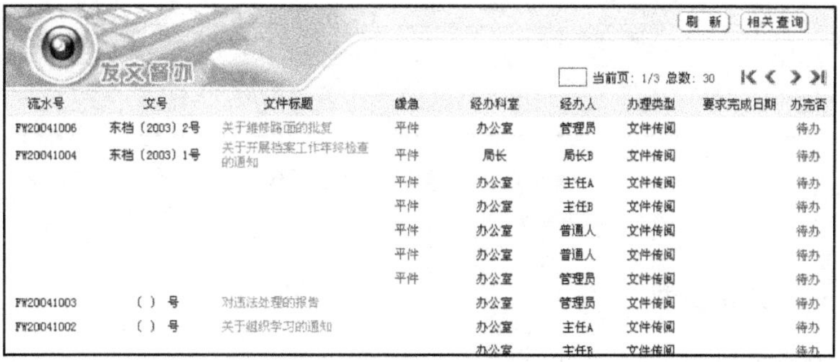

图 5-14　发文督办界面

十、报表打印

报表打印提供各类收发文常用报表打印输出。报表可以按照时间、文种、密级、单位等分别设置打印，见图 5-15。点击“收文报表”或“发文报表”按钮切换报表类别，输入设定列印行数，自定义报表记录输出，见图 5-16。

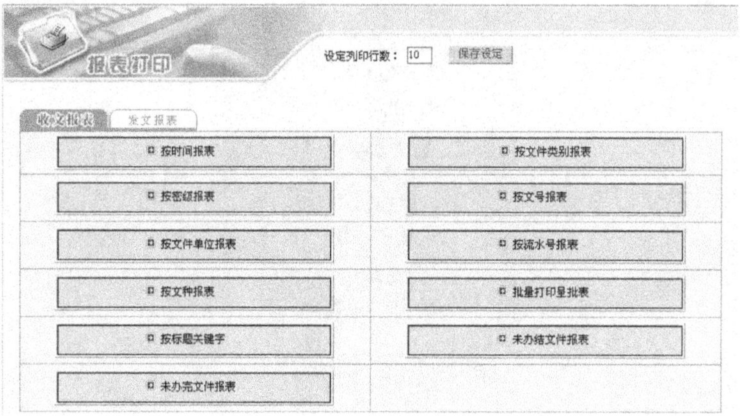

图 5-15　报表打印选择

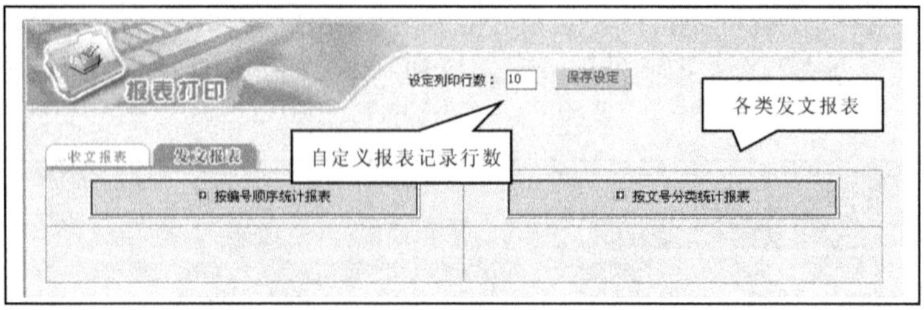

图 5-16　报表记录行数设定

十一、公文检索

公文检索界面见图 5-17。

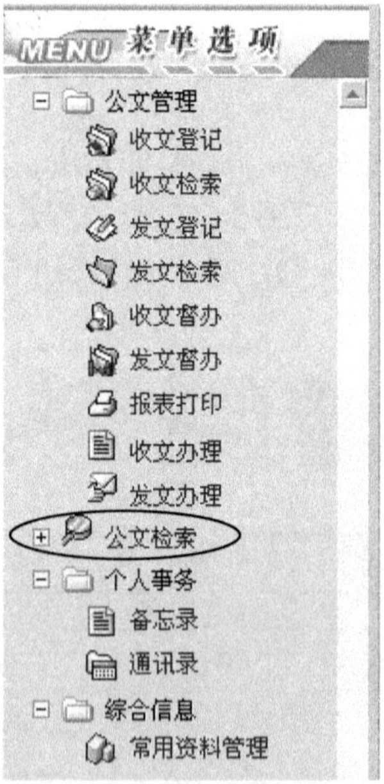

图 5-17　公文检索界面

通过输入标题关键字、文号，检索符合的记录，见图 5-18。

公文综合检索必须输入任意一项或多项条件进行查询。发文/收文常用

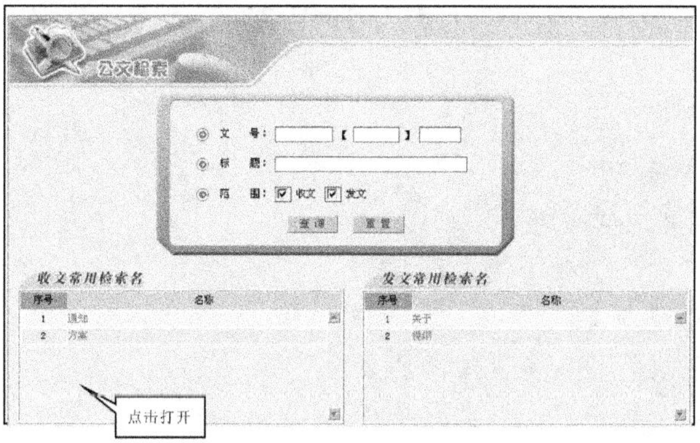

图 5-18 发文检索

检索，点击名称，弹出标题对话框，即可打开对应的查询结果，见图 5-19。

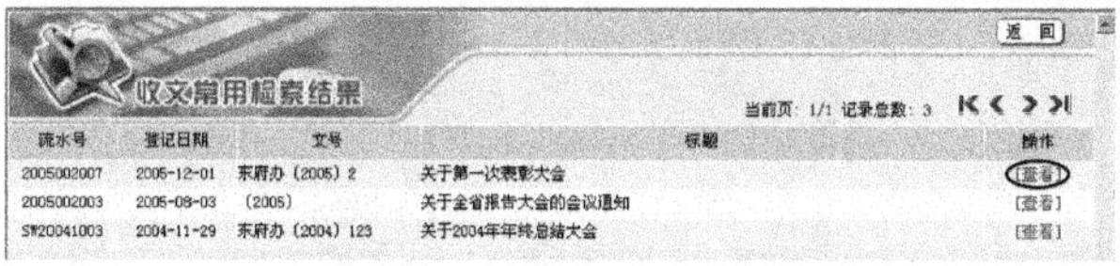

图 5-19 检索结果显示

点击记录列表操作栏查看，查看对应的文件内容，见图 5-20。

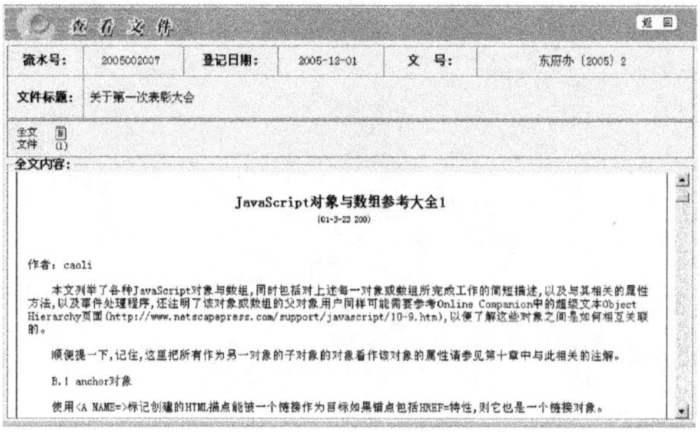

图 5-20 查看文件内容

复习与思考

1. 发文处理的原则是什么？
2. 为什么要核稿？
3. 拟办与批办之间有何区别？
4. 询办在什么情况下使用？
5. 如何理解注发？
6. 公文签发过程中需要注意什么？
7. 如何认识电子公文发文系统？
8. 电子公文发送过程中如何保证其真实性？
9. 制作一份归档电子公文登记表。
10. 制作归档电子公文移交登记表。

第六章　收文处理

本章要点

1. 收文处理流程
2. 纸质公文收文处理
3. 电子公文收文系统

关键词　外收发　内收发　拟办　批办　承办　催办　注办　电子公文　电子公文收文系统

收文处理是其他机关对形成文件的接收和加工处理的过程。一般地，收文处理大致可以分为三个部分：对文件的接收，对收文的具体办理和对收文办理过程所进行的组织管理。如果将收文程序细化，则分为签收、拆封、登记、审核、拟办等程序。收文处理完毕，有可能转化为发文处理程序。同时，在当代文书工作中，收文处理主要依靠传统的纸质文书传递方法和现代化的电子公文网络化传递方法两种途径实现。因此，本章对这两种途径分别进行介绍。

第一节　纸质公文收文处理

公文收文处理的基本流程见第二章第六节，其具体环节包括：

一、签收

签收是在邮寄公文的投递单或送达公文的送文登记簿上签注收文人的姓名和收文时间，以示来文的收到。收文时间一般只注月、日，若是急件则要在月、日之后加注时、分。

签收一般由本机关的收发室负责。大中型机关通常设有内收发、外收发。外收发负责接收来自邮局、机要通信、机要交通、文件交换站或各机关直接递送的文件，经清点审核后，在送文登记簿或回执单上进行签收，见表

6-1。这是第一道签收，需要认真负责。在签收时，首先要按照投递或送文登记簿对来文进行清点和核实。其次是要检查来文的机关名称是否相符和封皮是否完好。若发现有误投、误送或破封散包、密封损毁的情况，应当即拒收，严禁错收。外收发按照信封或包封上的标记进行简要登记，转送机关的内收发。内收发则进行拆封登记。外收发对内收发也需要履行签收手续。

表 6-1　　　　**外收发送文登记式样**

（机关名称）送文登记（外收发专用）

收文日期	类别	编号	来文机关	承办单位	签收		备注
					姓名	日期	

二、拆封

拆封是指拆去收文的封皮。一般地，内收发需要对外收发送来的公文进行拆封。

凡封皮上标明由机关、机关办公室及机关领导人收的所有来文，均可拆封。信封或包封上注有机关领导人“亲启”字样，或绝密件、特急件，除受托人可以拆封外，其他人均不得擅自拆封，而应将亲启件交领导本人或领导的秘书，将绝密件、特急件交机关办公室主任处理。

拆封前，内收发需要检查文件封套、封口、密封标签是否完好，文件是否属于本机关职权范围，并检查文件及其附件是否齐全完整。拆封时，要注意保持原封的完好和取净封内的物件。若发现来文无发文机关、发文日期，应据封皮上的文字、邮戳加以补注；若发现来文有缺页、无发文机关印章或领导人签署，应及时退回或立即查询；若发现来文不合行文关系，除急件可予处理外，一般亦应退回，并说明理由。

三、登记

收文登记要对收文日期、收文号、文件标题、密级、附件、份数、承办单位签收、处理结果、文书处理号等项目逐一进行登记，是一项量大而细致的工作。收文登记又是文书处理的一个重要程序。因为有了收文登记，便利于对收文的控制和管理，便利于对收文的查找和检查收文的下落及承办情况，便利于对收文的统计和催办，还有利于防止收文的紊乱、积压和丢失，有利于提高工作效率和保证了归档公文的齐全完整。

为了不使那些具有查考利用价值的公文与那些在短时间内就失去意义的公文相混，便于给以后的文书立卷、文书鉴定工作打下基础，有必要缩小等级范围。收文登记的范围，视公文的重要程度和机关的实际情况确定。一般来说，各种公开的和内部不保密的出版物；一般的公开信和私人信件；机关领导的亲启件；已被综合性公文包括了的公文；事务性的通知、便函、介绍信和请柬等，可以不必登记。

收文登记由机关收发室的外收发、机关办公部门和其他部门的内收发担任。

机关收发室的外收发签收来文后，使用《收文分送簿》对收文进行简要登记。登记项目有收文的流水顺序号、收到日期、来文机关、来文封皮号、密级、分送部门、签收、备注等。登记后，将收文送机关的办公部门和其他部门的内收发。

办公部门和其他部门的内收发在对收文拆封后，要对收文进行详细的登记。登记项目有收文流水顺序号、收到日期、来文字号、文件标题或摘要、密级、份数、承办单位、签收、复文号、归入卷号、备注等。其中，来文字号、来文机关、文件标题、密级等项记载来文的自然特征，其余各项记载收文的运转和终结办理情况，在收文的运转和终结办理过程中，完成一项填写一项。

登记的形式有簿册式、联单式和卡片式三种形式。

1. 簿册式登记

簿册式登记用预先装订成册的登记簿进行登记，见表6-2。这种形式适宜按收文流水顺序登记，应用比较普遍。收文不多的机关，一般建立综合性《收文登记簿》，即以一册分类登记机关所有的收文。为便于登记和查找，可在簿内做各类公文的标记。收文较多的机关，常以一册《收文登记簿》登记一类收文，即各类收文分簿登记。分类以便于登记和查找为原则，如分成“中央文件”、“国务院文件”、“省委文件”、“省政府文件”、“中央部门文件”、“省级部门文件”、“本机关文件”等，又如分成“上级来文”、“下级来文”、“平行机关来文”等。为保证密件、急件的安全、迅速运转，还有必要建立密件、急件收文登记簿，在密件、急件登入密件、急件收文登记簿的同时，还须将它们按收文类别登入上述相应的收文登记簿。

表6-2 **收文登记簿式样**

（机关名称）收文登记簿

收文号	收文		来文机关	来文字号	文件标题	附件	份数	密级	承办单位	签收人	文书处理号	办理情况	归档情况	备注
	月	日												

凡以簿册式登记的，要求承办或回复的公文，都必须填写《文件处理单》送办公部门负责人拟办。《文件处理单》要贴附在收文的前面，随文运转和归档，见表6-3。

表 6-3　　文件处理单式样

（机关名称）文件处理单

收文日期		收文号	
来文机关		来文字号	
来文标题		有无附件	
拟办意见			
批办意见			
办理结果			
来文联系方式			

2. 联单式登记

联单可以是二联、三联以至多联。通常情况下，使用四联单为宜。四联单由内收发在收进公文时填写，将第一联贴附在收文的前面，随文运转；第二联送机关收发室，经顺序装订后作为总收文簿；第三联送承办部门留存备查；第四联送机关收发室用于分户催办，见表 6-4、表 6-5、表 6-6、表 6-7。

表 6-4　　联单式收文登记单式样

（机关名称）收文登记单

年　月　日　　密　级______

收文号______

来文单位		日期		字号	
内容摘要					
附　件		主办部门			
拟办意见					
领导意见					
办理结果					
归卷日期		归入卷号			

（第一联：列于文件前随文运转）

表 6-5

收文登记单式样

（机关名称）收文登记单

年　月　日　　密　级______
收文号______

<table>
<tr><td>来文单位</td><td colspan="2"></td><td>日期</td><td></td><td>字号</td><td></td></tr>
<tr><td>内容摘要</td><td colspan="6"></td></tr>
<tr><td>附　件</td><td colspan="4"></td><td>主办部门</td><td></td></tr>
<tr><td rowspan="4">运转记录</td><td></td><td></td><td></td><td></td><td rowspan="2">备注</td><td rowspan="2"></td></tr>
<tr><td></td><td></td><td></td><td></td></tr>
<tr><td></td><td></td><td></td><td></td><td>归卷日期</td><td></td></tr>
<tr><td></td><td></td><td></td><td></td><td>归入卷号</td><td></td></tr>
</table>

（第二联：存根顺号装订为总收文簿）

表 6-6　　　　　　　　　　**收文分送单**

（机关名称）收文分送单

年　月　日　　密　级______

收文号______

<table>
<tr><td>来文单位</td><td colspan="2"></td><td>日期</td><td></td><td>字号</td><td></td></tr>
<tr><td>内容摘要</td><td colspan="6"></td></tr>
<tr><td>附　件</td><td colspan="4"></td><td>主办部门</td><td></td></tr>
<tr><td rowspan="4">运转记录</td><td></td><td></td><td></td><td></td><td rowspan="2">备注</td><td rowspan="2"></td></tr>
<tr><td></td><td></td><td></td><td></td></tr>
<tr><td></td><td></td><td></td><td></td><td>归卷日期</td><td></td></tr>
<tr><td></td><td></td><td></td><td></td><td>归入卷号</td><td></td></tr>
</table>

（第三联：由经办部门留存备查）

表 6-7　　　　　　　　　　　**收文催办单**

（机关名称）收文催办单

年　月　日　　密　级______

　　　　　　　收文号______

来文单位		日期		字号	
内容摘要					
附件			主办部门		
催办记录					
归卷日期			归入卷号		

（第四联：作分户催办用）

簿册式登记与联单式登记可以结合使用。方法是先将收文在收文登记簿上登记，再对需要办复的收文填写两联单，一联用作运转，一联用作催办。

簿册式和联单式登记比较，各有长短。簿册式易于保管，便于来文统计，还可以用作催办，但用它查找公文费力。联单式减少了重复登记手续，一次登记代替了各种登记，避免了重复劳动，加速了公文运转，将联单分类装订还可制成检索工具。但联单式登记麻烦，而且形成的联单多了，容易混乱和丢失，因此，联单式登记采用的不多。

3. 卡片式登记

卡片式登记是用单张的卡片进行收文登记，见表 6-8。卡片上的项目可以参照联单式第一联的格式自行设计。每张卡片登记一份收文，必要时也可以登记一组联系密切的收文，如会议公文。卡片式登记能够适应使用和需要，在卡片盒里灵活地分类排列。例如，按来文机关排列，按公文内容分问题排列，按承办部门排列，按是否已经清退归卷等各种方式排列等，并且可以随时调整卡片的排列位置。年终时利用全套公文登记卡片进行多种排列，经加工抄录后，可以编制出多种检索工具。应用计算机管理公文时，在卡片上加填主题词后，逐张逐项输入电子计算机即可。卡片式登记也有不足，就是当卡片数量多，分类不当时，就不易查找，且易抽乱和丢失。

表 6-8　　　　**卡片式收文登记单式样**

（机关名称）收文登记单

收文日期		收文编号		来文机关		附件	
文件字号		密级		份数		文书处理号	
来文标题							
拟办意见							
领导批示							
承办单位							
办理结果							
					签收	备注	

收文登记不论采用何种方式，都应力求及时准确，手续简便。凡已登记

的收文，都要在其眉头上加盖机关的文书处理章，并逐栏填写。文书处理章上的栏目有收文机关名称、收文号、收文时间、承办部门等项。如需阅后退回存档者，则要加盖相应的文书处理印章（如“阅后退回”），以防散失。

四、审核

审核是依据《国家行政机关公文处理办法》规定的程序。该办法第三十一条规定：“收到下级机关上报的需要办理的公文，文秘部门应当进行审核。审核的重点是：是否应由本机关办理；是否符合行文规则；内容是否符合国家法律、法规及其他有关规定；涉及其他部门或地区职权的事项是否已协商、会签；文种使用、公文格式是否规范。”审核过程中，发现未经协商一致或会签的文件，经办公厅（室）主任批准后，可以退回呈报机关并说明理由。审核程序提高了办文质量与效率。

五、分办

分办是文书处理的转运传递程序。分办也称分文，是收文经过审核之后，按其内容和处理要求分送给有关领导、有关承办部门传阅和处理。通过分办，从各机关送来的文件便通过本机关的文书工作部门的统一调度，又根据业务范围分送到了本机关的各个部门，从而实现文件的使命。这一文件运转的枢纽一般由内收发担任。

内收发在清点文件后，在收文分送簿上进行登记，见表6-9。登记完毕，需要根据文件类型分送有关部门（领导）办理。因此，内收发的效率决定了办文效率。分办需要注意如下方面：

①“亲启”文件，直接送给领导本人；

② 阅批文件，即需送领导人阅批的文件和不能判定承办单位的文件，送交综合办公室负责人拟办和批办，然后按照拟办和批办意见分送文件；

③ 常规文件，按工作常规及业务范围送交有关业务部门，属于行政管理事务的文件则送交综合办公室负责人；

④ 回复性文件，应将其送交承办原发文部门；

⑤ 临时性文件或不需要本机关办理的文件，视具体情况处理；

⑥ 急件或限时送达的文件，需要随时登记随时分办，应尽快送交有关部门或人员，不得延误；

⑦ 传阅文件由文书人员按指定的阅读范围或负责人批示意见组织阅读；

⑧ 需要办毕清退的文件，在分送之前，文书人员应按编号登记，以便

在清退时检查各个单位已退和未退的情况；

⑨ 同一收文有多份，应将其按常规分送或转发；

⑩ 重要的或无法分办的收文，应将其送给机关办公部门负责人拟办，然后按拟办意见分送。

分送给本机关领导和部门的公文，要履行签收手续。表6-9的收文分送簿的式样，也可以设计成收文分送单式样。转发给外机关的公文，应在有关发文簿上登记。分办完毕，收文处理便进入收文的具体办理阶段了。

表6-9 **内收发收文分送簿式样**

（机关名称）收文分送簿

（内收发专用）

顺序号	来文机关	文件标题	来文字号	密级	附件	分送部门	收文日期	签收人	备注

（备注中说明文件的份数、清退、短缺或暂存以及注办情况）

六、传阅

传阅是单份或份数很少的公文要经多位领导和部门阅知时，将公文在他们之间传递，以安排他们阅读。

传阅由机关办公部门的文书人员担任。传阅也是文书处理的转运程序，要求迅速、准确地将公文送达收文部门和承办人手中，以便及时地贯彻精神、处理工作，使公文在最短时间内满足各方阅读需要。

传阅的顺序采用“三主”优先的方式，即优先送给机关主要领导、主管领导和主管部门阅读，然后再送给其他需要阅读的对象。为保证文书人员及时掌握公文的传阅情况和防止公文的丢失和积压，传阅应以文书人员为中心进行。先阅完公文的部门或人员要把阅完的公文退回给文书人员，再由文书人员往后传递，而不能脱离文书人员自行传递。文书人员要在传阅的公文前贴附《文件传阅单》，阅毕公文后，阅文人要在《文件传阅单》的有关栏目内签注阅文人的姓名、阅文日期。在传阅的过程中，文书人员应经常对公文进行检查，若发现有领导的批示时，要按批示意见及时处理，见表6-10。

表6-10　**文件传阅单式样**

（机关名称）文件传阅单

来文单位		来文字号	
文件标题			
收文日期		收文号	
传阅人签名	传阅时间	传阅人签名	传阅时间
备　注			

为加快公文办理的速度，在公文较多的大机关，一般都建立有“阅文室”。凡属传阅的公文，由文书人员送到阅文室，并以“阅文通知单”通知有关人员前往阅文室阅读文件，见表6-11。阅文室应制定阅文制度，由专人管理。阅文人在阅毕文件后，要在阅文通知单上签注自己的姓名和阅文时间。

表 6-11 **阅文通知单式样**

（机关名称）阅文通知单

<table>
<tr><td colspan="5">________同志：
请在　　月　　日前抽空来本室阅读下列文件。

（机关名称）阅文室
年　月　日</td></tr>
<tr><td>发文单位</td><td>文件标题</td><td>文件编号</td><td>密　　级</td><td>阅读范围</td></tr>
<tr><td></td><td></td><td></td><td></td><td></td></tr>
<tr><td></td><td></td><td></td><td></td><td></td></tr>
<tr><td></td><td></td><td></td><td></td><td></td></tr>
<tr><td></td><td></td><td></td><td></td><td></td></tr>
<tr><td></td><td></td><td></td><td></td><td></td></tr>
</table>

七、拟办

拟办是对需要办理或答复的收文提出的初步办理意见，以供领导批办时参考。

拟办一般由综合办公室或业务部门负责人或有关人员担任。拟办时，办公部门负责人应当阅读收文，根据收文的性质、内容、密级、时限和阅读范围，以及机关领导的分工、部门的职能职权等情况，简明扼要地拟出切实可行的意见。拟办意见填写在《公文处理单》的“拟办意见”栏内，并签注拟办人的姓名及拟办日期，见表 6-3。

拟办的公文一般是上级机关要求贯彻执行的指示性文件；下级机关要求答复的请示性文件；平行机关要求答复的商洽性文件等，主要包括：

① 上级机关主送本机关、要求落实或办理的文件，或重要的需要本机

关领导或有关部门阅知的文件；

② 本机关所属下级机关的请示及重要的报告；

③ 平行机关或其他不相隶属的机关主送本机关要求办复的文件；

④ 内容涉及几个部门的文件；

⑤ 其他重要的、与本机关业务活动有着密切关系的文件；

⑥ 重要的人民来信；

⑦ 有争议的文件。

拟办意见应当明确、具体。如该文件送哪位主管领导，或送哪几位有关领导阅示，或送哪个职能部门承办；承办的要求和时限，同时提出供承办参考的意见、材料，属于几个部门承办的，还需指明主办部门；该文发放范围和阅读范围，需传达时，还要提出传达范围、传达时间、传达形式和由谁传达等。例如，上级机关主送本机关的文件，拟办意见可以为“请××同志（或职务）批示”、“请××省长阅”等；对于需要两个或两个以上部门共同办理的文件，需要指定牵头单位，拟办意见可以为“请××局牵头，会同××局办理”。

对于难以提出拟办意见的公文，应先和有关部门沟通，听取意见或会商后再提出拟办意见。如果会商意见仍不统一，则可在综合分析的基础上，提出拟办的倾向性意见并说明理由，请领导批示。

拟办不仅关系到公文办理的质量、时效，而且拟办意见有时还相当于请示或建议，是协助领导思考和处理问题。拟办意见切实可行，能节省领导的精力，真正起到参谋助手的作用。因此，拟办一般由机关办公部门负责人担任，办公部门负责人熟悉和掌握机关及各部门的情况，并具备拟办所必需的素质和职权。

八、批办

批办是对公文的如何处理、办理原则、办理中应注意的问题或拟办意见所作的指示或批示。

批办是文书处理的一道具有决策意义的程序，是行使职权的体现，一般由机关领导人担任。批办应及时准确地表明领导意图，交代办文的具体要求，合理地组织人力、分配任务，以求迅速地处理公文、推动工作，避免承办的盲目和失误，或由于分工不明、责任不清，形成互相观望等待而使办文拖拉迟缓。因此，机关领导在批办前，应认真阅读收文，仔细考虑拟办意见后再作批示，并及时退交拟办人，而不应随意地浏览或只看标题，不斟酌拟办意见就信手签注“同意”或打勾画圈。批办意见填写在《文件处理单》的“批办意见”栏内，并签注批办人的姓名和批办日期，见表6-3。

机关的收文并非都需要批办。批办的文件包括：上级颁发的重大决定、工作部署，针对本机关的批示、批复、通报等；平行机关或其他不相隶属机关重要的协调性文件；下级机关重要的请示、报告等。批办的主要内容包括：

① 交代该文如何办理和办理到何种程度，是直接办理还是在提出办理意见报领导审批后再行办理；

② 指定该文承办的部门，凡需两个以上的部门共同承办时，还要指定一个主办部门，以防承办部门出现于己有利的文件互相抢、于己无利的文件互相推的现象，或是各自为政而造成矛盾；

③ 限定要件和急件的办毕时间，以免误时误事。

为便于承办的办理，批办意见应明确、具体。一般来说，对于贯彻执行上级机关的来文，要批示组织实施的措施；对于只需阅知的来文，要批示传阅、传达的范围与时限；对于要求承办的来文，要批示承办的原则与方法、承办部门或人选；对于要求回复的来文，要批示拟稿人与回复的要点；对于需要两个以上部门共同承办的收文，要批示主办单位。如批办意见为“请××同志于×年×月×日前办理”，或者“请××同志查复”等，这些批办意见都非常具体，表达明确，一目了然。

在批办过程中，文书人员要注意与负责批办的领导保持联系，以随时了解公文的去向，掌握公文处理的情况。同时，为了达到批办的效果，文书人员需要了解批办意见的执行情况，确保批办意见的及时执行。

九、承办

承办是对收文的具体办理或办理复文。对收文的具体办理，是机关的业务工作，不属于文书学的范围。从文书处理来说，承办主要是对收文的拟稿回复，即办理复文。承办既是收文处理的一个程序，又是发文处理程序的开始。

承办的范围通常包括如下方面：

① 上级机关或本机关的决定，不论这些决定是向下传达执行，还是在本机关内部执行；

② 上级领导交办的事项或需要办复的公文；

③ 来自下级机关的请示或重要报告；

④ 平行机关或其他不相隶属机关要求协作的函件等；

⑤ 人大代表的议案、建议和政协委员的提案。

承办的重要内容之一是办理复文，它直接关系到承办公文的效率。办理复文要注意以下几点：

① 认真领会拟办、批办意见，根据拟办、批办意见办理复文。若对批办有疑问，要向执行批办的领导反映，而不可自行其是；

② 认真研究公文的内容，属于自己承办的要及时办理，不属于自己承办的要说明原委并及时退回；

③ 批办意见要求本部门牵头与其他部门联合复文的，由本部门拟出文稿与有关部门会商，并由本部门和有关部门负责人会签后，再报请机关领导审批；

④ 内容涉及以前的收文或其他有关材料时，要查找有关文件作为复文的参考；

⑤ 需经领导审定的复文，要将有关材料一并附上，以保证领导全面掌握情况，作出正确的决策。

办理复文其实是发文处理程序的开端，不仅涉及发文程序，还离不开公文写作。相关内容详见第五章“发文处理”和第九章“公文写作”。

十、催办

催办是对承办的督促检查，以使承办按照公文的时限要求及时办理。

催办的公文主要是那些要求办复的收文、本机关与其他机关会办的文稿和要送领导审批的公文，重点是对要件、急件的催办和对拟稿、签发程序的催办。

催办一般使用《收文登记簿》、《收文催办单》和《文件处理单》，公文办理完毕后，在有关栏内填写办理结果、办毕时间和按下有“办理完毕”字样的印戳或作出办毕的标记。还可根据实际需要另行制作《催办登记簿》、《催办卡》等用以催办。《催办登记簿》是把要求承办的公文分先后缓急，集中登记于一册，办毕者即行注销，见表6-12。《催办卡》是把要求催办的公文分卡登录，依缓急先后排列一处，办毕者抽出另存，见表6-13。使用《催办登记簿》和《催办卡》，利于随时掌握催办情况和便于催办有序进行。

表 6-12　　　　**催办登记簿式样**

（机关名称）催办登记簿

交办日期	来文机关	发文号	文件标题	领导批示	承办期限	催办情况

表 6-13　　　　**催办卡式样**

（机关名称）催办卡

<table>
<tr><td rowspan="2">来文机关</td><td rowspan="2"></td><td>发文字号</td><td></td></tr>
<tr><td>收文编号</td><td></td></tr>
<tr><td rowspan="2">文件标题</td><td rowspan="2"></td><td colspan="2">年　月　日收到</td></tr>
<tr><td colspan="2">年　月　日交办</td></tr>
<tr><td>领导批示</td><td></td><td>承办单位</td><td></td></tr>
<tr><td>催办情况</td><td colspan="3"></td></tr>
</table>

十一、注办

注办又称办复、留注，是对公文承办情况和结果的简要说明，由承办人在《文件处理单》的“办理结果”栏内填写，其目的是为了日后备考文件承办的过程、方式、结果以及承办的责任者等，并为文件的整理和利用做好准备。

注办的内容主要包括：

① 要求办理复文的公文，办毕后应当注明“已复文”，并注明复文的日期和文号；

② 不必办理复文的公文，应当注明“已办”，并注明办理日期；

③ 只需传阅的公文，在传阅完毕后应当注明“已阅”，并注明阅毕日期；

④ 用口头或电话答复的公文，应当注明时间、地点、接谈或接话人、主要内容，并由承办人签名。

未附《文件办理单》的收文，注办的文字可以写在公文首页的右上方；在《收文登记簿》登记了的收文，要在“办理情况”栏内填写注办的有关内容；或在《收文分送簿（内收发专用)》的备注中填写注办情况。

为了便于以后对公文的整理和查考，承办情况要随办随注，注完还要检查，若发现有遗漏，还须补注。

注办工作结束，整个收文程序进行完毕。这时，文书人员要及时收回文件，并把办理结果报告有关的机关领导，特别是批办过的机关领导，然后将公文归入卷夹。

第二节　电子公文收文系统

电子公文收文系统是电子公文流转系统的子系统之一，是接收外单位电子公文直到归档、入数据库并形成日志的过程，主要包括登记录入、拟办、批办、分发、传阅、承办、协办、催办、归档、查询等程序，这与纸质公文的流转是一致的。电子公文收文处理系统与纸质公文处理的主要差别在于，电子公文的整个处理过程依赖于计算机，包括“收文处理单”的流转等，都是以电子化形式进行运行的。因此，从收文登记到归档的全过程都是通过计算机操作完成的。此外，在各个单位的具体实践中，电子公文收文系统在设计方面并没有形成标准，往往根据实际需要进行设计。

本书以 Wanve OA 5.0 为例，对电子公文收文系统进行简要说明。

一、登记录入

收文登记界面列出所有文件记录，列表中显示出文件的基本信息，如文号、标题、来文单位等，见图 6-1。

图 6-1 界面中，各按钮与操作的功能如下：

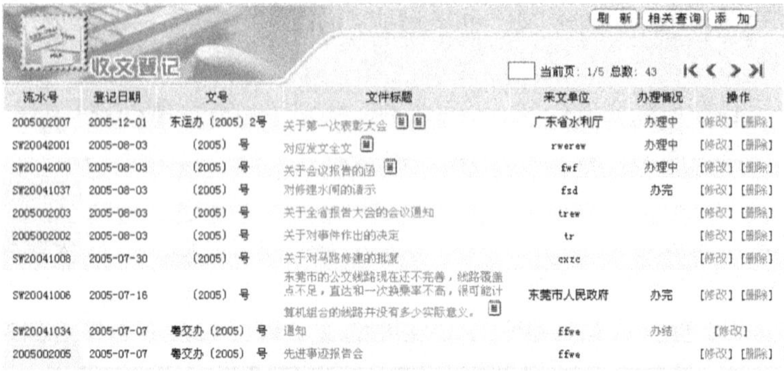

图 6-1　收文登记列表界面

刷新：刷新页面，跳回第一页记录。

相关查询：弹出查询条件输入框，输入条件组合进行记录检索。

添加：添加一条新的收文记录。

文件标题中的链接：可查看收文文件的具体内容。

文件标题中的：点击此图标可打开该收文文件的电子原文。

操作栏中的修改：选定记录打开修改记录界面。

操作栏中的删除：删除该选定的收文记录。

如果是添加一条新记录，输入文件的基本信息，记录必须保存后才可以进行电子原文上传操作，见图 6-2。点击“浏览”按钮，选择电子原文，点击“上传”按钮即可上传电子原文。

将文件按照流水号归入文件库，自动生成收文列表同时形成文件总目录。没有处理的收文出现“未办理”标志。

收文登记完成后，需要通过网上回执功能告知对方文件已经收到，并注明收文的标题、数量、有无附件、收文日期等相关信息。

除了利用电子公文流转系统接收电子公文外，也可以通过邮件服务接收系统接收文件。以微软 Windows 组件 Outlook Express 为例，根据需要对其中各项功能进行设定后，只需点击“发送/接受”按钮即可方便地接收邮件。当然，其他邮件服务也可以打开“收件箱”，点击“未读邮件”列表查看邮件列表，通过下载保存邮件附件即可获取电子公文。

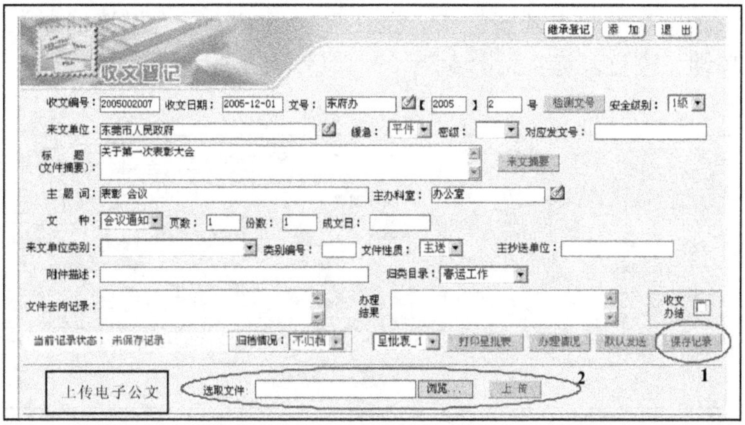

图 6-2　收文登记界面

二、拟办与批办

电子公文收文登记完毕，当前用户就可以直接填写文件拟办意见；如果当前用户不能直接填写拟办意见，就需要转派该电子公文。转派电子公文有两种方法：

① 默认发送按钮直接发给预设收文文件主办人填写文件拟办意见（可设定预设收文文件主办人）。

② 点击“办理情况”按钮，打开文件发送界面。点击“送办”按钮弹出发送对话框，选定或填写各文本框内容后，点击“确定”即可发给经办人。

上述界面中，各个操作的功能如下：

默认发送：文件直接发送到预设收文文件主办人。

重置流程：删除所有已发出的记录。

直接拟办：以当前用户的名义直接填写拟办意见。

送办：弹出办理情况对话框。

刷新：刷新当前页面记录。

退出：退出办理情况界面，返回文件登记信息录入界面。

操作栏中的修改：修改已发出的记录内容，可填写办理意见。

操作栏中的删除：删除一条已发出的记录。

当电子公文需要执行群发操作时，点击“送办”按钮，打开“办理情况”对话框，在经办人列表框中，按住键盘上 Ctrl 键，点选经办人列表框中的名单即可进行多选，见图 6-3。

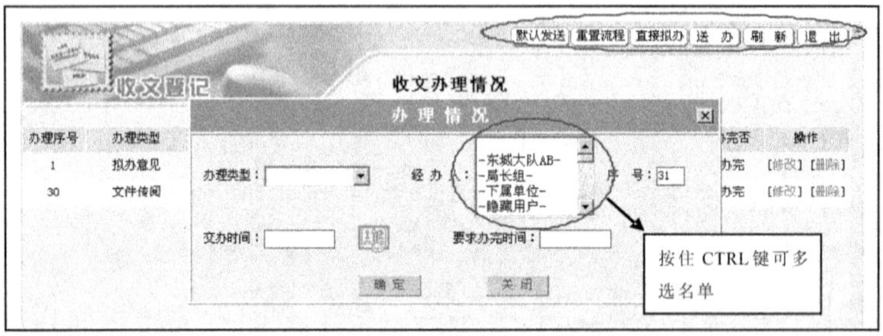

图 6-3　收文发送给拟办人界面

通过上述流转程序，主管部门负责人提出拟办意见，并在《收文处理单》上填写拟办意见。根据系统的提示，填写“拟办”意见的权限，并有相应的数字签名，将《收文处理单》以附件的形式与该文件连为一体。

拟办意见填写完毕，就可以执行发送操作，把文件转给经办人办理。

同样的流转处理，主管领导根据拟办意见提出批办邮件并在《收文处理单》上填写批办意见，根据系统的提示，设置“批办”意见的权限，加上数字签名。

三、承办与阅办

进入收文办理列表界面，点击首页界面待办提示或点击“公文管理”项目中收文办理均可打开收文办理列表界面，见图 6-4、图 6-5。

图 6-4、图 6-5 界面中，各项功能分别为：

全部：列出所有办完和待办文件。

未办文件：列出待办文件。

相关查询：组合条件查询个人接收的文件，操作与收文检索相同。

阅办、会议、传阅：快速过滤出符合该文件类型的文件。

快速办理：可对传阅性质的文件进行批量办理操作。

文件标题栏中的▣：鼠标移动到该图标处时，自动显示办理意见情况。

文件标题栏中的▤：点击该图标可查看电子原文。

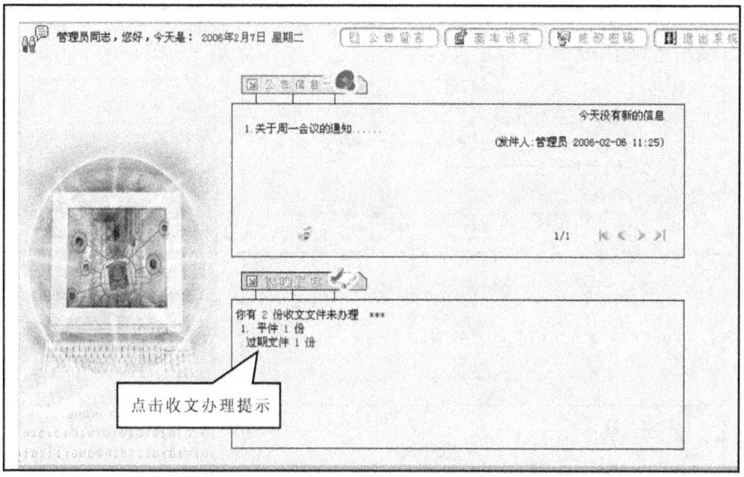

图 6-4　收文办理提示界面

图 6-5　收文办理界面

操作栏中的办理：点击进入文件办理界面。

点击进入公文办理界面后，便可以浏览电子公文原文，如果电子公文原文是一个以上的，这时可点击全文文件列表选择要查看的电子原文，见图 6-6。

填写意见时可以通过点选名单列表框自动组合生成常用的意见短语，也可以键盘录入办理意见。

如果确认文件办完，可将办理状态标识为办完，默认状态为办完。

填写意见完毕点击确认，将把此文件转发到刚才点选的名单处并返回到当前界面。点击“办理完毕”执行相同的保存操作并返回到文件办理列表界面。一旦发送错误的操作，在已将文件发送到以下人员一栏中点选要删除的名单，点击“删除”按钮即可删除错误的发送名单，见图 6-7。

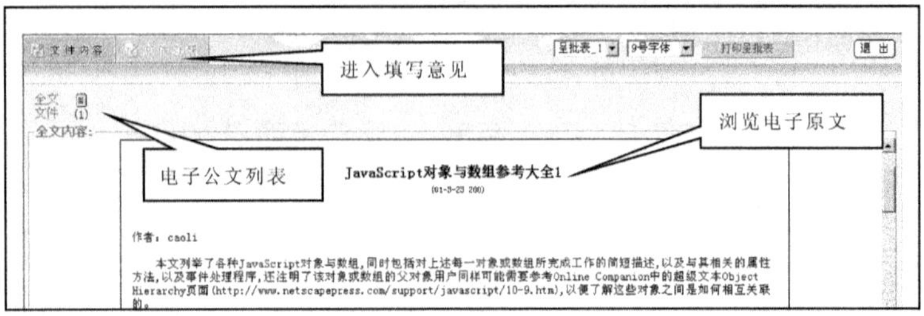

图 6-6　电子公文原文浏览

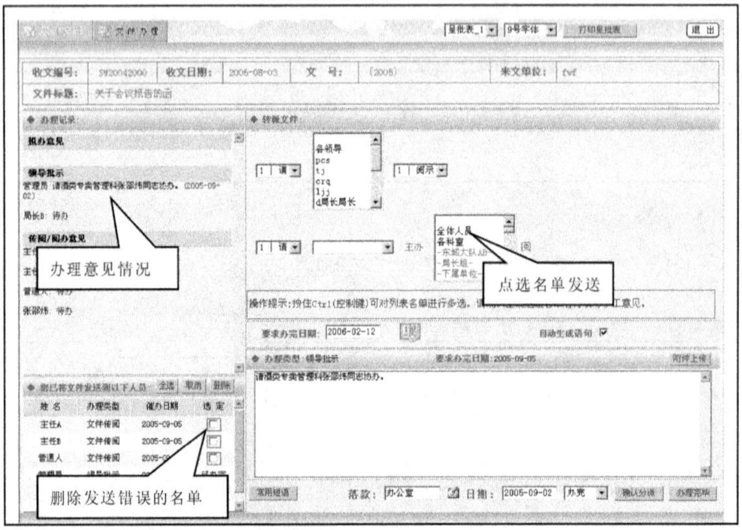

图 6-7　电子公文承办界面

四、督办

收文督办查看文件流转情况，及时了解文件的去向，见图 6-8。

图 6-8 界面中，各项功能如下：

刷新：刷新页面，跳回第一页记录。

相关查询：弹出查询条件输入框，输入条件组合进行记录检索。

文件标题中的链接：可查看收文文件的具体内容。

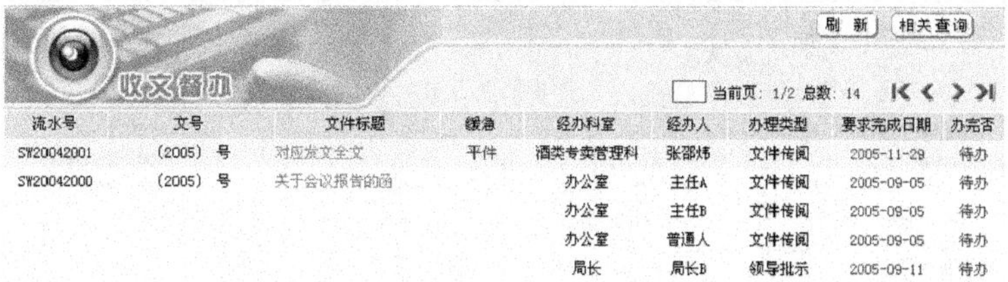

图 6-8　收文督办界面

督办流程中，经办单位、经办人、办理类型需要明确，在“要求完成日期”中填写具体时间。

五、收文检索

收文检索界面提供完整的文件信息检索。点击“相关查询”后，弹出相关查询对话框，通过流水号、文号、文件标题、来文单位等组合条件，便可以检索收文，见图 6-9。

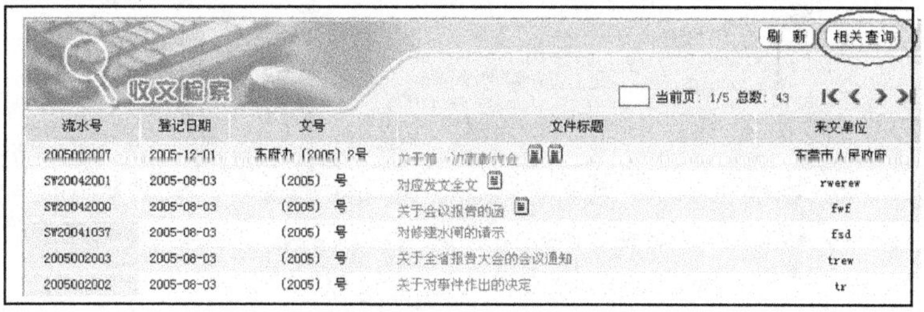

图 6-9　收文检索界面

图 6-9 界面功能包括：

刷新：刷新页面，跳回第一页记录。

相关查询：弹出查询条件输入框，输入条件组合进行记录检索。

文件标题中的链接：可查看收文文件的具体内容。

文件标题中的：点击此图标可打开该收文文件的电子原文（见图 6-10）。

保存当前的查询结果，点击“保存查询结果”按钮，输入查询名称并保存，见图 6-11。

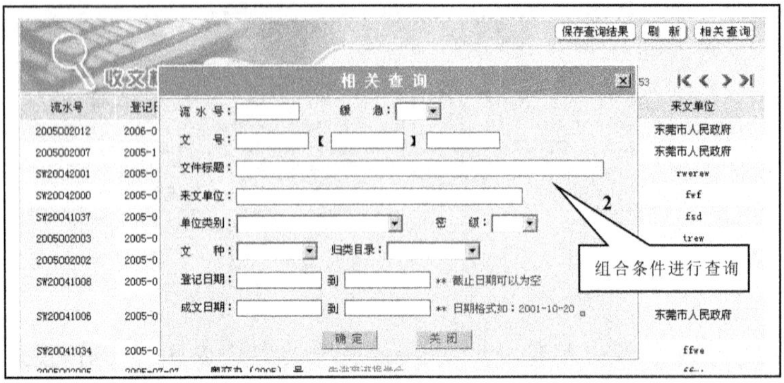

图 6-10　收文查询界面

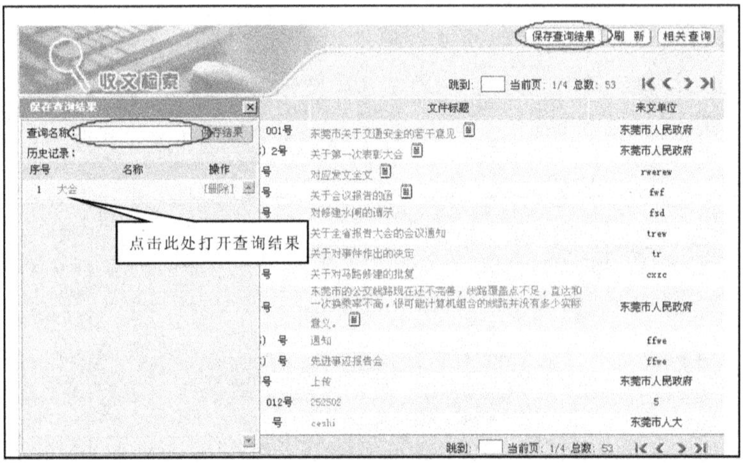

图 6-11　打开收文检索界面

六、归档

在收文流程全部完成后，归档的文件为：收文原文、收文处理单、收文列表、文件总目录、文件传阅单、文件催办单。上述文件归档时，要保证文件齐全、真实，且格式规范，便于存取。当然，这些归档文件在需要时都可以打印输出，生成纸质文件。

上述电子公文归档方法是针对电子公文流程系统而言，是在网络中完成的。实际归档过程中，也可以拷贝至特定的载体上，通过载体离线归档。不论是哪种形式的归档，都需要在一定时间内用耐久性好的载体制作拷贝，一式3套，一套封存保管，一套供查阅使用，一套异地保存。对于加密电子公文，则应在解密后再制作拷贝。

此外，收文办理系统还具有文档与呈批表打印功能、附件上传功能、分派与办理完毕反馈等功能。

复习与思考

1. 简述收文处理程序。
2. 电子公文收文系统设计的指导思想是什么？
3. 内收发与外收发在收文程序上有何不同？
4. 如何认识电子公文收文系统的组成环节？
5. 进行收文登记表格设计时应该考虑哪些因素？
6. 简要说明《公文处理单》随文运转的情况。
7. 公文催办在哪种情况下应用？
8. 如何理解注办？
9. 收文登记录入时主要需要考虑哪些方面？
10. 收文查询界面需要反映哪些事项？

第七章　信访文书处理

本章要点

1. 信访文书的特殊性
2. 信访文书处理程序
3. 信访文书处理系统

关键词　信访　信访人　来电　来信　来访

信访文书作为一种特殊的文书形式，是信访活动的记录，是行政机关信访专门机构接待与处理人民群众来信、来电或来访时所形成的全部文件材料。信访文书的处理方法与普通公文存在着很大的差别。在信访文书的处理方面，当前既存在纸质化文书的常规处置方法，也出现了针对电子化信访文书的系统处理方式。

第一节　信 访 文 书

国务院2005年1月10日颁布的《信访条例》规定："本条例所称信访，是指公民、法人或者其他组织采用书信、电子邮件、传真、电话、走访等形式，向各级人民政府、县级以上人民政府工作部门反映情况、提出建议、意见或者投诉请求，依法由有关行政机关处理的活动。"信访文书是信访活动的记录，是机关信访部门接待和办理人民群众来信来访所形成的文书，包括来信登记、来访记录，来信来访的答复，以及机关之间就来信来访的问题转办、请示与批示、批复和有关的调查材料、处理结论等。

一、信访文书的特殊性

信访文书是一种特殊的文书。群众来信的作者是人民群众个人或多人，而不是法定的机关。这些群众来信从形式及效力上看，属于私人信件（私人文件），从收文对象上看，往往是机关的信访部门或是机关、机关领导人；群众来信不具备公文的格式，无公文效用，但群众来信仍属机关的收文，同样需要机关办理；群众来访的记录，既反映了群众的意见和要求，涉及国家的政务与公共事务，也反映了机关的信访部门和工作人员接待和办理信访的公务活动。所以在机关的文书工作中，又形成了特殊的信访文书处理工作。

人民群众通过来信来访，反映情况，要求解决问题，表示愿望，提出批评和建议，是人民群众的一种民主权利，是人民群众参与国家政治生活和监督国家机关工作的一种方式，也是人民群众信任和爱护政府的一种表现。因此，党和国家非常重视人民群众的来信来访，把信访工作看做是联系群众的重要渠道，在宪法中规定人民群众来信来访受国家法律的保护，从中央到地方的各级政府机关都设有办理信访工作的专门部门或专、兼职人员，负责办理信访工作。各级政府机关都应当指定一位领导人主管信访工作，并亲自接待和办理一些来信来访。

二、信访文书工作内容

信访文书工作的内容涉及面相当广，大体可以概括为以下几个方面：

① 询问党和国家的有关方针政策。人民群众往往结合自己生活实际，提出与自己切身利益相关的政策性问题，请求政府有关部门回答。

② 对有关机关工作提出建议、意见。人民群众在与自己生活相关部门的接触中，针对一些自己认为不合理的现象或机关工作作风等提出意见，体现了人民群众主人翁精神和高度的责任感，也是公民行使民主权利的基本体现。

③ 揭发检举某些机关或工作人员的违法乱纪行为。人民群众反映某些机关或工作人员在工作中存在的问题，尤其是违法乱纪行为，有助于改善机关或工作人员作风，体现了人民群众高度的政治责任感。

④ 要求解决个人的问题和困难。当人民群众遇到突发灾害或民生方面等自身不能解决的困难问题时，往往会优先求助于当地政府。这反映了人民群众对政府的信任。这些问题的解决，不仅形成了信访文书，而且有助于政府形象的提升。

⑤ 批评坏人坏事，表扬好人好事。这在信访文书中颇为常见，对于树立社会良好风气有着重要的作用。

针对上述问题，有关部门必须按照《信访条例》的规定受理与办理，由此形成了形式不同、内容迥异的各类信访文书。如何处理这些信访文书，也是文书工作不可缺少的一个部分。

三、信访工作制度与要求

做好信访工作，有助于机关克服官僚主义，改进工作，发扬人民民主，正确处理矛盾，调动人民群众的积极性，促进社会主义事业的发展。为此，党和国家对信访工作规定了必要的工作制度和具体的工作要求。

关于信访工作制度，第一，从中央到地方的各级党政机关和企事业单位的信访工作，实行按地区、按系统分工归口办理责任制，设有专门的信访工作部门和干部。如中共中央办公厅、国务院办公厅设有信访局，中央和国家机关各部、委、局和省、市、地、县级机关设有信访处（科）或信访室，基层单位配备有专职或兼职的信访工作人员。第二，各级党政机关要有一位负责人主管信访工作，党政机关负责人要经常阅读群众来信，定期接待群众来访。第三，所有信访工作人员必须模范地执行党和国家的政策、法令，坚持原则、实事求是，作风正派、不徇私情，全心全意为群众服务。第四，办理群众信访应当遵循以党的政策和国家的法律为准绳，正确回答群众提出的问题，满足群众的正当要求，使信访反映的问题事事有着落、件件有结果的原则。第五，为了保守党和国家的机密、保护信访群众，信访文书的办理必须严格执行保密制度。在信访具体制度建设方面，需要遵照《信访条例》所确定的各项制度，包括信访事项登记制度、告知制度、转送制度、相互通报制度、重大信访事项的报告以及应急处理制度等。

关于信访工作要求，需要做到如下方面：

第一，群众来信应由信访部门或负责信访工作的人员受理，其他非信访部门和人员不得拆阅或扣压。群众来信按收信时间顺序，逐件编号登记，来信与其封皮一起保存。接待来访时，应将来访者的情况及反映的问题作详细记录。

第二，承办人员对来信来访的内容要准确地整理出内容摘要，填写处理单，提出拟办意见，附上来信来访记录，送主管信访工作的机关领导人处理。重要人物和重大问题的来信来访，要直接送机关主要领导人审阅。对于上级机关交办的信访文书，要及时报告办理情况。向所属机关交办的信访文书，要及时催办。在工作中，承办人员要有责任心和原则性，注意保护信访文书形成者的权益，不得泄密，不得丢失、隐匿信访文书，更不能私自销毁信访文书。违背上述要求，将按照《信访条例》“依法给予行政处分”。

第三，信访文书先按人编制卡片，后按问题分类，再按姓氏笔画或拼音字母排列。已办毕的信访文书，属于重大问题的，按人或按专案组卷，属于一般问题的，分类合并组卷。在利用计算机处理信访文书时，其软件设计也必须涵括《信访条例》所规定的信访事项和登记事项。

第四，一切方便群众，当群众的要求合理且可以解决的时候，要根据有关政策规定尽量妥善迅速地办理，并及时给以答复。一时难以办到和要求不合理的问题，要耐心做好解释说服工作。揭发、控告的问题，要会同或转交有关部门查明情况，严肃处理。属于恶意诬告、诽谤他人或无理取闹者，要根据其情节依法处理。

第五，揭发、控告的信访文书，要严格控制阅读范围，绝对不许将其转送给被揭发、控告的单位或本人，以保护揭发、控告人的合法权利。

第六，坚持属地管理、分级负责，即信访事项以信访事发地政府解决为主，在属地政府无法解决的情况下才上报上级政府。

第二节 信访文书常规化处理

信访文书常规化处理是指记录群众来访并受理、登记和办理群众来信和来访的过程。在此过程中，主要依赖于纸质载体登记和处理信访文书。

一、信访文书的登记

信访人（公民、法人或者其他组织）采用书信、电子邮件、传真、电话、走访等形式，向各级人民政府、县级以上人民政府工作部门反映情况，提出建议、意见或者投诉请求，依法由有关行政机关处理。信访人提出投诉要求的，需要写明信访人的姓名、住址、请求、事实和理由等。信访工作部门据此进行登记。登记过程中，信访文书应当与机关的其他公文分开来登记办理。对来信，应登记来信人的姓名、地址、请求、事实和理由，并登记来信日期、来信收到日期、转来机关、交办意见、请求内容摘要、领导批示、办理结果等栏目，见表7-1、表7-2。在接待来访时，应记录来访人的姓名、住址、职业、谈话要点及请求、事实等，见表7-3。

表 7-1　　　　　　　　　　**人民来信登记簿式样**

（机关名称）人民来信登记簿

顺序号	信访人		原信日期	收到日期	转来机关	交办意见	性质	请求摘要	领导批示	转至机关	转发日期	处理结果
	姓名	住址										

表 7-2　　　　　　　　　　**人民来信登记卡式样**

（机关名称）人民来信登记卡

编号：　　　　　　性质：

信访人姓名		所在单位与职务		住址	
收信者		原信日期		收信日期	
内容摘要：________________					
领导批示					
处理结果					

表 7-3

人民来访登记式样

（机关名称）人民来访登记

字 号

<table>
<tr><td>信访人
姓 名</td><td></td><td>性
别</td><td></td><td>政治
面貌</td><td></td><td>接待
时间</td><td>年
月 日</td></tr>
<tr><td>所在单位
与职务</td><td colspan="2"></td><td>住址</td><td></td><td>联系
方式</td><td></td><td></td></tr>
<tr><td colspan="8">请求事项：

事实与理由：

接待人：
时 间：</td></tr>
</table>

二、信访文书的受理

《信访条例》对信访事项有着具体的规定，包括：

（1）县级以上人民政府信访工作机构收到信访事项，应当予以登记，并区分情况，在15日内分别按下列方式处理：

① 信访人对各级人民代表大会以及县级以上各级人民代表大会常务委员会、人民法院、人民检察院职权范围内的信访事项，应当分别向有关的人民代表大会及其常务委员会、人民法院、人民检察院提出。对已经或者依法应当通过诉讼、仲裁、行政复议等法定途径解决的，不予受理，但应当告知信访人依照有关法律、行政法规规定程序向有关机关提出。

② 对依照法定职责属于本级人民政府或者其工作部门处理决定的信访事项，应当转送有权处理的行政机关；情况重大、紧急的，应当及时提出建议，报请本级人民政府决定。

③ 信访事项涉及下级行政机关或者其工作人员的，按照“属地管理、分级负责，谁主管、谁负责”的原则，直接转送有权处理的行政机关，并抄送下一级人民政府信访工作机构。

④ 对转送信访事项中的重要情况需要反馈办理结果的，可以直接交由有权处理的行政机关办理，要求其在指定办理期限内反馈结果，提交办结报告。

(2) 涉及两个或者两个以上行政机关的信访事项，由所涉及的行政机关协商受理；受理有争议的，由其共同的上一级行政机关决定受理机关。

(3) 应当对信访事项作出处理的行政机关分立、合并、撤销的，由继续行使其职权的行政机关受理；职责不清的，由本级人民政府或者其指定的机关受理。

(4) 公民、法人或者其他组织发现可能造成社会影响的重大、紧急信访事项和信访信息时，可以就近向有关行政机关报告。

地方各级人民政府接到报告后，应当立即报告上一级人民政府；必要时，通报有关主管部门。县级以上地方人民政府有关部门接到报告后，应当立即报告本级人民政府和上一级主管部门；必要时，通报有关主管部门。国务院有关部门接到报告后，应当立即报告国务院；必要时，通报有关主管部门。

三、信访事项的办理

信访承办人员需要根据上述信访登记事项，同时填写信访处理单，提出拟办意见，并附上来信和来访记录报请主管领导批示，然后按照领导批示意见办理，见表7-4。

表 7-4　　　　　　　　**人民来信（访）处理单式样**

（机关名称）人民来信（访）处理单

字　号

信访人姓名		所在单位与职务		住址	
信访方式		信访类别		登　记 日　期	
被检举人姓名		所在单位与职务			
信访内容	登记人				
信访办拟办意见	签名 时间				
领导批示	签名 时间				
承办记录	签名 时间				

对信访事项有权处理的行政机关办理信访事项时，应当听取信访人陈述事实和理由；必要时可以要求信访人、有关组织和人员说明情况；需要进一步核实有关情况的，可以向其他组织和人员调查。

对重大、复杂、疑难的信访事项，可以举行听证。听证应当公开举行，通过质询、辩论、评议、合议等方式，查明事实，分清责任。

对信访事项有权处理的行政机关经调查核实，应当依照有关法律、法规、规章及其他有关规定，分别作出以下处理，并书面答复信访人：

① 请求事实清楚，符合法律、法规、规章或者其他有关规定的，予以支持；

② 请求事由合理但缺乏法律依据的，应当对信访人做好解释工作；

③ 请求缺乏事实根据或者不符合法律、法规、规章或者其他有关规定的，不予支持。

信访事项应当自受理之日起 60 日内办结；情况复杂的，经本行政机关负责人批准，可以适当延长办理期限，但延长期限不得超过 30 日，并告知信访人延期理由。法律、行政法规另有规定的，从其规定。

信访人对行政机关作出的信访事项处理意见不服的，可以自收到书面答复之日起 30 日内请求原办理行政机关的上一级行政机关复查。收到复查请求的行政机关应当自收到复查请求之日起 30 日内提出复查意见，并予以书面答复。如果信访人对复查意见不服，可以自收到书面答复之日起 30 日内向复查机关的上一级行政机关请求复核。收到复核请求的行政机关应当自收到复核请求之日起 30 日内提出复核意见。

县级以上人民政府信访工作机构应当向本级人民政府定期提交信访情况分析报告，其内容包括：

① 受理信访事项的数据统计、信访事项涉及领域以及被投诉较多的机关；

② 转送、督办情况以及各部门采纳改进建议的情况；

③ 提出的政策性建议及其被采纳情况。

信访事项处理完毕，在此过程中形成的信访文书需要存档管理（详见第八章“办毕文件处理”）。

第三节　信访文书信息化处理

信访文书信息化处理是结合信访工作的要求，采用计算机技术、网络技术和通信技术处理各种信访信息的方法。它通过程序化、制度化、规范化的软件设计，对信访活动进行全面计算机化管理，实现了信访文书处理的信息化、网络化、标准化，推动了信访工作的发展。

信访文书处理系统主要针对来电、来信、来访，邮件、传真等，也可以纳入到该系统之中进行统一管理。

一、来电管理

来电管理是信访文书工作的子系统，主要包括来电记录、来电办理情况。

（一）来电记录

来电处理信息包含：来电编号、来电日期、来电时间、记录人、来电人、来电人身份、联系电话、来电地区、单位地址、来电性质大类、来电性质小类、举报分类、来电编号种类、来电编号、来电标题、摘要、批示领导、批示日期、批示内容、录入人员、录入时间、是否重复来电、重电号。一旦录入完毕，系统便自动记录该条来电信息，见图 7-1、图 7-2。

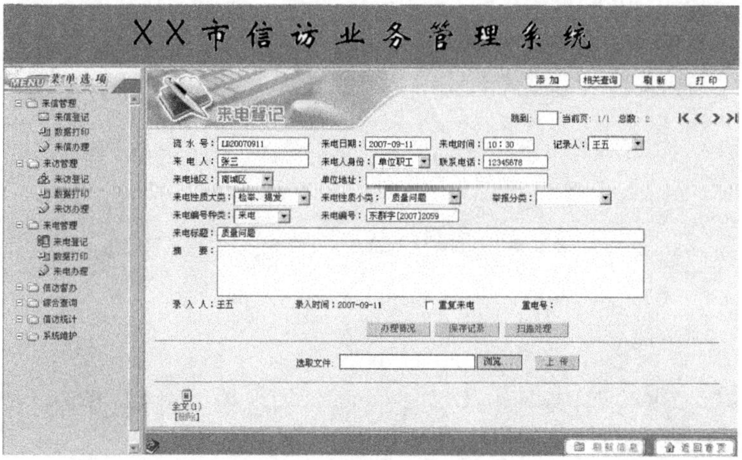

图 7-1 来电信息登记界面

（二）来电处理

来电处理信息包含处理形式、处理日期、经办人、承办单位、承办人、催办日期、报抄送单位、处理意见、办完日期、办完否、处理结果、备注信息，见图 7-3、图 7-4。

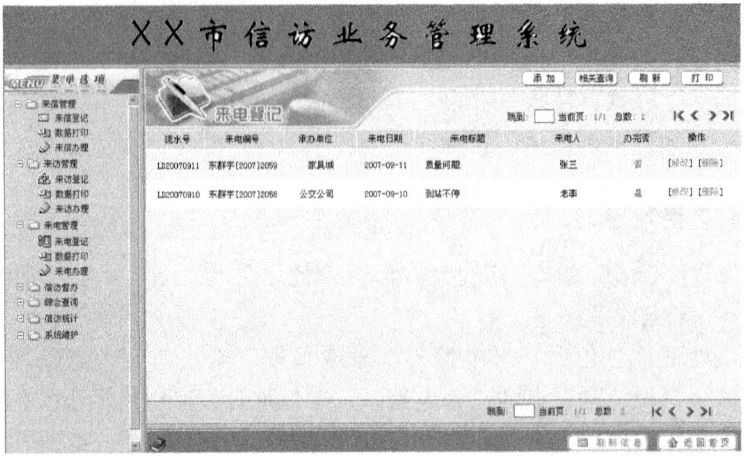

图 7-2　来电登记信息

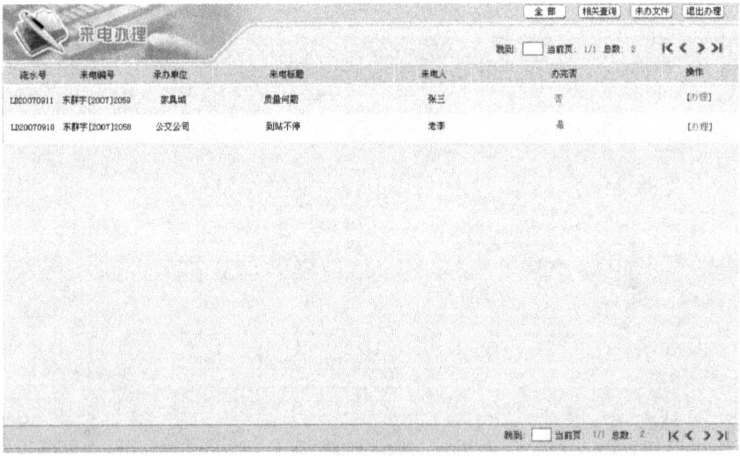

图 7-3　来电办理情况

二、来信管理

(一) 概况

来信信息包括流水号、受信人、受信日期、来信日期、来信人、来信人身份、联系电话、邮政编码、来信地区、单位地址、来信分类、转来机关及

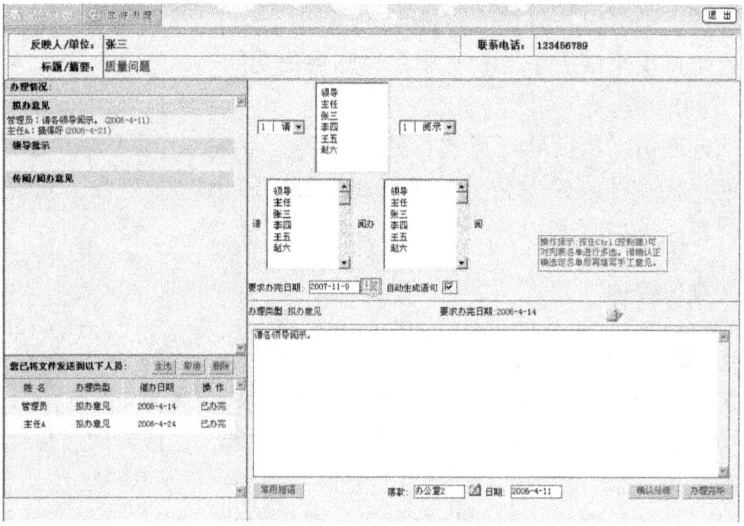

图 7-4　来电办理登记

文号、来信性质大类、来信地址小类、举报分类、来信编号种类、来信编号、来信标题、摘要、批示领导、批示日期、批示内容、录入人员、录入时间。一旦录入完毕，系统自动生成一条来信登记信息，见图 7-5。

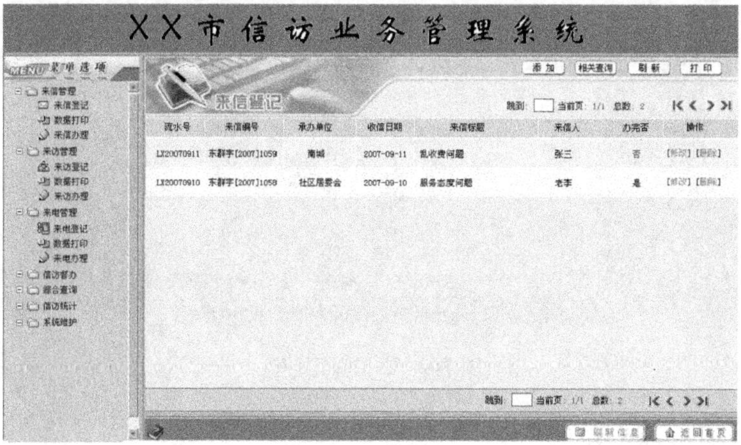

图 7-5　来信登记信息

如果来信是纸质文书，可扫描来信内容，以减轻数据录入量。如果来信是电子邮件，则可以将其作为附件录入。

一旦是重复来信，系统具有自动检测重信功能。

（二）办理概况

来信办理情况包括处理形式、处理日期、经办人、承办单位、承办人、催办日期、报（抄）送单位、处理意见、办完日期、办完否、复信否、处理结果、备注。

三、来访管理

（一）概况

来访信息包括：流水号、来访日期、来访人身份、联系电话、上访规模、来访人数、性别、年龄、来访地区、单位地址、上访方向、接访人、反映的问题分类、来访性质大类、来访性质小类、举报分类、来访编号种类、来访编号、来访标题、摘要、批示领导、批示日期、批示内容、录入人员、录入时间、是否重复来访、重访号。来访登记完毕，系统自动生成一条来访信息，见图7-6。

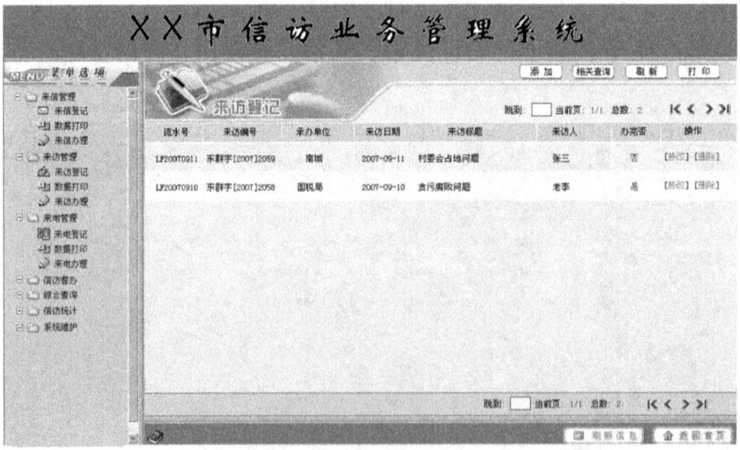

图7-6 来访登记信息

（二）办理情况

来访办理情况有处理形式、处理日期、经办人、承办单位、承办人、催办日期、报（抄）送单位、处理意见、办完日期、办完否、处理结果、备注信息。

上述信访业务管理系统中来电管理、来信管理和来访管理是信访业务管理系统的基本业务子系统，该系统还具有综合查询、信访督办、打印输出等功能，能满足信息化环境下的信访文书工作的基本需求。

复习与思考

1. 信访文书与行政公文相比较有何特点？
2. 信访工作有哪些要求？
3. 如何认识信访文书的独特性？
4. 信访文书处理有何特点？
5. 信访登记有哪些主要项目？
6. 如何管理来电？
7. 如何管理来信？
8. 来访处理需要注意什么？
9. 设计信访文书处理单时需要注意哪些项目？
10. 信访文书系统设计需要考虑哪些功能？

第八章　办毕文件处理

本章要点

1. 办毕文件处理的基本要求
2. 平时归卷的方法
3. 清退文件的范围
4. 暂存文件的范围
5. 文件归档的意义
6. “三合一”制度
7. 归档文件整理
8. 销毁文件的程序

关键词　办毕文件　清退　暂存　归档　销毁　“三合一”制度　保管期限　组“件”

在机关工作中，每一项工作都会相应产生一批文件。工作结束或完成时，便会积累大量的在工作中产生和形成的文件，这些文件已经完成了其现实效用，便构成办毕文件。办毕文件包括本机关已经签署生效并已经过发文程序处理的文件；上级机关下发并经本机关承办完毕的文件；下级机关上报并经本机关回复处理完毕的文件，以及机关内部使用过的文件等。

办毕文件虽已完成其现实效用，但并非因此失去价值。办毕文件体现着机关工作人员的办事理念、基本指导思想和工作过程，是机关工作的真实记录。为维持机关工作的连续性、积累工作经验和保留历史记录，大部分文件需要按照国家的有关要求进行归档管理。即使其中一部分已经失去保存价值，但因文件中承载的信息内容，不宜对外泄露，也应该进行妥善的处置。这便是办毕文件处理工作。

办毕文件的处理，是文书工作的最后一个环节，也是一个重要的环节，实质上是为机关产生和形成的每一份文件安排一个适当的归宿。它上承文书处理工作，下接档案管理工作，既是文书工作的结束，也是档案工作的开端，对两项工作都将产生重要影响。

第一节　办毕文件处理要求

在机关工作中，文件办毕的时间有先有后，每项工作的文件有多有少，文件有上级、下级、同级、内部、会议文件等多种形式，头绪多而杂，处理不当将会给机关工作带来消极影响，轻则影响机关工作效率，重则造成严重后果，必须慎重对待。而且，办毕文件处理并非是一年工作结束后突击一下便可完成的，更多的是在平时进行科学管理。因此，办毕文件的处理应该具有一些基本要求，以利于工作的开展。

一、有序

机关文书人员应以领导签署和办公室签办意见为依据，对文件的办理程序实施监控，了解文件流程和办理动态，待文件办理完毕，及时收纳于文书处理部门，切勿使文件办毕之后长时间地积存于具体承办人员手中，对外文件要按照发文字号或发文顺序集中处理。最后由机关文书处理部门对办毕文件根据文件的具体情况进行处置，文件承办人员不得对办毕文件进行随意处置。

在办毕文件处理中要视办毕文件为具有有机联系的整体，办毕文件不应是单份文件，应为一组文件，如下发文件应有底稿、定稿和正本，会议文件应有通知和会议产生的其他文件，收文应有依收文而产生的办理过程中形成的文件，工作计划应有总结等，所有文件依文件办理的程序按顺序排列。一项工作的文件为一个整体，不得与其他文件混淆。

为保证机关工作的顺利进行，对办毕文件管理的介入不宜过早或过晚，过早会影响文件的办理，过晚则会影响办毕文件的管理，也不能年终集中送交文书部门，这样会形成平时对办毕文件无人过问、年终再来突击处置的局面，从而无法保证办毕文件管理的质量，有些办毕文件因时过境迁，造成的消极影响已无法挽回，使办毕文件管理在机关工作中不能充分发挥作用。

二、高效

办毕文件管理是提高机关工作效率的措施之一。通过办毕文件管理可使机关工作人员从过时或失效的文件信息中解脱出来，避免陷入大量的信息中无法确定工作重点和方向，没有了日常大量文件管理的重负，从而能使其将全部精力投入到正常的工作之中。因此，及时、高效地进行办毕文件的管理工作也成为一项基本要求。

办毕文件要及时处理，以免造成积压，成为机关工作人员的工作负担。对办毕文件的处置要果断，不能犹豫，要迅速采取处置措施，不能散乱堆放，使之影响后续文件的处理。当年文件应该当年处置，而不能形成文件积压，对文书工作和档案工作造成消极影响。

三、安全

办毕文件仍然是文件，并不因为其办理完毕，而放松安全要求。对办毕文件的安全要求体现在信息和载体两个方面。

办毕文件承载的信息是机关的核心信息，记录着机关工作的历史面貌。办毕文件管理要求之一便是要对办毕文件进行科学鉴定，根据其价值，分别采取处置方法，确定其去向，保证其信息的安全。因此在管理和处置的过程中也要贯彻安全原则，要保证文件信息内容不出现泄露，或造成遗失、泄密事件。

在对办毕文件管理和处置的过程中，要保持文件载体良好的品相，纸质优良，字迹清晰，无破损和字迹模糊现象。有复本的文件，尽量选择其中载体情况最好的予以留存。对一些无法替代的已损坏的重要文件，要采取补救措施。

办毕文件在经过鉴定，并处置完毕之前，文书工作人员要保证办毕文件的信息和载体的安全，与机关的收发文采取同样的安全措施，维护办毕文件的安全。

第二节　办毕文件处理方法

办毕文件处置需要根据文件的价值、数量、状况，进行分门别类，最终决定其归宿，使办毕文件持续地充分发挥文件的效用，维护文件的安全，避免无用信息干扰机关的正常工作。

一、平时归卷

平时归卷是对办毕文件进行适时管理、适时归类、集中保管的一种科学方法。

平时归卷是文书人员根据机关职能和往年文件管理的经验，预设归档类目，待文件办理完毕后，按类目归卷。平时归卷的优势性主要体现在以下几方面：一是有利于文件的管理和安全，使办毕文件也纳入日常的文件管理，使文件管理始终有条不紊，防止文件散乱丢失；二是方便对办毕文件的查找利用，使办毕文件也能充分发挥作用；三是能保持机关文件的有机联系和历史联系，归卷的办毕文件也能保持着内在联系；四是有利于提高归档文件的质量，保证档案的齐全完整，为档案的留存打下良好的基础；五是把工作做在平时，化难为易，大大减轻了年终管理工作的负担，避免年终集中突击而顾此失彼。

（一）预设归卷类目

归档类目，是以本单位文件分类大纲类目条款为基础而设立的一种预设类目。归档类目拟定完成后，文书工作人员于年初根据类目条款和预计文件数量，为第一条款准备一个文件盒，平放于归卷类目分类框内，并事先把条款和顺序号填写在一张标签上，将标签贴在文件盒的左下角，一有办毕文件就“对号入座”，随时归进。标签的格式见表 8-1。

表 8-1 **归 卷 标 签**

类	属类：
条款名称：	
条款编号：	
归卷时间：	归卷人：

归卷的办毕文件，在归卷前应进行检查并编上条款号，同时将该条款号在收发文簿和内部登记簿中注明，以便平时查找利用。

（二）收集文件归卷

文书人员要根据文件登记簿，了解档案的去向和办理情况，做好办毕文件的归卷工作。在收集办毕文件归卷时，要准确判定文件是否办理完毕，把握归卷的恰当时机，如指导性、法规性文件以及重要决议、年度计划、长远规划等，从发文机关来说，当文件发出后便可将原稿和存本归卷；不必办复的收文，经本机关负责同志批阅或传阅后，即可归卷；来往文件，本机关或对方机关收到复文后，即可归卷；会议文件待会议结束后，即可归卷；调研材料和涉及案件的文件，等结论作出后，便可归卷；总结性材料完成即归卷。

在归卷时，文书人员要严格把好文件质量关，一是要齐全完整，收文、发文、内部文件；红头文件、白头文件；文件正本、复印件；底稿、正本；计划、总结；来文、复文；文字、图表；本单位内的文件、外出参观调研的文件；外出开会带回的材料；本单位领导在外单位的讲话稿等，在归卷时，宁宽勿漏。二是要对重要文件载体情况和字迹状况进行检查，对残缺破损的文件要寻找复本替换，如无法替换，要进行补救；对字迹不清晰或不耐久的文件，应该退回经办人重新处理，待处理合格后再归卷。三是归卷文件交接要有手续，交接双方签字认可，以作凭证。

二、清退

机关文书处理工作中会收到一些按照有关规定和发文单位要求退还原发文单位或转往其他机关的文件，对于这部分文件，在本单位办理完毕后，必须按要求予以清退。

清退文件的范围包括：

① 涉密文件；

② 限制阅读范围的文件；

③ 征求意见的讨论稿；

④ 文件的清样、草稿；

⑤ 内部参考资料、简报；

⑥ 未经本人审阅的讲话稿、发言稿；

⑦ 涉及个人著作权的作品；

⑧ 会议中使用、会后应收回的材料；

⑨ 有重大错漏的文件等。

在清退过程中，应根据收文登记时或事后通知的清退要求，按清退时限如数退还，并填写《文件清退清单》，逐件核对、清点，要求接收人签字。涉密文件和限制阅读范围的文件应由机关的机要人员负责清退，防止泄密。

清退工作完成后，应在平时归卷卷盒标签上和收文登记簿注销。

三、暂存

在归卷文件中，有些文件虽已办理完毕，但对以后的工作还有一定的后续影响，又没有整理归档的必要，为此，需要采取暂存的处置方法，以供在以后的工作中查阅参考。

暂存文件的范围包括：

① 为工作方便保留的复本、复印件；
② 未被批复的请示；
③ 上级单位的工作简报、参阅资料；
④ 下级单位报送的备案性材料；
⑤ 平时收集的文件写作素材；
⑥ 与外单位一般性事务的往来函件；
⑦ 下级机关的总结、计划等。

在年终文件整理时，在归档文件整理的同时，对暂存文件也要进行整理，但可以根据需要灵活处理。暂存文件要整理成盒，并编写简易目录，集中存放于机关的文件管理处。暂存文件可在机关内部借阅使用，也可汇编成册。其中适用于对外公布、公开的文件，可作为政务信息公开的内容向社会提供利用。暂存文件在保管一段时间后，再根据具体情况进行归档和销毁处置，而不必长期暂存，为文书管理徒增负担。

四、归档

归档是按照国家有关规定，将机关工作中产生和形成的，反映机关工作面貌并具有保存价值的文件进行有序整理，然后移交档案部门管理的一项业务活动。归档工作具有两方面的意义，一是对本机关有保存价值的文件进行系统化整理，以便于长久利用，二是为国家积累档案资源。归档工作质量不仅关系到本机关文书工作的结束，也关系到机关档案工作的开展，发挥着重要的承前启后的作用。

其一，应确定本机关归档的基本范围。每年机关产生和形成的文件数量很多，不可能全部归档保存，既无必要，也不可能，因此，要根据上级制定的归档范围和本机关的实际情况确定归档范围，从而确保文件的精华能保存下来，提高档案的质量。同时，在归档时，也要明确划分不归档的文件范围，以利于实际操作，如重份文件；一般事务性文件；文件定稿之前的草稿、修改稿；上级普发性文件；为传阅使用的复印件；与本机关职能无关的参考性文件；会议简报等。归档文件范围的划定，既要考虑本机关职能活动的需要，也要从国家大局考虑档案资源的建设；既突出自我，也要在整体大局中进行定位。

其二，要严格执行文件归档的基本原则。文件归档的基本原则是：遵循文件的形成规律和特点，保持文件之间的有机联系，区分不同价值，便于保管和利用。在具体操作过程中，可能会遇到难以全面兼顾的情况，如遵循文件形成规律和特点，却难以区分不同价值；保持文件之间的有机联系，可能会不利于保管和利用等。因此，不能机械地生搬硬套，“为联系而联系”，“为保管而保管”，而应在归档文件整理过程中灵活地运用，正确处理好保持文件之间的联系与文件保管利用的关系，因地制宜地正确贯彻归档的原则。

其三，要参照国家关于档案管理的相关标准和要求，以使归档文件与档案实现无缝对接。因为文件归档后，便成为档案移交给档案室，若干年后移交给档案馆，所以，文件归档应该考虑档案管理的需要，要与档案馆（室）的管理规范保持一致，以免日后再为档案管理规范化而重新整理，造成人力物力的浪费。

其四，要确定本机关的归档范围。由于各个单位的职能不同，接收和产生的文件类型并不相同，本书不可能完全罗列。为此，下面罗列的内容只能作参考，各单位需要在实践中探索本单位归卷文件的类型。

1. 归档文件的范围

凡是反映本机关工作活动、具有查考利用价值的文件均属归档范围。

上级机关文件的归档范围包括：

① 上级机关召开的需要贯彻执行的会议的主要文件；

② 上级机关颁发的属于本机关主管业务并要执行的文件以及普发的、非本机关主管业务但需要贯彻执行的法规性文件；

③ 党和国家领导人、人民代表、上级机关领导等视察、检查本地区本机关工作时的重要指示、讲话、题词、照片和有特殊保存价值的录音、录像（以下简称声像材料）等材料；

④ 代上级机关草拟并被采用的文件的最后草稿和印本；上级机关转发本机关的文件（包括报纸、刊物转载）；

本机关归档文件包括：

① 本级人代会、政协、顾委、党、政、工、青、妇领导机关召开代表大会、代表会议、工作会议的全套会议文件，以及各种声像材料（由召开机关收集归档）；

② 本机关党组（或实行党委制的党委）、行政领导的会议文件，本机关召开的工作会议、专业会议材料；

③ 本机关颁发的（包括转发及与其他机关联合颁发的）各种正式文件的签发稿、印制稿及重要文件的修改稿；

④ 本机关的请示与上级机关的批复文件，下级机关的请示与本机关的

批复文件；

⑤ 本机关及其内部职能部门活动形成的工作计划、总结、报告；

⑥ 反映本机关业务活动和科学技术管理的专业文件；

⑦ 本机关检查下级机关工作，调查研究形成的重要文件；

⑧ 本机关或本机关汇总的统计报表和统计分析资料（包括计算机存储材料等）；

⑨ 本机关形成的财务报表、凭证、账簿、审计等文件；

⑩ 本机关党委、团委、工会和内部组织机构在工作活动中形成的重要文件；

⑪ 内部重要的人民来信、来访材料、领导的指示和本机关处理人民来信、来访形成的记录、摘要单、调查处理报告、统计分析材料等；

⑫ 机关领导人公务活动形成的重要信件、电报、电话记录，从外机关带回的与本机关有关的未经文书处理登记的文件；

⑬ 本机关及本机关批准的有关区域变化、解决山林、地界、水利纠纷、征用土地以及基本建设工程施工、竣工、购置大中型设备的文件，本机关直接管理的科研、生产、建设项目的科技文件；

⑭ 本机关成立、合并、撤销、更改名称、启用印信及其组织简则、人员编制等文件；

⑮ 本机关制订的工作条例、章程、制度等文件；

⑯ 本机关（本行业）的历史沿革、大事记、年鉴，反映本机关（本行业）重要活动事件的简报、声像材料，荣誉奖励证书，有纪念意义和凭证性的实物和展览照片、录音、录像等文件；

⑰ 本机关（包括上报和下批）干部任免（包括备案）、调配、培训、专业技术职务评定、聘任，党员、团员、干部、工人名册、报表，纪律检查，治安保卫以及职工的录用、转正、定级、调资、退职、退休、离休、复员、专业、评残、抚恤、死亡等工作及奖惩文件；

⑱ 本机关及本机关办理的干部、工人的转移工资、行政、党、团、工会组织介绍信及存根；

⑲ 本机关财产、物资、档案等的交接凭证、清单；

⑳ 本机关编印的情况反映、简报等刊物定稿和印本，编辑出版物的定稿、样本；

㉑ 本机关与有关机关单位签订的各种合同、协议书等文件；

㉒ 本机关与外国签订的条约、议定书、协定、合同、换文（正本、副

本）和机关外事活动中形成的请示、报告、计划、考察总结、重要简报、会议纪要、记录、声像材料、有参考价值的资料、互赠礼品清单、工作来往文件等；

㉓ 各种普查工作中形成的文件；

㉔ 按有关规定应当归档的死亡干部档案材料；

同级机关和非隶属机关归档文件包括：

① 同级机关和非隶属机关颁发的非本机关主管业务但需要执行的法规性文件；

② 有关业务机关对本机关工作检查形成的重要文件；

③ 同级机关和非隶属机关与本机关联系、协商工作的重要来往文件。

下级机关归档的文件包括：

① 下级机关报送的重要的工作计划、报告、总结、典型材料、统计报表、财务预算、决算等文件；

② 直属单位报送的重要的科技文件；

③ 下级机关报送的法规性备案文件。

2. 不归档文件的范围

上级机关不归档的文件包括：

① 上级机关任免、奖惩非本机关工作人员的文件，普发供参阅、不办的文件；

② 上级机关发来供工作参考的抄件；

③ 上级机关征求意见未定稿的文件。

本机关不归档的文件包括：

① 重份文件；

② 无查考利用价值的事务性、临时性文件；

③ 未经会议讨论，未经领导审阅、签发的未生效文件，电报草稿，一般性文件的历次修改稿（重要法规性文件，定稿除外）、铅印文件的各次样稿（主要领导人亲笔修改稿和负责人签字的最后定稿除外）；

④ 从正式文件、电报上摘录的供工作参阅的非证明材料；

⑤ 无特殊保存价值的信封，一般性表态、询问一般性问题、提出一般性建议或意见的人民来信；

⑥ 机关内部互相抄送的文件，不应履行公文的行文、介绍信等；

⑦ 本机关负责人兼任外机关职务形成的与本机关无关的文件；

⑧ 为参考目的从各方面收集的文件。

同级机关和非隶属机关不归档的文件包括：

① 参加非主管机关召开的会议不需要贯彻执行、不需办理的抄送文件和无查考价值的文件；

② 非隶属机关抄送的不需要办理的文件。

下级机关不归档的文件包括：

① 下级机关送来参阅的简报、情况反映、不应抄报或不必备案的文件；

② 越级抄送的一般的、不需要办理的文件；

③ 下级机关抄报备案的一般性文件。

在具体实践过程中，各机关应根据上述归档与不归档文件的范围，结合本机关实际情况，制定本机关文件归档和不归档的具体范围。

五、销毁

办毕文件经过清退、归档、暂存等处置后，还会有一批失去保存价值的文件，则需要进行毁灭性处理，即销毁，为机关文书管理工作消肿减负。除不归档范围的文件外，还包括文件复本、复印件；一般性的登记簿册；破损严重、字迹不清的文件；文件信封等。

销毁文件是一项严肃的工作，要严格按操作程序进行。

其一，要进行鉴别，逐文核实，经确认无误后，认真填写《销毁文件清单》。

其二，要经过审查批准。在销毁前，应向领导提交销毁申请，说明销毁数量，文件内容，以及销毁理由，并附《销毁文件清单》，经批准后，方可实行销毁。任何部门和个人不得私自销毁文件。

其三，要彻底销毁。数量较少的销毁文件可用碎纸机处理，也可与其他单位集中一起，送往造纸厂打成纸浆，切不可当废品出售。文件销毁应有专人负责监销，销毁完毕之后，在《销毁文件清单》上签字，以示负责。《销毁文件清单》要保存一段时间备查。

第三节　“三合一”制度

“三合一制度”是广大基层文书工作人员在实践中总结而形成的一项文书档案管理制度，较好地将文件归档与档案管理紧密地衔接为一个工作环节，使之实现平稳过渡，具有较强的指导性和操作性，是行之有效的工作制度。“三合一”制度由归档制度、分类大纲、保管期限三部分管理文件组成，是文书归档工作的依据性文件。

一、归档制度

（一）归档范围

具体规定文件归档的范围，明确哪些文件必须归档保存。在归档范围内，一般除指明必须归档的文件外，还同时指出不需归档的文件。原则上，凡是本单位在工作中直接形成的具有查考利用价值的各种文字材料、图表、账簿、声像等均属归档范围。不归档范围内的文件不得擅自归档。

（二）归档时间

明确本机关文件的归档时间。归档文件一般应在次年第一季度前立卷归档，并移交机关档案室归档。机关形成的声像材料等应随时归档。一些非按自然年度为周期而形成的文件，可按工作年度归档立卷，如教学年度、工程年度等，专门性文件或驻地分散的个别业务单位的文件，为便于日常查用，可另定切合实际的归档时间。

（三）归档要求

根据国家档案局制定的《机关档案工作条例》，机关文书部门或业务部门应按下列要求向档案部门移交档案：

1. 应归档的文件齐全完整

归档文件必须经过科学系统整理，分类准确，能正确反映本机关的主要业务工作情况，保持文件之间的历史联系，并区分文件保管价值，组成规范的保管单位，有利于保管和查找利用。

2. 归档文件必须进行编目和技术加工

去除原文件上的金属物，对破损或污损的归档文件进行技术处理；归档文件经编号固定和文件整理后的物理位置，加盖归档章，填写归档文件目录，正确填写档案盒上的档案标记和盒内备考表。

（四）归档份数

一般归档一式一份，重要的和利用频繁的适当增加归档份数。

（五）归档手续

所有归档的档案必须有完整的移交目录（一式三份），交接双方各持一份，存档一份。移交（接收）档案时，要认真履行交接手续，填写档案移交（接收）登记簿，接受双方签字，以示负责。

二、分类大纲

分类大纲是对归档文件进行分类的指导性文件。分类是将机关产生的文件按照一定的特点，同其所同，异其所异，分成若干类别。分类大纲的拟订，应根据机关的工作职能和文件的具体实际情况，符合分类的逻辑原则，力求简明、严密、便于管理，分类的结果应客观地反映机关的历史面貌。分类大纲规模和层次的确定、各类目划分标准的选择、各类系关系的确定和类名的选择，对于归档整理工作的质量具有决定性的作用。分类大纲，是一个机关内文件分类的表现形式，它是用文字或图表形式表示一个机关内文件分类体系的一种文件，也是进行文件分类的依据。一个机关内的文件应根据其内容和载体的不同，编制统一的分类方案，分类方案编制好后，一般不要随意变动，以保持其一致性和连续性。分类大纲一般由顺序号、类别、条目（或款目）、说明四部分组成。

（一）类别

它即文件的不同种类。类别的设置要周全，不能造成有的文件无类可归，同时，各类别要相对均衡，不能有的类别文件数目庞大，而有的类别只几份文件。也就是要按照一定的标准对归档文件进行正确的分类。分类的常用标准有按年度分类、按问题分类和按组织机构分类。

1. 按年度分类

按档案文件形成的自然年度或工作年度分成若干类别。分年度就是区分文件的所属年度，把属于同一年度的文件集中，把不同年度的文件分开。现行机关的归档文件整理工作，是按年度分开进行的，不同年度的文件一般不得放在一起归档。按年度分类符合机关按年度归档的现实，可以较好地维护和再现机关工作的历史过程。一般机关可按自然年度分类，简便易行。学校可按教学年度，建设单位可按工程年度。年度的确定可按机关工作的特点来做决定。使用年度分类应注意以下几种情况：

① 一个文件有多个时间特征的，如文件的成文日期、签发日期、公布日期，应以文件签发日期确定文件的所属年度。

② 跨年度形成的文件，如召开会议、处理案件等文件归档时就放入办结年度，对于计划、总结、统计等内容涉及不同年度的文件，可以存在针对年度里，也可以放在它们形成年度里，但不论放在哪个年度里，一定要统一，不能今年放在针对年度，明年又放在形成年度，人为地造成混乱。

③ 几件文件作为一件时，确定件的日期时，应以装订时排在前面的“件”的日期为准；如正本与定稿为一件时，以正本日期为准，来文与复文为一件时，以复文日期为准。

④ 文件没有标注时间时，应根据文件内容推断出准确或相近年度。

2. 按问题分类

按文件内容所反映的主题（问题）设类。问题分类法就是按照机关文件所记述和反映的问题分类的方法，即将记述和反映同一问题的文件集中，记述和反映不同问题的文件分开。也就是说，不管是机关内哪个组织机构形成或办理的文件，只要是记述和反映同一问题的文件，都归入一个类别内，以集中反映某一个问题的来龙去脉及办理情况。在实际工作中，机关文件反映的主题十分庞杂，但都不会超出机关的职能范围，而且不会有太大的变动，因此，在按问题分类时，可以机关的工作职能为划分标准，以机关职能为类目名称，然后再添加综合类。这种方法适合于文件量不大的小机关，或内部机构变动频繁的大机关。

3. 按组织机构分类

按机关内部机构来设类，就是根据机关内部设置的第一层机构（处室）对归档文件进行分类，哪个机构形成、阅办的文件就归哪个处室。说到底就是一个机构设置一个类，机构名称就是类名，各类的次序按照本机关机构序列表的规定或习惯上的顺序来排列，一般是领导机构、综合性部门排在最前面，再依次排列各业务部门。作为一个相对独立的工作实体，同一组织机构内产生的文件具有较为紧密的联系，能最大限度地保持文件之间的有机联系，维护历史的面貌。从整体来看，按组织机构分类客观地反映了机关的工作现状和全貌。按组织机构分类的方法比较适合于一些内部机构相对稳定而且职能明确、文件数量比较大的机关部门。

（二）条目

条目是在类别名称下预拟的所属文件类的名称。条目的拟订，主要依据文件本身的基本特征进行，如文件的作者、时间、文件种类、文件字号、地区、通信者、载体、使用价值等。每一条目就是一组有密切关系的文件，可以据之组成基本的保管单位。在第一条目之后，可注明该条目的简要说明、保管期限。如："重要（或一般）永久"，以便于归档整理时操作。

条目的拟写必须粗细得当，简明扼要，力求每一条目都能够反映出所包括的文件的责任者（作者）、问题（内容）和文件名称（或类型），使人能一目了然地看到条目包括的是谁制发的什么内容的何种性质的文件。

（三）顺序号

顺序号是对类别和条目进行系统排列固定位置后的编号。在分类大纲中有两组顺序号，一是类别顺序号，二是条目顺序号，均用阿拉伯数字标注。如机关内文件的类别和量相对稳定，可采取大流水方法编号，这种方法简单实用，如机关文件变动较大，或新单位对文件状况还难以准确把握，则可采取空号法，在实际工作中进行调整，待时机成熟后，则再固定编号。

（四）说明

分类大纲拟定后，应对其分类的依据、结构、使用范围和使用方法作简要说明，附于分类大纲末尾，以利于使用者能准确把握分类标准。

三、保管期限

保管期限是指归档文件转化为档案后的保管期限，分永久、定期两种。定期一般分为30年、10年。保管期限确定后标注于分类大纲的条目之后。

（一）保管期限确定的基本原则

需要永久保管的文件主要包括：本机关制定的法规政策性文件；本机关召开重要会议、举办重大活动等形成的主要文件；本机关职能活动中形成的重要业务文件；本机关关于重要问题的请示与上级机关的批复、批示，重要的报告、总结、综合统计报表等；本机关机构演变、人事任免等文件；本机关房屋买卖、土地征用，重要的合同协议、资产登记等凭证性文件；上级机关制发的属于本机关主管业务的重要文件；同级机关、下级机关关于重要业务问题的来函、请示与本机关的复函、批复等文件。

需要定期保管的文件主要包括：本机关职能活动中形成的一般性业务文件；本机关召开会议、举办活动等形成的一般性文件；本机关人事管理工作形成的一般性文件；本机关一般性事务管理文件；本机关关于一般性问题的请示与上级机关的批复、批示，一般性工作报告、总结、统计报表等；上级机关制发的属于本机关主管业务的一般性文件；上级机关和同级机关制发的非本机关主管业务但要贯彻执行的文件；同级机关、下级机关关于一般性业务问题的来函、请示与本机关的复函、批复等文件；下级机关报送的年度或年度以上计划、总结、统计、重要专题报告等文件。

机关形成的人事、基建、会计及其他专门文件的归档范围及其保管期限，按国家有关规定执行。

（二）保管期限的分析方法

1. 分析归档文件的责任者

文件保管期限的划分应“以我为主”，即“我”形成的归档文件的保管期限相对较长。这里的“我”，一是指本机关，包括本机关各部门、直属机关等；二是指本系统，指本机关同一系统或同一系统的上级机关，尤其指具有垂直领导关系的机关；三是指与本机关密切相关的机关。

① 分析归档文件是本机关责任者还是外机关责任者。外机关形成的非本机关主管业务的文件不归档；外机关形成的属本机关主管业务的文件，应在本机关归档，但保管期限短。在相同内容、相同文种的情况下，本机关责任者形成的本专业文件比外机关责任者形成的本专业文件至少要长一个档次。

② 分析归档文件是本系统责任者还是外系统责任者。外系统形成的非本专业文件在本机关不归档；外系统形成的本专业文件在本机关可归档，但其文件的保管期限较短。在相同内容、相同文种情况下，本系统责任者形成的本专业文件比外系统责任者形成的本专业文件至少长一个档次。

③ 分析归档文件是本级责任者还是上级、下级责任者。本级责任者形成的文件，其保管期限相对较长。上级形成的文件比下级的要长。发文机关的级别还需考虑是本系统还是外系统，是党政领导机关还是其他机关等情况。

④ 分析归档文件是多个责任者还是单个责任者。划分保管期限时，无论是单个责任者还是多个责任者，只要有本机关责任者其保管期限就相对较长。应注意的是，多个责任者中要区分本机关是主办机关还是协办机关；如本机关是主办机关则视作本机关的单独发文来划分保管期限；如本机关是协办机关，则比本机关单独发文的保管期限稍短一点。

⑤ 分析归档文件在运转过程中的责任者。文件在主送、抄报、送阅等运转过程中，可能会出现上级批复、领导签署意见等情况。此时保管期限应从长。如有批复的请示一般保存 30 年以上；无批复的请示一般仅保存 10 年。

2. 分析归档文件的内容

分析归档文件内容是确定档案保管期限最重要的方面。归档文件内容为“重要的”其保管期限相对较长。“重要的”主要指三种情况：一是反映本机关的主要职能，其中以反映本机关职能的典型性问题尤为重要；二是反映本机关的基本面貌，如年度以上工作总结、综合统计表等；三是反映本机关经济关系，如本机关的房产、物产及其他债权债务文件。

① 分析归档文件是否体现机关主要职能。一是归档文件的内容是否为本机关主要职能。二是其内容是否反映本机关主要任务。三是其内容是否反映本机关的主要工作。四是其内容是否反映了本机关的中心工作。五是其内容是否反映了本机关的主要活动。六是其内容是否反映了本机关主要工作事项。七是其内容是否具有典型性。上述情况，其保管期限从长。

② 分析归档文件是否反映本机关基本历史面貌。一是归档文件是否反映本机关辖内工作全貌。二是归档文件是否反映本机关工作状况。三是归档文件是否反映了本机关的工作水平。四是归档文件是否反映本机关工作规模。五是归档文件是否反映本机关工作变化。六是归档文件是否反映了本机关的工作发展。七是归档文件是否反映本机关较长时间的工作情况。上述情况，其保管期限相对较长。

③ 分析归档文件是否反映本机关的经济关系。总体来说，价值高、债权债务时间长的归档文件其保管期限长。主要有三种情况：一是反映本机关产权关系的归档文件。二是反映本机关债权债务关系。三是反映下属单位的经济关系。

④ 分析归档文件是否涉及个人利益。归档文件涉及本机关人员较重要个人利益，涉及外单位个人利益，如行政确认工作中形成的宅基地使用证、房屋产权证、公民学历和学位的证明、婚姻等文件；行政征收工作形成的财产税和行为税等文件；安置、抚恤、优待、补助、救灾扶贫等行政给予工作中形成的文件，一般应作永久保管。

⑤ 分析归档文件利用的时效性。某些文件只能在一段时间内有作用，其保管期限从短。但是文件的时效性不是档案保存期限的决定因素。档案是一种历史记录，决定档案有无保存价值主要还是其能否反映本机关主要职能、历史面貌、经济关系和个人利益等，这些档案在确定其保管期限时就应从长。

归档文件保管期限划分应从归档内容是否重要来分析，同时还要结合文件的责任者来分析，一般来说，本机关、本系统责任者形成的内容重要的文件，可永久保存；内容一般重要的可定期（30 年、10 年）保存。外机关、外系统形成的属本专业内容，且重要的文件，可保存 30 年；内容为一般的可保存 10 年，非本专业的文件一般不归档。为了方便计算机辅助确定保管期限，归档文件内容的重要程度可用分值来区分。

3. 分析归档文件的形式

归档文件保管期限划分应以形式是否重要为主。这里的“重要”指“规范性”、“权威性”、“正式性”和“珍贵性”。

① 分析归档文件的文种。反映方针政策、重大事件、主要业务活动，具有权威性和重要性的决定、决议、命令、指示、条例、纪要、报告等，比处理日常事务的通知、简报、来往函件等保管期限长，但通知、函等文种还要根据其内容的重要程度来决定其保管期限。

② 分析归档文件的稿本。归档文件的正本比副本、草稿的保管期限长。但有些重要文件经反复修改，其过程性的草稿、征求意见稿、送审稿、报批稿等都很重要，这些重要文件要结合其文种及其文件本身的重要性来划分保管期限。

③ 分析归档文件的外形特点。有重要领导、著名人物的题词、批注、签字的文件有权威性，具有纪念价值。某些文件因载体古老、珍稀而具有文物价值，某些文件因书法或装帧而具有艺术价值。这些归档文件都可作永久保存。

④ 归档文件的形式分析要结合文件的责任者、内容的重要性等来分析。一般来说，本机关、本系统上级机关形成的重要文种的文件，可永久保存；一般文种的文件可定期（30 年、10 年）保存。

4. 用计算机辅助确定归档文件保管期限的方法

计算机辅助确定归档文件保管期限的方法主要使用抽词比较法。可在月末或每年年底成批处理，也可随办随归对单份文件处理。

① 编制归档文件责任者、内容、文种的词表，并按上述分值对每个词条给分。这些词条可预先列出一部分，其余的在录入时由计算机系统以“自学习”方式建词表。二是列出归档文件内容的主题词并划分为两档：重要的、一般的，分别定出相应分数。三是列出各种归档文件的文种、分数。

② 根据现行文件的格式确定不同的模板。如模板一：责任者、内容、文种；模板二：内容、文种。确定模板的目的是为了计算机自动抽词进行比较时更为方便。

③ 编制计算机程序。其核心内容是将电子公文的题名中各段与词表相比较，责任者、内容、文种一致的则抽出，并给出相应分数，最后汇总分数。

④ 每份或一批电子公文形成后，在设计好的程序中运行，根据汇总分数，初步确定保管期限，最后由人工审核保管期限划分的是否准确。

四、保管期限表的审核

2006 年 12 月 18 日，国家档案局局长杨冬权签署国家档案局第 8 号令，正式发布施行《机关文件材料归档范围和文书档案保管期限规定》。该规定要求：“各机关应根据本规定，结合本机关职能和各部门工作实际，编制本机关的文件归档范围和文书档案保管期限表，经同级档案行政管理部门审查同意后执行”。同时，有垂直领导关系的中央、国家机关编制的本系统的归档范围与保管期限表，也须经国家档案局审查同意后执行。

第四节 归档文件整理

为了适应档案管理现代化的需要，国家档案局于2000年12月6日发布了中华人民共和国行业标准《归档文件整理规则》（DA/T22—2000，见附件四）。该标准从我国档案工作的实际出发，在借鉴传统的案卷级整理方法（即立卷）的基础上，对归档文件整理进行了改革，作出了新的规定，即推行文件级整理方法，大幅度减化整理中的手工操作，以促进档案的科学管理。这是我国机关档案工作的一次重大改革。

一、归档文件整理概说

归档文件，即指立档单位在其职能活动中形成的、办理完毕的、应作为文书档案保存的各种纸质文件。归档文件整理是将归档文件以件为单位进行装订、分类、排列、编号、编目、装盒，使之有序化的过程。归档文件整理对传统文书立卷方法进行了改革。《归档文件整理规则》提出的整理方法与立卷比较，主要有以下不同：

① 取消案卷，实现文件级管理，免除了繁锁、复杂的组卷过程。

② 界定“件”的概念，从检索的实际需要及减轻工作量出发，规定“正本与定稿为一件，来文与复文可为一件”。

③ 分类方法固定为年度、保管期限、机构（问题），并允许各单位视具体情况组合及简化分类层次。

④ 装订以“件”为单位进行，对装订材料不做统一规定，只要符合档案保护要求即可，装订方法也不限于三孔一线。

⑤ 排列方法强调按事由排列，时间、重要程度等可作为参考因素，可根据实际情况选用。

⑥ 归档章的位置不限于首项右上角，首页上端空白处即可；同时对归档章上项目加以调整，只保留检索必备项目。

⑦ 取消案卷、卷内文件两级目录，只编以“件”为单位的归档文件目录。

⑧ 无须编页号，目录改设“页数”项。

⑨ 归档文件直接装盒保管。

⑩ 无须拟写案卷题名和填写案卷封面。

⑪ 档案盒的项目设置有了新的变化。封面只设“全宗名称”项，取消“类目名称、案卷题名、起止时间、保管期限、件页数量、全宗号、目录号、案卷号、归档号”等项目；盒脊取消“目录号、案卷号”项，保留“全宗号、年度”项，增设“保管期限、机构（问题）、起止件号、盒号”。

归档文件整理方法由于对传统文书立卷进行了较大的改革，而使之具有了一定的优势，方便了管理和利用。在工作程序上，归档案文件整理方法简化了整理方法，减少了许多手工劳动，显著提高了档案整理工作的效率，整理标准明确统一，减少了主观随意性，大大降低了整理工作的难度，易于学习和掌握，便于指导和操作，使整理工作质量容易得到保证；从机关文书工作环节来看，归档文件整理真正实现了文书工作与档案工作的自然衔接，初步实现了文档一体化管理；从管理的角度来看，全部文件以文件级的形式输入计算机后，可利用计算机的程序自动编制出多种检索工具，使检索方便快捷。同时，单份文件利用时非常方便，便于保密和复印、扫描和缩微等现代化手段的应用，避免了因反复拆卷而造成对档案的损坏，可以有效地保护档案，还可以充分地利用档案盒和档案柜的存储空间，避免浪费。

归档文件整理的基本原则与传统文书立卷方法基本上是一致的，即遵循文件的形成，保持文件之间的有机联系，便于保管和利用。这表明，文件整理方法不管怎样改革都必须遵循这个原则，才能达到便于保管和利用的目的。

《归档文件整理规则》的实施，对我国机关档案工作的持续发展具有重要意义。一是缓解机关档案工作的压力。二是节省机关的财力和物力。三是理顺机关档案工作的职能。《归档文件整理规则》的实施对档案馆来说也具有重大意义。首先是便于档案馆控制档案进馆质量；其次是有利于档案馆向社会开放档案。《归档文件整理规则》的实施，对档案管理现代化具有不言而喻的意义。一是为计算机技术在档案工作领域的有效应用开辟了道路。二是促进机关文档一体化管理的实现。三是为设计合理的电子公文整理方法打下基础。

二、归档文件整理的组织

为使归档文件整理工作能顺利开展并保证工作质量，必须严格按照“三合一”制度进行，明确归档文件的整理环节、整理方法、归档时限和质量要求。建立这项制度的目的是明确归档文件的整理环节、整理方法、归档时限和质量要求，要做好以下工作：

① 明确整理工作的环节。在一个立档单位内，归档文件的整理工作是分散由各业务部门承担，还是集中由综合部门或档案部门来承担，应做到分工明确，落实到人。

② 确立全宗及分类方案。在文件归档前，应确立分类方法和分类方案。某些情况比较复杂的机关，如两个机关合署办公、机关所属单位繁多等，还应确立立档单位和全宗。

③ 确定整理方法。依据《归档文件整理规则》的规定，结合本单位实际情况，确定整理方法的具体要求，如“件”的确定、装订方式、排列方法、编号方法等。注意细化的要求不能与《归档文件整理规则》的规定及同级地方档案行政管理部门的要求相违背。

④ 对机关工作中产生的应当归档的其他门类和载体的档案，如会计、审计、案件、基建等以及本机关职能业务工作中产生的特殊载体形式的文件，必须依据国家的有关规定一并提出整理和归档要求。

⑤ 限定归档的时间和质量要求。如果整理的环节设在各部门，必须限定各部门将归档文件整理完毕后，向档案部门归档的具体时间。一般机关应在下一年度的第一季度内完成整理归档工作。此外还应对向档案部门移交的归档文件的整理质量，以及目录数量、移交手续等加以规定。

三、归档文件整理的工作程序

根据《归档文件整理规则》规定的归档文件整理工作的基本环节，归档文件整理方法分解为以下程序：

分类——组件——划分保管期限——修整文件——排列文件——编号——编目——装盒——填写备考表——上架。

（一）分类

即按照分类大纲的要求，对机关所有应归档的文件进行归类。在收集齐全的基础上，按其来源、时间、内容和形式等方面的异同，分成若干层次和类别，构成有机体系。一般为党委（党组）下设的组织机构在前，行政下设的组织机构在后；综合性机构在前，业务部门在后。如办公室系党政合一的综合件部门，则应将办公室排列在前面，然后按照党委下设部门，行政下设的部门依次排列。综合性的类项在前，专题性的类项在后。具体排列顺序可参照各类项之间的相互关系，结合重要程度和上述规则及实际情况确定。

（二）组“件”

“件”是指归档文件整理的基本单位。

① 一般情况下每份（单份）文件为一件。

② 文件正本与定稿为一件。如定稿过厚不易装订（如法规性文件历次修改稿），也可单独作为一件，即正本和定稿各为一件。

③ 正文和附件为一件。如附件多，并且比较厚，不易装订，也可单独作为一件，即正文与附件各为一件。

④ 原件与复印件为一件。

⑤ 来文与复文为一件。如请示与批复、报告与批示等，虽然是两个不同责任者产生于两个单位的独立文件，但由于其内容相同，又存在因果逻辑关系，利用时需要相互印证，因此不易分散，应作为一件。

⑥ 转发与被转发件为一件。此类文件是一份文件的不同部分，前者是贯彻执行要求，后者是具体内容，两者在发挥效力方面难以分割，所以应作为一件。

⑦ 正文与文件处理单为一件。文书处理工作比较规范的机关，文件运转过程中一般都附有文件处理单或批办单、发文稿纸，有的还附有领导批示的签批条等，这些表单真实地记录了文件的形成和办理过程，是归档文件不可分割的重要组成部分，所以应与文件作为一件。

⑧ 报表、名册、图册、会议记录、期刊等，一册为一件。

⑨ 会议文件。一次会议形成几份文件，就是几件，即一份文件为一件。

⑩ 干部职工调动介绍信、存根，以一人为一件。

⑪ 干部任免、录聘、调资、离退休、津贴补助等材料。如果一人一表或一文的，以一个人的一套材料为一件；若以若干人为一表或一文的，以一起上报审批的这几个人的一套材料为一件。

⑫ 文件的中文与外文为一件；文件的汉文本与少数民族文本为一件。

组成的“件”，去除金属物后用纸质斜口插集中在一起或装订。

（三）划分保管期限

保管期限，就是文件的留存年限。划分保管期限，就是根据文件自身所具有的使用价值，确定文件存留的年限。

（四）修整文件

为使档案能够长期保存和有效利用，装订之前必须对归档文件逐件进行检查，凡不符合要求的都要进行修整。

① 修裱破损文件。使用黏合剂和选定的纸张对破损文件进行修补或托裱。

②复制字迹模糊或易褪变的文件。包括不耐久字迹材料制成的文件和传

真文件。常用的复制方法是复印。

③ 超大纸张折叠。大于A4幅面的纸张要折叠成A4幅面。要注意尽量减少折叠次数，折痕处尽量位于文字、图表字迹之外。

（五）排列文件

排列文件，就是根据一定的方法确定全宗内归档文件先后顺序的过程。以事由排列法为例，其具体步骤如下：

在一个全宗内将同一年度的归档文件分别按其划定的保管期限排列，即按永久、长期、短期分别排列，不同保管期限的文件不得混在一起排列。

在同一期限内的文件按其划定的类别分别排列，类与类之间、类与属类之间的文件排列，要按照分类方案进行。

在同一类别内的文件按事由结合时间、重要程度来排列。即在同一类别内，将文件先按不同事由分开，将同一事由的相关文件排列在一起，再采用一定的方法对不同事由的文件进行排列。

（六）编号

组“件”并排列完毕之后，应对组“件”与排列的结果编号，以固定位置。

页号是每件归档文件页次的顺序号。以件为单位，逐页编写顺序号，一份文件为一个流水号。归档文件自身已有页码的不再编号，自身无页码的要补编页号。如一份文件由几部分组成，而且每个组成部分各自编有页码的（如正文和附件、正文和定稿、请示和批复、函与复函、报告与批示、转发件与被转发件、办法与实施细则、收文处理单与正式文件等作为一份文件编制件号归档），要重新编写页号，即要给这份文件以完整连贯的总页码。编写页号，统一在有文字的每页文件正面的右上角，背面的左上角，单面印刷的为一页，编一个号；双面印刷的为两页，编两个号。折叠的大张文字材料或图表，不管折几折，凡是单面有字的为一页，编一个号，双面有字的为两页，编两个号。不得重编、漏编页号。

“件”号，以归档章的形式逐件标识在每一件归档文件上，以明确归档文件在档案全宗中的“坐标”，确保归档文件借阅后正确归位。归档章一般加盖在每份文件的首页上端居中空白位置。如此位置有领导批示或收发章等，可加盖在首页上端其他空白处，不要压字迹，尽量不要与收发章或领导批示文字交叉在一起。归档章的项目有全宗号、年度、保管期限、件号、页数、类别名称（机构或问题）等。归档章应被视作档案的出生证和档案法律效用的标志，使用归档章应该谨慎、严肃。

（七）编目

编制归档文件目录是整理工作中的重要环节之一，也是其他编目工作的基础，为档案保管、鉴定、检索、统计、编研等工作的开展提供基本条件。通过编目，实现归档文件从一次文献向二次文献的初步转化，可以全面、系统地揭示归档文件的全貌，为档案保管、鉴定、统计和编研提供基本条件。

归档文件应逐件编写目录。来文和复文作为一件时，只对复文进行编目。如请示与批复作为一件时，只登录批复件；转发与被转发件，只登录转发件，其中属于上级转发、批复本机关的文件，要同时登录本机关的发文字号，以便查找；但如果是重要法规性文件，历次修改稿或定稿太厚，只能与正式文件分开各作为一件时，则分别登录。归档文件目录设有件号、责任者、文号、题名、日期、页数、备注等项目。

① 件号。填写室编件号。

② 责任者。填写制发文件的机关或个人（标明职务），即文件的发文机关或署名者。一般填写通用简称，以落款（盖章）单位为准填写，不能把承办文件或拟稿的内设组织机构或个人作为责任者填写。报表的责任者，应填写填报单位，即盖章单位，而不是报表的印制或发送单位。联合发文，只填写主办单位。即联合发文的文件字号属于哪个单位，哪个单位就是主办单位。如发文字号较多，则根据该文件涉及的主要内容属于哪个单位的职能业务，责任者即为这个单位。如本单位也属于联办单位之一，应把本单位也填入责任者内。如为查阅方便，可把所有联办单位全部填入责任者栏内。问文与复文作为一件时（请示与批复、函与复函、转发与被转发等），只填写复文单位即可。如在请示、报告原件上批复、批示的，只填写请示、报告的单位即可。

③ 文号。填写文件的发文字号，即由发文代字、发文年度和发文顺序号组成。联合发文填写主办单位文号即可。期刊类文件，如简报、信息、动态、杂志等，只填写期刊号即可。报告与批示、转发与被转发、请示与批复等，只填写批示、转发、批复件文号即可。如在请示、报告原件上批复、批示的，只填写请示、报告的文号即可。

④ 题名。填写文件标题。

凡是文件有题名并能反映文件实质性内容的，应照原题名填写，不得随意更改或简化。文件上没有题名或文件题名不能反映文件实质性内容的，可根据实际情况自拟题名（包括补充和改换题名），外加方括号〔 〕填写。原题名只有文种的，应根据文件内容补充拟写文件题名。文件题名中以发文字号代替文件内容的，应据文件内容补充题名。批复不另行文，只在请示件上签批请示意见，可在请示件题名的后面补充。正件与附件为一件时，如附件多，内容比正件重要，又是单件装订，附件的题名要依次列出，题名前加“附件×”。

⑤ 日期。即制发文件的时间。填写文件的形成时间（文件末尾落款日期），以8位阿拉伯数字标注年、月、日，占两格。如文件的形成时间是2000年8月6日，即上格填写为“2000”，下格填写为“0806”。

⑥ 页数。填写每一份归档文件的总页数，即该文件最后一页的页码。一份文件由几个部分组成的，几个组成部分的页数相加之和即是这份文件的页数。

归档文件目录格式一律采用竖式，幅面尺寸采用国际标准A4型，纸质优良。应选用较耐久的字迹材料制作，如碳素墨水、蓝黑墨水等。一律要求使用计算机制作目录，最好使用激光打印机，其次可使用喷墨式打印机，如用针式打印机应选择较耐久的色带打印。归档文件目录应装订成册，并编制封面。

（八）装盒

装盒就是将归档文件按照其保管期限和室编件号的顺序依次装入盒内，并填写档案盒封面、盒脊和备考表项目等。装盒时，应将不同年度、不同保管期限、不同类别的文件分别装入不同的盒内，不同类别的文件尽量不要混装在一个盒内。如单位文件数量少时，也可装入一个盒内。装盒时，应严格按照室编件号的顺序依次装盒，使之与归档文件上的相应条目相一致，既能保证检索到文件条目后能对应地找到文件实体，又能保证档案利用完毕后，能够将其按件号顺序归入相应盒内，否则，容易造成文件归位错误，造成混乱。装盒时，应使每盒内的文件数量适宜。既要装满，又不能超过盒内容量硬塞，避免损害文件和盒子。由于档案盒不再成为档案管理的基本统计单位，要尽量保持每盒的厚度一致，既美观，又能充分利用存储空间。

装盒完毕，应在档案盒封面上填写全宗名称，即机关名称。填写机关全称或通用简称。

填写档案盒脊项目；档案盒脊设置的项目有全宗号、年度、保管期限、起止件号、盒号等。各单位可根据需要设置类别（机构或问题）等选择项目。

（九）填写备考表

填写盒内备考表，用于对盒内归档文件进行必要的说明。备考表置于盒内最后一份文件之后，备考表的项目，包括盒内文件情况说明、整理人、检查人和日期。盒内文件情况说明，即对盒内归档文件收集的齐全程度、文件本身的情况、整理情况等加以说明。整理人填写负责整理本盒归档文件的人员姓名，以明确责任。检查人填写负责检查归档文件整理质量的人员姓名。日期填写归档文件整理完毕的日期。此外还要填写文件需要补充和说明的情况，包括文件残损、修改、移出、销毁等。

（十）上架

前几步工作完成后，就可以将档案移放档案室保管，上架排列时应注意不要将不同保管期限的归档文件排列在一起，每种保管期限排列后应留有一定空间，以方便下年度档案上架。

复习与思考

1. 如何认识平时归卷的重要性?
2. 对办毕文件的处置方式是什么?
3. 比较清退文件和暂存文件的范围。
4. 销毁文件的基本操作程序是什么?
5. 为什么说“三合一制度”是文书归档与档案管理紧密衔接的一个环节?
6. 如何理解《归档文件整理规则》产生的必要性?
7. 《归档文件整理规则》提出的整理方法与立卷比较有何不同?
8. 简述归档文件整理的基本程序。
9. 请解释归档文书整理中“件“的概念。
10. 如何确定归档文书的保管期限?

第九章 公文写作

本章要点

1. 公文写作基本要求
2. 公文写作程序
3. 公文写作方法
4. 各类公文写作

关键词 公文 写作 要求 程序 方法

公文是国家行政机关、企事业单位和社会组织在行政管理过程中形成的具有法定效力和规范体式的文书，是依法行政和进行公务活动的重要工具，为了提高党政机关、企事业单位管理工作的效率，更好地为社会主义建设服务，正确掌握公文写作知识和技巧是非常重要的。

第一节 公文写作要求

公文的写作，或称公文的起草、拟稿，是机关制发公文的第一步，在机关整个文书工作中占着非常重要的地位。一个机关，无论是发文其他机关通报情况、表达意图，还是答复其他机关的来文，都要拟稿。公文写作是一项政策性、思想性和业务性很强的工作，体现了制发机关领导的政策水平、业务能力、领导艺术、工作作风和工作效率。正因为如此，党和国家领导人经常动手写作重要文件，毛泽东就曾说过自己是“党的文书”。《毛泽东选集》中的许多篇章就是他自己写作的文件。毛泽东非常关注公文写作，在不少文件中谈及这个问题。他不仅提出具体要求，而且常常对他人写作的公文提出表扬或批评的意见，如他在《合作社的政治工作》一文的按语中指出：“本文作者懂得党的路线，他说得完全中肯。文章也好，使人一看就懂，没有党八股气。”又如他在《工作方法六十条（草案）》中指出，“现在许多文件的缺点是：第一概念不准确；第二判断不恰当；第三使用概念进行推理的时候，又缺乏逻辑性；第四不讲究辞章。看这种文件是一场大灾难，耗费精力又少有所得。一定要改变这种风气。”

写公文也是写文章。但公文是一种特殊的文章，写作方面有着自己特殊的要求。不论哪一种类的公文，都需要注意以下几点写作要求。

一、符合党和国家的方针政策、法律法令和上级机关的有关规定

公文是宣传和传达党和国家方针政策的工具，一切法律法令和规定都是党和国家方针政策的体现。《国家行政机关公文处理办法》规定，“国家行政机关公文，是传达党和国家的方针、政策，发布行政法规和规章，请示和答复问题，指导和商洽工作，报告情况，交流经验的重要工具。”可见，公文是党和国家进行公务活动的重要工具，具有传达贯彻党和国家的方针政策，处理机关行政公务的重要职能，以党和国家的政策作为各项工作的出发点，也是公文制作的依据。因此，撰写公文必须符合党和国家的方针政策、法律法令，符合上级机关的有关规定，与本机关其他现行有效文件保持一致，不能有丝毫的抵触。这就要求公文写作人员努力学习理论知识，提高政治水平，正确理解和把握马列主义、毛泽东思想和邓小平理论的基本原理和科学方法，具有清醒的政治头脑，深刻理解和认真贯彻执行党和国家的各项方针政策及法律法规，及时地研究新情况、新问题。只有这样，才能写出政治上正确、具有政策水平的公文。

二、符合制发公文意图和客观实际

写作公文是为了切实有效地开展机关公务活动，保证机关工作的正常运行。公文只有准确地表达发文意图，才能成为处理政务的有效工具。公文写作人员必须认真领会机关或领导人的授意，把握其立场、观点、态度，充分掌握制发公文的意图，将其完整、准确地表达出来。否则，所写公文就不能代表机关或机关领导人意图。为了使写作的公文符合制发意图，作者应当准确领会授意的内容，对于不理解或有疑问的地方要及时提出，以得到机关或领导人的进一步指导。

同时，公文写作也必须实事求是，从实际情况出发，符合机关客观实际及工作规律。如请示性公文要有切实的客观针对性，有利于解决实际问题；报告性公文要忠实地反映情况和问题；指示性公文判断要合乎实际，所指示的解决问题的方法措施应切实可行，具有可操作性，使公文真正发挥其应有的作用。

三、符合公文体式，反映行文关系

公文有统一的体式要求。只有问题、结构和页面安排符合要求的公文，才能保证公文的完整、有效和便于管理。为此，公文写作必须符合《国家行政机关公文处理办法》、《国家行政机关公文格式》等要求，不能自行其是，保证公文实用、醒目、庄重的文体形态。尤其是随着办公自动化程度的不断提高，公文愈来愈程式化或格式化，写作过程中更加需要注意。

公文需要通过下行文、上行文和平行文反映行文关系。公文写作首先要根据行文目的、发文机关的职权和与主送机关的行文关系，来确定选用何种文种。再根据文种的不同，选择准确的写法、用词、语气等，以保证公文的权威性和有效性。

四、行文准确、平实、简明

公文是一种办事的工具，它不需要像文学作品那样作细腻的描写，也不需要像学术论著那样长篇大论，更需要忌讳空话、大话，套话，而是要写得平实得体、简洁明了，便于阅读、办理。为此，公文的撰写要注意文字简练，条理清晰，叙事说明简明扼要，篇幅力求紧缩，不要冗长累赘。尽量用最简洁的文字，顺畅而有条理地明确表达充实丰富的内容，做到言简意赅。

准确是公文写作中非常重要的方面，它主要包括如下方面：

① 准确使用文种。办什么事，用什么文种要选用准确。文种不同，用法不同，不应随便使用，不可张冠李戴。如把一件事告诉对方或公众，可以使用通知、通报、公告等，但这三者的用法并不相同。国家机关或部门对公众发布带有约束力的通知，就得用通告。写作公文时，要弄清各种公文的性质、制发目的和使用范围等，准确地使用公文。

② 准确使用语言，做到文如其事、恰如其分。如基本上、大体上、普遍、个别、有所、一定、比较、适当等最常用的表示程度高低的词语，使用时要以事物的实际数量和具体程度为准，把握分寸，准确反映客观实际，做到无可争议，不能模棱两可、含糊其辞。

③ 引用准确。公文中引用的部分通常用作判断、处理事物的依据，因此引用时必须反复核实查证，准确无误才能引用。尤其是事例、数据、人名、地名、时间等，务必准确核对。如果引用其他文件的原文，不可随意改动；如需改动，必须注明出处，以便核对。

④ 标题、内容、观点和结论要相符，大小标题、内涵外延要准确。

⑤ 准确运用公文的程式、格式和标点符号。

五、注重实效，保证安全

公文具有很强的时效性。要使公文充分发挥作用，就要求作者必须在很短的时间内完成写作任务，并且及时传达下去，及早执行，以便用以指导当前的工作，解决现有的问题，发挥应有的实际效用。公文写作一旦拖拉，就失去了它的使用价值，也就失去了意义。这首先要求写作者必须具备较强的时间观念，写作公文时要不拖沓推延，要及时迅速撰写成文，不能久置久放。为此，公文撰写者平时注意收集写作材料，精通行业知识和相关工作的生活常识，掌握丰富的材料，以便随时能用。

公文写作过程中需要保证安全。尤其是在信息化办公环境下，公文的拟稿往往在计算机上完成，核稿通过电子公文处理系统，公文也通常存放在计算机硬盘或者网络、系统中，因此，一定要有安全意识，保证公文在撰写过程中不泄密、不感染计算机病毒。

第二节　公文写作程序

公文写作的程序，一般可分为准备、写作和修改三个阶段。

一、准备阶段

（一）充分理解领导意图，明确发文目的

公文是各级机关贯彻党和国家方针政策的工具，是机关领导人或领导集体意志的体现，公文写作的内容、用途、文种、时限等方面都受到领导意图的制约。因此，公文写作人员撰文前一定要充分理解和领会领导的发文意图，明确发文目的，在了解与公文内容有关工作的历史背景和现实状况的基础上，忠实地体现领导的指示精神。

首先，了解公文应表达的内容，看其是用以发布行政法规、整顿管理秩序的，还是用以陈述申请事项、请求批准的；是写一份通知，还是一份通告；是一份机密文稿，还是一份秘密文稿；是一份紧急文稿，还是一份限时文稿等。

其次，明确作者对客观事物和问题所持的基本观点，如汇报时重点反映什么问题？针对问题的指导内容和解决问题的方法、措施是什么等。

再次，要了解发文的对象和范围，如是向上级请求指示的，还是向下级

部署工作的；是给特定阶层的人员阅读，还是向群众传达的等。

弄清楚以上的问题，就可以做到心中有数，以便正确选择恰当的文种，明确发文对象、阅读范围、主要内容和具体要求，有助于构思公文的结构、选择用语和语气以及表达方式等。

（二）深入调查研究，搜集典型材料

了解情况、掌握政策是写好公文的先决条件。公文写作人员在拟稿前，要根据发文目的和内容进行深入的调查研究，充分搜集材料。

第一，可以通过实地调查研究和查阅各种文件资料的途径，一是掌握过去工作中形成和积累的有关材料，二是掌握当前正在发生的与所写公文相关的实际材料。做到直接材料和间接材料、静态材料和动态材料相结合，正面材料和反面材料相结合，全面充分地占有材料，为写作打好基础。

第二，对已取得的材料要做仔细认真的核实，包括事实情况、原始数据、引文出处等方面都要认真对待，确保材料的真实、准确、可靠。

第三，在具体使用搜集来的材料时，应严格把关，科学选用。围绕着公文的主题，选择那些真实的，有代表性和现实意义，最能反映问题的，新颖、生动、典型的材料加以使用。这样的材料，能揭示公务活动的本质和规律，说服力强，具有普遍的指导意义。同时材料的选择使用，也要注意合理性。要保证观点和材料的统一，选材的多少、详略，材料的表现形式都要为突出主题服务，既要避免材料不充分，也要避免材料堆砌，湮没主题。

通过充分的调研，有了典型材料以及相关统计数据为依据，写作公文就可以做到不慌不忙、得心应手。

二、写作阶段

（一）拟写提纲

除了简短的公文，如通知、请示等，不需要事先拟写写作提纲以外，一般公文写作都必须先拟写提纲。拟写提纲一方面方便公文的写作，另一方面可以用来征求意见。提纲的详略可根据公文的具体情况和个人的写作熟练程度来确定。简略的提纲只要大致安排一下正文的结构，如先写什么，后写什么，分几段，几层意思等。详细的提纲，则包括正文共分几个部分，每部分讲几个问题，每个问题的要点是什么，用什么材料说明，用什么形式表现等内容。拟写提纲可使公文写作人员心中有数，有章可循，避免前后重复、脱节或互相矛盾等现象，顺利完成公文写作。重要公文的写作提纲还可以经过单位讨论，征求各方意见，加以修改。尤其是一些重要的领导性指导性公文，一定要在拟写好初步提纲后，召开会议进行集体讨论研究和修改，使之臻于完善。

（二）起草正文

公文写作在做了充分准备的基础上，就可以进入草拟阶段。起草后就形成了公文的原稿。因此，起草公文是撰写公文正文的中心环节，对于制发公文非常关键。

撰写公文过程中需要注意以下问题：

① 主题突出。主题是公文内容的要素之一，是公文所表现的中心思想和目的意图，是作者对客观事物和问题所持有的看法和评价，是整个公文的统帅和纲领，是取舍材料、安排结构、选择表达方式的依据。因此公文写作首先要提炼出明确的主题，并将它鲜明突出地表现出来。

② 观点鲜明。公文中要写清楚所表达的意图，提出的问题，制定的相应措施或者得出的结论，这些都是公文的观点。这些观点都要清晰、明了地表达出来，使人一目了然，快速领悟和把握。

③ 用材得当。公文写作要恰当地运用得当的材料，用观点去统率材料，用材料去表达观点，体现主题。真实、鲜活的材料，不仅能帮助观点的表达，而且可以使公文做到真实可信，生动新颖，易于接受。

④ 有关事项注意交代清楚。写作过程中既要求缩短篇幅，又要注意交代清楚。如果为了说清楚问题，就写得啰嗦冗长，是不可取的；而为了简介，交代不清，使人莫名其妙，也是不符合要求的。正确的写法是宜简则简、宜详则详，详略得当。如机关名称和地名尽量写明全称，或者使用规范的简称。简称必须是人所共知，且不与其他机关发生重复，不至于阅读时发生误解。文中涉及的有关事项如人名、数字、引文、职务等要交代清楚，必要时要作出适当的解释或注明出处。与公文相关的要求，如公文的阅读范围、回复期限等也要交代清楚。

三、修改阶段

检查修改是公文写作的最后一个步骤，也是非常重要的一个步骤。由于客观事物的复杂性，加之人的主观认识的局限性和每个人的业务能力和知识修养的限制，常常很难一下子使所写的公文做到完美无缺。因此公文写完之后，一定要认真细心加以检查修改。撰稿人首先要对文稿做逐字逐句的认真检查，从遣词造句到标点符号，从内容是否符合公文制作意图到结构安排是否合理，从材料是否有所疏漏到段落安排等方面都要反复推敲，不断修改。

然后，经过核稿人、签发人逐一把关，做到万无一失，充分保证公文的质量，发挥公文的效用，避免工作中不必要的失误。

发文稿就是定稿，是公文制作的底本，因此，必须清晰、完整。修改处应当勾画清楚，符合中华人民共和国国家标准《标点符号用法》和常用的标准校对符号（见附录七、附录八），从而保证修改公文的可辨认性。当然，如果改动太多，稿面太乱，必须重新誊抄，以便审核、排版和校对。

第三节　公文写作方法

要写出一篇高质量的公文，并非一朝一夕所能达到。公文写作人员要有较高的思想政治修养、良好的业务学识修养以及较高的写作技艺修养。除了对机关工作非常熟悉，对公文的含义、作用、特点、要求、写作程序等知识熟练掌握以外，掌握一定的公文写作方法也是非常必要的。

一、明确突出主题

公文的主题是指公文所要表达的基本思想、中心思想或者宗旨，是公文的灵魂和统帅，是构成公文内容的核心。任何一篇公文都需要有明确的主题，即使是一个简单的通知也不例外。只有明确了主题，才能围绕主题有针对性地写作公文，使收文机关领会公文的精神实质，了解发文的意图和目的。如果主题不明，不仅写作起来“下笔千言，离题万里”，而且收文机关也会一头雾水，不得要领。一篇公文如果只罗列一大堆材料，而不能突出鲜明的主题，就失去了公文存在的基本价值。要做到公文主题的鲜明突出，需要从以下方面入手：

（一）约意

“约意”是指一篇公文不能有多个主题和中心，主题要集中、单一、突出。如果一篇公文有多个主题，势必导致无中心。一般来说，公文应该是一事一议，只有一个中心主题，而全文所写的内容，自始至终都紧紧围绕这一主题。只有这样，才能真正做到主题集中、突出，才能使收文机关易于判断，易于处理，缩短时限，加快周转，提高工作效率。要做到这一点，就需要公文写作人员善于思考，深入分析，权衡比较，理清思路，抓住主要问题，排除次要内容，确立一个真正的主题。

（二）居要

“居要”是指写作公文时要概括出一些重要的语句，并把它放在关键之处，作为全文的纲领眼目。这是公文突出主题和中心的一个诀窍。公文写作可以通过写好导语的方式，起到开宗明义的作用，在公文开头点出公文的主题，引导读者掌握公文的主要内容；也可以通过写好标题的方式揭示主题，标题和主题是一致的，比导语更为精练、简明、概括，可以使人一目了然，明确公文的主题思想；还可以把一些高度概括、凝练的语句放在结尾收束全文，使主题显得突出、明确。

（三）现旨

“现旨”就是呈现、显现主题的意思，即将公文的主题直接明白地表现出来。公文的主题具有“直言性”，往往是直接谈出，越清楚越好。主题的呈现要清楚明白，不可含糊其辞、模棱两可。如一篇公文的写作是为了要解决什么问题，用什么指导思想来解决，达到什么要求，都要清楚、确切。尤其是具体意见、办法和要求，更是必须明确。这就需要公文写作人员熟练运用语言技巧，提高自己的表达能力。

二、合理安排结构

结构是文章内部的组织构造，也就是指为了表现主题而把各种材料组织起来构成篇章形式的手段，其实质是作者认识客观事物的内部联系的思路在文章里有层次的反映。作者对客观事物认识越明了透彻，文章的结构就越周密，越有条理。因此，结构的是否合理关系到文章的成功与否。

公文的结构具有单一性、定型性、循规性的特点。一般公文表现为一文一事，结构是比较简单的，如会议通知、简短批复等，除了要符合文本格式外，在行文上常用一段式，简短明了。即使是比较复杂的公文，也是一文一个主题，不能枝节横生。大多也采用单线式结构。不少公文的格式是固定的，经常印制成表格的形式，供使用者逐项填写，不需要考虑结构的问题。还有一部分的公文写作是有一定的规律可循，比如总结的写作，一般通过基本情况、成绩和缺点、经验和教训、存在的问题和今后的意见等几个方面构建公文的结构。

公文的结构虽有以上特点，也只是相对于其他文体而言。公文写作中还是要依据内容、主题、文体等诸多因素，合理安排公文的开头和结尾、层次和段落、过渡和照应等结构内容。

（一）开头和结尾

一篇文章有个好的开头和结尾，是发挥写作技巧的关键。公文以实用为目的，应该设置开门见山、言简意赅、直指主题的开头，给读者留下清晰、强烈的印象。结尾应该自然有力，言尽即止，帮助读者明确主旨，增强印象。

常见公文的开头方式有：

① 概述式。直接写出基本情况、基本问题或工作的大致过程，使读者先有一个总体印象。

② 引用式。在文章开头部分直接引述上级指示、有关政策规定，或有关单位来文，作为撰写公文的依据。

③ 根据式。根据上级的有关精神，阐明事项的依据，加深读者对主体的理解。

④ 目的式。在开头写明某项活动或举措的意义、背景等情况，表明事项的重要性。

⑤ 原因式。直接阐明进行某项工作的条件、必要性，加大行文的分量，引起读者的重视。

⑥ 结论式。结论放在开头，引起读者的充分重视。

常见的结尾方式有：

① 呼应式。照应前文，深化主题。

② 总结式。指出要点，强调结论。

③ 号召式。发出号召，唤起读者的响应。

④ 提问式。提出问题，启发读者思考。

不论采用哪种开头方式，都应紧扣正文，落墨生辉。而好的结尾也使文章结构匀称完美，主题突出。

（二）层次和段落

层次清晰，段落分明，是文章结构最基本的要求。

① 层次。公文的层次需要依据全文重点和行文需要合理布局，疏密相间、和谐匀称。公文层次安排的方式有横式结构、纵式结构、交叉结构三种。

横式结构是一种按照事物不同侧面排列的结构形式，它能够较容易地揭示事物的实质，使各个侧面之间的关系清楚明确，总结、报告文体中常用该结构。纵式结构按照时间的顺序和人们认识事物的规律安排层次，符合人们的认识规律、符合事物的发展变化，脉络清晰，计划、通报等文体经常采用。交叉式结构即是把以上两种方式结合起来使用，凡是内容复杂广泛，材料涉及面宽的公文，如调查报告、综合性总结等文体大多采用这种结构方式，有利于全方位、多角度地表现主题。

② 段落。公文的段落是指公文中的自然段，其主要作用是反映文章的内在层次，便于读者阅读。有的公文篇幅短小，结构简单，一篇文章就是一段，如命令、通知等便是如此。有的公文篇幅较长，层次较多，如调查报告、总结等，需要划分段落，以便清晰地反映公文各个层次的内容。

划分段落首先是要求段意的单一完整，其次是段落之间的内在联系，各段意要上下连接，保持文意的贯通流畅。

（三）过渡和照应

公文分段要求段、意相应，用段落体现层次。一个段落内只应有一个相对独立的意思，一层意思可用一个段落表达，也可分段表现。为贯通全文，顺畅文气，防止脱节、生硬，就需要用过渡段、过渡句或过渡词，如“总之”、“但是”、“由此可见”等词语来承启前后层次，转折上下文意，以便自然地由上文导入下文。与此同时，为使文章结构严谨，衔接紧密，需要注意前后文之间的关照、呼应。公文写作中照应的方式有首尾照应、照应题目两种。首尾照应即开头和结尾照应，给人首尾圆合之感，在总结、报告中常见；照应题目，即行文和标题的照应，在批复、通知中常用此法。

三、熟练运用语言和表达方式

熟练掌握和运用具有公文特色的语言和表达方式，是写好公文的关键，是公文写作人员良好写作技巧修养的表现。

（一）语言

语言是作者进行思维活动和表达思想的重要工具，也是构成文章的一个重要因素。公文语言既与其他书面语言一样，要符合现代汉语的语法、修辞、逻辑等方面的规范，又不同于其他书面语言，具有自己的特色。公文写作中需要做到以下几点：

1. 掌握公文语言的准确性

准确是公文语言的第一要义，是公文语言的生命。公文事关公务，政策性强，因此公文写作语言的准确性尤为重要。要如实地反映客观情况，准确而又精当地使用词语，做到恰如其分，既不能歪曲和编造事实，也不能滥用和生造词语。要做到语言的准确，第一要认真辨析词义，选择准确词语。要弄清每个词的确切含义、范围大小、程度深浅，分量轻重及与其他近义词的细微差别，善于选用最恰当的词语去表达，使之不生歧义。不仅要注重词语的语法意义，而且要注重词语的色彩意义，做到感情表达的准确。尤其是法规性文件的用语，更需要着力追求精确，有时用错一个词，文义就完全不同了。第二，公文语言的准确性还体现在句子要合乎语法规则，合乎逻辑。句子成分要完整，词语之间搭配要恰当，造句也要讲究逻辑性。不能出现种属概念并列、自相矛盾等逻辑错误。第三，对于公文中出现的名称、数字、时间的表达要准确。名称第一次在文稿中出现时，应尽量使用全称。同一名称在一篇文稿中不止一次出现时，要注意前后一致。注意名称的变动和译名的统一。使用时间时要用具体日期，年份一概用全数，不得省略。使用数字时，注意数字增加或减少的用词概念，不能随意增删数字前后表示概数的字样；要使用国家法定的计量单位；涉及数字时，使用汉字和阿拉伯数字体例要统一。

2. 把握公文语言的简洁性

简洁就是简明、精练。国务院在公文制度中规定："写公文时应反复地、认真地压缩文字，去掉可有可无的空话。"可见简洁性是公文语言的一个重要特征。第一，公文写作中应力避转弯抹角、复杂含蓄的语言，务求语言的干净利索、直截了当。要做到公文语言的简洁，首先要注意删繁就简，革除套话、空话，力戒堆砌修饰，避免重复累赘。第二，可以使用简缩词语以及简缩句子结构，使用公文专用语。第三，为了使文稿简洁，减少叙述文字，还可以在文稿中使用图表、符号或公式等手段。

3. 注重公文语言的庄重性

公文的用语要能够充分体现出国家机关或一定组织处理公务活动时所必须持有的严正的立场和严肃的态度，体现公文的法定强制力和行政约束力，所以公文语言一定要庄重。要做到这一点，首先要在公文中使用规范的书面语言，不能用夸饰的文学语言，尽量不用口语。其次，应使用必要的公文体式用语，如开端用语"根据、依照、遵照、兹、因、关于、为了"等；期请用语"恳请、盼、希望"等；批转用语"批示、转发、下发、颁发"等。这些公文体式用语都有特定的含义，由于多年沿用，已经为人们所接受，使用它们能够增强公文语言的庄重性。

（二）表达方式

公文的表达方式主要是叙述、议论、说明三种。报告、请示、通报等请示性公文，一般用叙述形式多，叙述主要用于介绍公务活动的基本情况、经过以及背景等，用事实说话。指示、指令、决定、决议等指令性公文议论形式多，摆事实，讲道理，对问题作出分析和判断。布告、通告等告知性公文，说明形式多，主要用以说明意图。

公文中的叙述，一方面要求叙事清楚。在叙述中，或交代情况，或叙述事情始末，或陈述事情结局，都要写得脉络清楚，线索分明。可以适当使用顺叙、倒叙、插叙、分叙等不同方式，予以表达。另一方面要求叙事简约。公文中的叙述要做到言简意赅，切忌详细叙写、描写。

公文中的议论，主要用于对某项公务下结论、作决定、提要求等，多与叙述相结合，形成夹叙夹议。议论一要言之有理，二要直截了当。言之有理是指公文的“理”是建立在“事”的基础上的，说理就是对问题的分析。无论提出的办法、意见或措施、要求，都要从叙事中得出合乎逻辑的观点；直截了当是指公文的说理重在“说”字，只需三言两语，将问题的性质、结论习惯意见等点明即可，要用直截了当、一语道破的方法明确表态。

公文中的说明，既要求客观翔实，不掺杂个人情感，如实说明，既不夸大也不缩小，又简明扼要，一语中的，简练地道出事物本质。无论是定义说明，还是法规、条例说明，都要在分寸上、界限上体现出解释的单一性和规定的明确性。此外，说明时要言之有序，注重条理，按照一定的条理进行说明。

四、执行公文处理办法

《国家行政机关公文处理办法》等公文处理办法是在长期使用过程中形成的。通过公文处理办法，可以更好地表达公文内容，在形式上清晰醒目，便于实际应用。因此，公文写作过程中需要认真地执行。

在公文写作过程中，也经常碰到这样或那样的问题，从而导致写作过程中易犯错误。限于篇幅，本书对公文写作过程中的易犯错误做一些简单介绍。

1. 主旨不明

主旨不明是指公文主旨表达不符合单一、鲜明、确切的要求。例如，公文中表达了多层意思，但未明确真正的主旨；拟文者的态度不明，肯定、否定或表扬、批评时模棱两可；文稿拟定的意见、主张等虽然正确，但不讲究分寸，未注意相近句义及词义的区别选择，或所指的人员、事件和范围不清楚，针对性不强等。例如，某《关于粮食局××××年亏损指标问题的报告》中写道：“市财办提出××××年财政弥补粮食局亏损数×××万元。上一年度粮食局亏损×××万元。按亏损基数计算，今年亏损指标是，一方面包括了上一年的亏损数，同时考虑到今年增加了粮食销售，相应地增加了亏损。”这篇文稿到底想说明什么问题，无法弄清。因此，在草拟公文之前，首先要确定主旨，将主旨直截了当、准确地表达清楚，并尽可能地通过标题清晰地表达行文主旨，以引起受文单位的重视。

2. 层次不清

在安排公文结构时，应当按不同文种的要求和特点，采用恰当的结构方式，并注意对相同的部分（意思）加以集中，不同的部分加以区分。而不应该各种问题混作一团，“胡子眉毛一把抓”，弄得层次不清，条理不明。如某一请示中，反映“基本情况”的部分中含有需解决问题的建议，而在“有关意见或建议”部分中又阐述存在的问题及解决该问题的必要性等，“请示事项”与其他内容糅杂在一起，未作为相对独立的部分明确表述，使上级单位在办理过程中，需要重新归纳，影响了办公的效率。

3. 逻辑混乱

有的公文在写作中或概念不清，或前后矛盾，或前后文联系不紧密，造成行文的逻辑混乱。如某工作报告中有这样的表述：“我厂改革开放以来，认真解决了工人住房等问题，1992 年生产任务完成得很好。”显然，这种表述前后跳跃性大，缺乏逻辑联系。再如，某一通知中有这样的内容：“本公司自成立以来，在有关部门的大力扶持下，各方面工作开展很顺利。但有些工作由于经费不足、人手不够，已经处于瘫痪状态。”显然，“各方面工作开展顺利”与“处于瘫痪状态”前后自相矛盾。再如，某文件中写道：“全体党员和各级党员领导干部都要遵守《中国共产党党章》……”显然，“全体党员”中包括“各级党员领导干部”，犯了概念交叉的逻辑错误。

4. 语言不当

公文写作中常见的语言不当的问题主要体现在以下几个方面：

① 表意不清。如某一通知中这样写道：“各镇镇长，接到本通知后，请携带有关文件，于 5 月 20 日前来县政府办公室报到。”文中时间表述很不清楚，需要具体化。

② 词性误用。如某一生产报告中写道：“我厂出品的车床，2008 年已经打入国际市场。”“出品”是动词误用，应改为“出产”、“生产”。

③ 搭配不当。如某一工作报告中提到：“县领导通过深入实际，现场办公，圆满解决了群众的要求和难题”。这里“要求”和“解决”搭配不当，“要求”只能用“满足”，“问题”才能用“解决”。

④ 语序颠倒。例如，“我公司于 9 月 30 日召开了表彰先进个人和先进集体大会，董事长和其他公司的领导同志出席了这次会议”。这种表达容易使人误认为是另行邀请了其他公司的人员出席会议，“其他”应移至“公司的”之后。

⑤ 滥用简称。例如，“我厂文件学习，轰轰烈烈地开展了‘五四三’活动，单位的面貌大为改观”。这里的“五四三”不知所云。如果改成“五讲四美三热爱”，不仅内容明确，而且显得庄重。

⑥ 语不对体。如一封公函中有这样的表述：“你们收到此函后，务必于12月15日前派员前来洽谈，不得有误，否则一切后果我们不负责。”文中的“务必”、“不得有误”等语言是命令式的语气，不适于不相隶属的部门之间的公文往来。

⑦ 随意修辞。如某县粮食保管问题的报告中写道：“蜘蛛在我县粮库的每一地方张灯结彩，老鼠看见人来依然在游行示威，麻雀在屋顶、粮仓门前尽情唱歌跳舞，蛀虫在集结队伍不甘示弱地在大米上显示它的力量。”这则文稿用了夸张、拟人等修辞手法，像文学作品创作，这是不符合公文语言的要求的。

⑧ 句子成分残缺。如某份文件中写道：“通过开展‘三讲’教育，使该县广大党员的思想政治素质有了极大的提高。”该句中使用“使”字导致了句子缺少主语。有时，写作过程中也可能出现缺少谓语、宾语、定语、状语或中心词。

⑨ 标点符号错用。如某份公文中写道：“这次重点整治了背街巷道、基建工地、城乡人口，以及铁路沿线两侧的环境卫生。”其中，连词“以及”前面不应该加上标点符号。

⑩ 同一名词在同一公文中出现时的表述不一致，甚至随意用简称、别称。

5. 文体格式错误

① 眉首部分。常见错误有：发文字号中的年份全称未用六角括号扩入，而用中括号括入；或用虚位编号方式编序号，即1编为001，或在序号前加“第”字，如“×工商〔2009〕第0023号”（正确格式应为“×工商〔2009〕23号”）。

② 标题中的错误。标题要素不全。例如，标题《××市工商行政管理局报告》有发文机关，有文种，缺乏事由。

标题不准确、简明。例如，标题为《××市工商行政管理局关于加强管理的通知》的公文中，标题事由部分是“关于加强管理”，其内容“大”而“空”，没有反映出事由的性质。再如《××市工商行政管理局关于认真贯彻省局关于贯彻党的十七大精神，重点抓好产品质量和食品安全监管等工作的意见》，题目50多字，冗长，需要精练。《关于在建立社会主义市场经济体制过程中继续执行和完善扶持少数民族经济和社会发展的政策规定的通知》也显得过长，不够简洁。

标题不合语法规范。例如，《××市工商行政管理局2006年工作报告》。这则标题忽略了公文的标题中文种应该是中心词，发文机关和事由是限制词的语法要求，将发文机关、事由、文种并列其中。再如，《××市工商行政管理局关于做好2004年度表彰先进单位优秀工作者的通知》。这则标题的事由部分应该是一个动宾结构的短语，但是实际情况是有动词，却没有动词的宾语部分“工作”，属语法结构不完整。

文种混用。文种混用存在两种情况，报告、请示不分，公告、通报、通告不分，函、请示不分，通知、批复不分，或者一个公文标题中出现两个文种。例如，《××县工商行政管理局关于购置三台公务用车的请示报告》、《××县关于“网吧”清理整顿工作的通报通知》、《××大学关于申请2008年度公费医疗补助费的报告》等。

③ 标识错误。一般地，主送机关位于标题的下方，正文的上方，顶格排印，后面加冒号。决定、意见、会议纪要等公文，主送机关如果也放在正文上方，就是错误的，应该标注在主题词之后，抄送之前，或者标注在正文之后。

④ 称谓不当。称谓过简，如将“××市工商行政管理局”称谓用“市局”，或将“××市人民政府”称为“市府”；或者行文中前后称谓不一致，如将“××局”一会儿称为“××局”，一会儿称为“××部门”，一会儿又称为“××单位”等；或者沿用旧称，如称“××市工商行政管理局”为“××地区工商行政管理局”；或者排名次序混乱，例如，将党政部门排在行政部门之后等。

⑤ 联合行文中机关排序错误。例如，一份关于少数民族经济发展的政策规定的通知中，其联合行文机关为××省计划生育委员会、××省财政局、××税务局、××人民政府扶贫救灾领导小组、××省民族事务委员会、中国人民银行××分行。显然，主办单位××省民族事务委员会应该排在前面。

⑥ 主送机关不明。由于行文规则和行文关系模糊，造成主送机关不明确。如××高校车辆更新问题，按上级规定应主送市教委，抄报市财政局和市机关事务管理局，行文时，主送机关应为“××市教委”，而不能将主送机关定为“××市教委、市财政局、市机关事务管理局”。有时将主送机关弄错，或者有多个主送机关。

⑦ 抄送机关错误。抄送机关指除主送机关以外的其他需要告之公文内容的上级、下级和无隶属关系的机关。把应抄送给市委、省委组织部的公文用作抄报，这是错误的。

⑧ 成文日期错误。文件的成文日期，一般以会议通过之日或领导人签发日期为准，联合行文以最后一位领导人签发的时间为准。如果文件还没签发，就把成文日期打好在正文的后面，这是错误的。

⑨ 数字表述混乱。汉字与阿拉伯数字使用不当。例如，“通过考试全市共有一百四十人获得计算机一级证书”、“06 年全局查办案件共 380 件，案件总值八百万元”这些数字的表述方式是错误的。

数字标准不准确。例如，“35 岁以上的 70 人，35 岁以下的 25 人”，遗漏了对 35 岁人员的统计。

滥用倍数、番、若干、无数、几十倍、数以百计等进行表述。例如，混淆“增加为”、“提高至”、“上升到”与“增加了”、“提高了”、“上到了”的区别。

⑩ 结尾表达欠妥。每一个文种都有自己的结尾方式，例如，答复报告常用“专此报告”的结尾，情况报告用“特此报告”，递送报告用“请审阅”或“请收阅”；请示用“妥否，请批示”或“当否，请指示”或“以上请示妥否，请批复”。发函的结尾用“特此函达”、“请函复”或“盼复”，复函用“特此函复”或“此复”。乱用结尾语言、语气，会影响公文的整体表达效果，如在函中用这样的语言、语气结尾“以上内容请在三天内回复，否则我方不承担后果”，这种盛气凌人的结尾，已经违背了函应有的商榷语气了。

另外，附件未标识附件说明、发文机关与落款不一致、成文日期不用小写汉字、印章位置不正确等，这些做法都是不对的。

党的机关公文具有法定的权威性、特定的效用、规范的体式、严格的程序等特点。因此，一定要以严肃认真的态度撰写好公文，避免常识性的错误。公文写作的质量直接影响到本机关的管理效能和办事效率，必须高度重视公文的规范化写作，要认真学习新《国家行政机关公文处理办法》和《中国共产党机关公文处理条例》，严格按照上述办法和条例的具体规定写作和处理公文，务必避免和切实改正行政公文写作中出现的问题，从而使公文处理工作向规范化、制度化、科学化的方向发展。

第四节 典型公文的写作

针对不同公文文种，其写作方法并不相同。本节选择其中有代表性的公文文种，对其构成及其写作要求逐一分析。

一、命令（令）

命令通常由三部分构成：

① 标题。一般由发文机关名称（或领导人的职务名称）、事由和文种组成。如《中华人民共和国主席令》、《国务院关于节约用电的指令》等。其中公布令的标题下要标注令号，即从发令机关领导人的任期开始编流水号，直至任职期满。有的"命令（令）"标题中没有编号，如嘉奖令。有的则以命令公布的时间标于编号的位置，如《中华人民共和国主席特赦令》。

② 正文。一般写明发令的依据、事项和执行要求。公布令简洁规范，要写明所公布的对象（法规全称）、公布的根据（法规批准的时间、机关、会议名称）、公布的决定（法规生效的时间）等。行政令使用较广，一般写明发令原因、发令事项、实施办法及执行要求等。任免令要写明任命根据和任免事项（任免人姓名、将任免职务）等。嘉奖令一般要写明表彰原因、表彰决定、表彰号召等。

③ 签署。标示签发此项命令的机关或领导人职务、姓名、签发日期，并盖上印章。

命令的撰写，内容要符合有关法律和政策，文字简明扼要，篇幅简短，行文结构严谨，文句精练准确，语气要坚决肯定，不能使用商量或模棱两可的词句。

【例文一】

中华人民共和国国务院令

第519号

现公布《国务院关于修改〈中华人民共和国个人所得税法实施条例〉的决定》，自2008年3月1日起施行。

总理 温家宝

二〇〇八年二月十八日

【例文二】

中国人民解放军驻澳门部队进驻澳门特别行政区的命令

中国人民解放军驻澳门部队全体官兵：

根据《中华人民共和国宪法》赋予中国人民解放军的使命，依照《中华人民共和国澳门特别行政区基本法》、《中华人民共和国澳门特别行政区驻军法》有关规定，命令你们进驻中华人民共和国澳门特别行政区，于1999年12月20日开始履行防务职责。

我国政府对澳门恢复行使主权，是继香港回归祖国后，中华民族的又一盛事，标志着中国人民按照“一国两制”的方针，在实现祖国统一大业的道路上又迈出了坚实的一步。中国人民解放军驻澳门部队担负澳门特别行政区的防务，是中国政府对澳门恢复主权的重要象征，使命神圣，责任重大。你们进驻澳门特别行政区后，要坚持人民解放军全心全意为人民服务的宗旨，发扬优良传统，忠实履行职责，遵纪守法，依法治军，把部队建设成“政治合格，军事过硬，作风优良，纪律严明，保障有力”的威武文明之师，为维护祖国统一，捍卫国家主权和领土完整，保持澳门的稳定和发展作出积极的贡献。

中华人民共和国中央军事委员会主席　江泽民

一九九九年十二月十九日

二、决定

决定的结构主要表现为以下方面：

① 标题。通常用完整性标题，由制发机关的名称、事由和文种构成。如《中共中央关于经济体制改革的决定》。

② 题注。标题下方居中写明决定通过的时间或会议，并用圆括号括入。

③ 正文。一般包括三个层次：（a）根据和缘由；（b）决定的事项；（c）对决定事项的评价及执行的希望和要求。部署性决定，其依据可以是针对现实情况的事实依据，也可以是有关政策法规和上级文件精神的理论依据，包括开展工作的有关政策和原则，执行事项和要求等。奖惩性决定要介绍表彰或批评对象的有关事件和情况以说明原因，并简要评述其性质或意义，宣布决定内容，提出学习要求或告诫。变更性决定要求充分说明变更或

撤销的理由，表明决定的事项。

④ 落款。发文机关名称和日期，并加盖公章。

决定是各级党政机关、单位经常使用的一个文种。撰写时应该注意以下几点：

其一，决定具有规范性，撰写时要慎重，只有对重大事项作出布置或安排时才用。

其二，有的决定是要求下级单位执行的，所以要求决定内容应明确、具体，层次清晰。理由充分，简明扼要。切合实际，便于执行。

【例文一】

国务院关于修改《中华人民共和国个人所得税法实施条例》的决定

国务院决定对《中华人民共和国个人所得税法实施条例》做如下修改：

一、第十条修改为："个人所得的形式，包括现金、实物、有价证券和其他形式的经济利益。所得为实物的，应当按照取得的凭证上所注明的价格计算应纳税所得额；无凭证的实物或者凭证上所注明的价格明显偏低的，参照市场价格核定应纳税所得额。所得为有价证券的，根据票面价格和市场价格核定应纳税所得额。所得为其他形式的经济利益的，参照市场价格核定应纳税所得额。"

二、第十八条修改为："税法第六条第一款第三项所说的每一纳税年度的收入总额，是指纳税义务人按照承包经营、承租经营合同规定分得的经营利润和工资、薪金性质的所得；所说的减除必要费用，是指按月减除 2 000 元。"

三、第二十七条修改为："税法第六条第三款所说的附加减除费用，是指每月在减除 2 000 元费用的基础上，再减除本条例第二十九条规定数额的费用。"

四、第二十八条第四项修改为："国务院财政、税务主管部门确定的其他人员。"

五、第二十九条修改为："税法第六条第三款所说的附加减除费用标准为 2 800 元。"

六、第四十条修改为："税法第九条第二款所说的特定行业，是指采掘业、远洋运输业、远洋捕捞业以及国务院财政、税务主管部门确定的其他行业。”

七、删除第四十八条。

此外，对条文的顺序做了相应调整，对个别文字做了修改。

本决定自2008年3月1日起施行。

《中华人民共和国个人所得税法实施条例》根据本决定做相应的修改，重新公布。

【例文二】

关于×××违反学校纪律的处分决定

（××××年×月×日）

我校职工×××，女，30岁，为本校××系教师。该同志到校以来，一直不安心工作，经常无故迟到、早退，经校领导、同志耐心教育，毫无悔改之意，近期更为自由散漫，连续无故缺课，影响了学校的教学秩序和正常工作。为了维护校纪，加强对本人的教育，经校务委员会讨论通过，报请省教育厅批准，决定给予×××停止工作三个月并记大过一次的处分。

××大学（章）

××××年×月×日

三、公告

公告写作包括以下三个部分：

① 标题。公告的标题包括发文机关、事由和文种三部分内容。如果发文机关是授权机关，还要在标题中写明“授权”字样。也可以根据具体情况，除文种外，省略发文机关或事由。

② 正文。一般由依据、事项和结束语构成。依据要求开门见山，写明发布公告的根据、缘由和目的；事项具体说明公告内容，要求层次清楚。结束语一般用“现予公告”、“特此公告”等。

③ 签署发文机关和日期。发文机关名称一般用全称，属于几个机关共同发文的，可用习惯的简称。政府机关的公告有时可将签署中的发文机关省略，日期移至标题之下标示。

公告是告知重大事项时使用的公文，正文不能写得冗长，文字应朴实庄重、鲜明准确。

【例文一】

十届全国人大四次会议新闻中心公告

（第25号）

温家宝总理将会见中外记者

3月14日上午10时，国务院总理温家宝将应大会新闻发言人的邀请，在人民大会堂三楼大厅与采访十届全国人大四次会议的中外记者见面并回答记者的提问。中外记者可凭请柬和大会记者证，于8：40开始入场。

十届全国人大四次会议新闻中心（章）

二〇〇六年三月十三日

【例文二】

商务部公告2009年第5号

公布麻黄素类易制毒化学品出口企业名单

根据《麻黄素类易制毒化学品出口企业核定暂行办法》（商务部、公安部、海关总署、食品药品监管局令2006年第9号）有关规定，经商务部、食品药品监管局及有关部门和专家评审，核定通用美康医药有限公司 等13家企业为2009—2010年度麻黄素类易制毒化学品出口企业（名单详见附件），有效期自文件下发之日至2010年12月31日止。

特此公告

附件：麻黄素类易制毒化学品出口企业名单

中华人民共和国商务部（章）

二〇〇九年二月二十日

四、通告

通告包括以下三个部分：

① 标题。一般由发文机关、事由、文种名称组成。如《××市自来水公司停水通告》，也可省略事由，如《中华人民共和国公安部通告》。

② 正文。通告的正文通常由开头、主体、结尾三部分组成。开头写通告的依据，要阐明原因或目的、意义。主体部分是通告的具体事项，要写清楚需要遵守或周知的事项。内容不复杂的可用一段式，内容复杂的可以用条文式行文。结尾有的提出希望、要求；有的说明实施期限、范围；有的写上"特此通告"等。

③ 落款。写明发文机关和日期。

写作通告要注意讲究政策性和法规性，使每一项措施、规定和要求都符合法律、法规和政策，体现党和人民的利益。文字必须准确，条款要清楚明白，切忌出现歧义或疏漏。

【例文】

××市公安局通告

为了搞好交通和治安秩序，加强交通管理，经市人民政府批准，对全市公用机动车辆停车场实行统一管理。现通告如下：

一、凡道路两侧、游览地区及其作为公共活动场所的公用机动车停车场（包括各单位在上述范围内自建的停车场）均属公共交通设施，一律由市公安局交通管理部门统一管理，任何单位不得随意占用或改变其使用性质。

二、除体育场馆、展览馆、火车站及大型歌剧院、饭店等处设立的专用机动车停车场外，其他公共停车场经市公安局交通管理部门审查批准，并领取工商管理部门核发的营业执照后，可以收停车费。收费价格一律按物价局规定的统一标准收费。

三、未经市公安局交通管理部门审核批准而收停车费的，从11月10日起至11月底止，持主办单位申请到市公安局交通管理处办理审批手续。凡逾期不办审批手续的，要给予取缔。

四、凡经批准收费的公用停车场，必须安装市公安局制作的"收费停车场"标志，遵守市公安局交通管理部门的管理规定。

五、对违反上述通告者，由公安机关和工商管理部门依照有关规定严肃处理。

特此通告。

××市公安局（章）
××××年×月××日

五、通知

通知的一般格式分标题、正文、落款三部分。

① 标题。一般包括发文单位、事由、文种三个要素。如《××地区××局关于召开行政职能调查摸底工作会议的通知》，“××地区××局”是发文单位，“召开行政职能调查摸底工作会议”是事由，“通知”是文种。

② 正文。通知的正文一般由原由、主体和结尾构成。

原由要写明发出通知的原因、目的和依据。常用“为了……”、“根据……”等。

主体即通知的主要内容。批示性通知的主体部分主要是批语，写明批转单位对批转来文的态度和原则要求，阐明来文已研究同意，提出贯彻执行的具体要求等。指示性通知和事务性通知的主体部分一般是通知事项和执行要求，写明布置什么工作，有什么具体指示，包括工作任务、基本措施、原则要求与注意事项等内容。会议通知的主体部分写明开什么会、会议时间、地点、内容、与会人选及材料要求等具体事项。任免通知要写明任免事由和任免内容等。

结尾常用“特此通知”、“望遵照执行”等习惯用语。有附件转发的要写明名称和份数。

③ 落款。写发文单位、日期，并加盖公章。

通知门类较多，使用较广，写各类通知要注意以下问题：

第一，指示性通知要注意把指示写具体、明确，以免含糊其辞，不知所云。

第二，批转性通知应注意标题不要层层套转，避免出现“关于……关于……”、“……通知的通知”等赘语，以免结构混乱，繁复冗长。

第三，会议通知要注意通知事项的周全，否则会误人误事。

【例文一】

会议通知

各分公司各厂：

为贯彻市政府安全工作会议精神，研究落实我公司安全生产事宜，总公司决定召开××××年度安全生产工作会议，现将有关事项通知如下：

1. 参加会议人员：各车队队长，修理厂厂长。

2. 会议时间：5月3日，会期1天。

3. 报到时间：5月2日至5月3日上午8时前。

4. 报到地点：第二招待所301号房间。联系人：李××。联系电话：139××××××××。

5. 各单位报送的经验材料，请打印30份，于4月20日前报公司技安科。

特此通知

××总公司（章）

××××年四月五日

【例文二】

国务院办公厅关于稳定市场物价的几个问题的通知

各省、市、自治区人民政府：

目前，各省、市自治区人民政府正在积极采取措施，贯彻执行今年1月8日《国务院关于坚决稳定市场物价的通知》（国发〔××××〕×号）精神，努力稳定市场物价。为了使各部门与各地方协同动作，更好地贯彻执行《通知》的各项规定，特作如下通知：

一、××××年9月20日中共中央、国务院批转的《全国物价工作会议纪要》中规定：国务院各部委发出的有关物价的文件，必须经物价总局同意，并与物价总局联合发出，否则无效。这条规定在××××年继续适用。

二、国务院各部门所属企业，在执行国家规定的工农业商品零售价方面，都应服从各地物价部门的统一管理。

三、各有关部门要按照《通知》的要求，首先对本部门主管商品的价格、收费标准和价格政策的执行情况进行检查，发现问题要及时纠正，严肃处理。

国务院办公厅（章）
××××年×月×日

六、通报

通报包括标题、正文和落款三个部分。

① 标题。可以将发文单位和事由写上，也可以只写“通报”二字。如《××部××局表彰多种经营季报表填报先进单位的通报》，“××部××局”是发文单位，“表彰多种经营季报表填报先进单位”是事由，“通报”是文种。

② 正文。通报的正文一般分三部分：一是写明事件背景、起因和结果；二是分析事件的性质，造成的影响，应吸取的经验教训；三是通报单位的态度和意见。

表彰性通报的正文写明被表彰的人与事的背景、原因、经过和结果，然后从感性到理性进行综合分析，指出其性质和良好影响，最后写发文单位的希望和要求。

批评性通报的正文先陈述错误事实和相关任务或情况，然后分析其原因，指出其性质、影响和应吸取的教训。整个情况要求真实、准确。最后宣布处理决定，要求定性明确、处分恰当。通报单位的态度和意见应有针对性，并带有普遍指导意义。

情况通报的正文一般是先摆情况，再分析评价，最后写明通报单位的要求。

③ 落款。写明发文单位和发文日期。

撰写通报要注意：一是行文要及时，写作要及时迅速，以指导当前工作。二是事例要真实典型。所通报的事项要真实准确，不能有半点虚假，否则会带来不良影响。三是要突出教育性，注意掌握政策。在写作中必须注意政策，掌握好分寸，使处理决定与事实、政策相一致，做到合情合理。

【例文一】

× ×市粮食局文件

×粮字［××××］×号

关于× ×县粮食局干部职工奋力抗洪救灾情况的通报

各县（市）粮食局、站、市局直属各单位：

今年7月初，× ×县遭受百年未遇的特大洪灾。灾情发生后，在当地政府的领导下，县粮食局迅速组织抗洪救灾领导小组，领导坚守第一线昼夜值班。7月5日局机关抽调30多人组成6个抗洪救灾小分队，在局领导带领下分赴全县灾情严重的地区，与当地职工及时做好仓库周围的排水工作，并在库前筑起了一道道围墙，连续作战，有效地保证了500多万公斤库存粮食的安全。全县粮食系统700多名干部职工顾国家、舍小家，面对洪水无一人退却，短短5天内共抢出粮食100多万公斤，饲料5万多公斤，清理库前淤泥2 000多立方米，抢修电机6台。

× ×县粮食系统的干部职工在百年未遇的洪灾面前毫不退缩，表现了奋不顾身抢救国家财产的大无畏精神和对工作的极大的责任心，这是值得我区粮食系统全体干部职工学习的，特此予以通报表彰。

× ×县粮食局（章）

××××年×月×日

七、议案

议案包括标题、主送机关、正文、签署四个部分。

① 标题。由发文机关、事由、文种构成，不能省略其中任何一项。如“国务院关于提请审议《中华人民共和国税收征收管理法（草案)》的议案”。标题要醒目、具体、明确。

② 主送机关。只能是同级人民代表大会及其常务委员会。

③ 正文。分原由、事项、结语三部分。

原由指提请审议批准事项的理由和依据。要求写得概括准确，说明提请审议事项的意义、作用以及有关背景等。

事项是在议案中提出要求审议的具体事项，不需要分析说明，是什么就写什么，做到简单明了。如果内容较多，可以把说明文字作为附件附上。

结语提出请求，一般有“现提请审议”、“请审议”等。

④ 签署。议案多用行政机关负责人名义签署，如用国务院名义提交，要署国务院总理的姓名，并标明日期。

议案的政治性、政策性强，写作时必须熟悉国家的法律、法规和党的方针政策，以之为依据。语言要求准确、精练、庄重，篇幅不宜过长。

【例文】

国务院关于提请审议《中华人民共和国劳动法（草案）》的议案

全国人民代表大会常务委员会：

为了适应建立社会主义市场经济体制的需要，推动劳动制度改革，保护劳动者的合法权益，确立、维护和发展用人单位与劳动者之间稳定和谐的劳动关系，促进经济和社会进步，劳动部同有关部门草拟了《中华人民共和国劳动法（草案）》。这个草案已经国务院常务会议讨论通过，现提请审议。

国务院总理×××

××××年×月×日

八、报告

报告主要由标题、正文、落款组成。

① 标题。通常由发文机关、事由、文种三部分组成。如《国务院扶贫开发领导小组关于组织经济发达地区与经济欠发达地区开展扶贫协作的报告》。

② 正文。在正文中首先写明报告引据。即用简明扼要的语言交代出全文的主要内容或基本情况，也可陈述有关的背景或缘由。然后用过渡语“现将有关情况报告如下”等开启下文。正文的主体部分要准确简要、条理清晰地将有关工作或事件的情况表述出来。知照性报告要写明工作的进展、成绩、经验或教训，改进的方法、处理问题的意见和建议、今后的设想等；答复性报告要针对上级的询问答复，有问必答，不问不答。最后，以“特此报告”、“以上报告如有不妥，请指示”等作为结语。

③ 落款。写明发文单位和日期。

撰写报告时需要注意的问题有：其一，报告内容要真实。报告是制定各种方针、政策的依据，是领导指挥工作，进行决策的基础。所以报告内容一定要真实可靠，切忌无中生有，虚构夸张等。其二，报告文字应简明。要多陈述，少论述，不能写空话、套话，以提高办事的效率。其三，报告工作要及时。抓紧时机，及时写报告是推动工作顺利发展的保证，错过时机，时过境迁，报告以及根据报告作出的决定都会失去意义。其四，报告里不得写请示事项。《公文处理办法》规定十分明确：报告，上级不予批复。所以在报告里不得夹带请示事项。其五，切实把握报告写作的通用规则，即人们通常所讲的“三段式”。主要有：情况——做法——问题；情况——问题——今后意见；情况——原因——处理意见；情况——问题——建议等，但并不是所有报告都必须用“三段式”。

【例文】

关于我县利用外资情况的报告

××市政府：

到去年底，我县共签订利用外资合同20项，合同外资投资金额6 000万美元，实际利用外资3 500万美元。合资范围涉及电子、轻工、饲料和粮油食品等行业。资金投向最大的电子行业，共兴办合资电子企业5个，合同外资金额为2 000万美元，占合同外资总额的30%。其次为饲料、粮油食品等，外资引进势头良好，预计今年有进一步扩大趋势。主要问题是管理上缺乏经验，工作有忙乱现象。我们准备广招人才，提高职工队伍素质，力争今年有新的突破。

专此报告。

××县人民政府（章）

××××年×月×日

九、请示

请示包括如下部分：

① 标题。由发文单位、事由、文种构成。有文头的请示可以不写发文单位，只写事由加文种，如《关于成立××公司的请示》。

② 正文。正文一般含缘由、请示事项和结语。

缘由即陈述请示的原因，扼要写明问题的背景和依据。

请示事项是请示的主体部分。应提出请示的具体事项内容，并作出分析，陈述切实可行的处理意见与办法，或说明请求批准的理由和依据。

结语主要是用习惯用语，提出对上级的要求。如用“以上请示请审批”、“上述请示如无不当请批准”等。

落款和日期。写明发文单位，日期，并加盖公章。

写作请示时要做到：文字简短，一文一事。意见明确，用语贴切。注意行文关系，符合行文规范，逐级上送，不越级请示，不同时上报下传。

【例文一】

关于要求进口一台复印机的请示

××局：

我公司从去年5月成立以来，国内外商务活动日益增多，经常有许多文件、合同、契约、外事资料、技术资料需要复印，而且时间要求很急，为便于工作，我们拟用局留存外汇购买一台复印机。恳请给予批准，并请代向机械出口委办理有关进口手续。

可否，请批复。

××局服务公司（章）

××××年×月×日

【例文二】

关于创建市级文明单位的请示

市直机关工委：

近年来，我局在市委、市政府的坚强领导下，大力加强领导班子、政治思想、文化道德、工作环境建设，切实转变工作作风，与时俱进，开拓创新，求真务实，奋勇争先，物质文明、政治文明和精神文明建设取得了新的成效。

为了深入贯彻党的十六大和十六届三中、四中全会精神，进一步加强“三个文明”建设，促进科技工作再上新台阶，现申请创建市级文明单位。

特此请示，恳请批准。

××市××局（章）
××××年×月×日

十、批复

批复的写作分以下几个部分：

① 标题。一般含复文单位名称、下级请示事项和文种三个部分。有文头的批复也可以不写复文单位，如《关于成立××公司的批复》。

② 正文。批复的正文一般包括两方面的内容：一是告知情况，二是表示态度。另可加结尾。

告知情况是指正文开头要针对下级请示扼要地说明情况，包括下级请示的文号、标题，上级对下级来文所请示问题是否知晓、研究等。

表示态度是批复的主要内容，针对请示的问题进行答复，明确表明态度。写作时应针对请示的问题，结合有关的法律、法规、规定精神进行决策，准确简练地表明态度。如果同意下级请示意见，除表示同意外，还可给予必要的指示；如不同意，除表示不同意外，还应着重说明理由。

结尾一般用“此复”或“特此批复”等习惯用语作结。

③ 落款。写明复文机关名称和日期。

写作批复时要注意：第一，要依据党和国家的方针、政策，根据实际情况复文。第二，答复要明确，切忌模棱两可。第三，不搞综合批复，主旨要单一。

【例文】

国家税务总局关于农村信用社专项奖金税前扣除标准的批复

国税函〔××××〕×号

××市国家税务局：

你局关于《××市国家税务局要求农村信用社专项奖金按比例列入税前扣除的请示》（×国税所〔2001〕289号）收悉。经研究，现批复如下：

为了加强对农村信用社专项奖金的管理，统一、规范农村信用社专项奖金税前扣除标准，现对有关问题明确如下：盈利的农村信用社税前据实扣除专项奖金的最高比例，不得超过其税前利润（不含专项奖金）的8%；对亏损的农村信用社税前据实扣除专项奖金的最高比例，不得超过减亏额（不含专项奖金）的5%，具体由你局协商同级农村信用社管理机构确定。上述奖金不计入税工资总额。

国家税务总局（章）
××××年×月×日

十一、意见

意见的写作包括如下部分：

① 标题。由发文机关、事由和文种三要素构成，如《中共中央关于进一步繁荣文艺的若干意见》。标题下一般有题注，表明通过的时间。

② 正文。首先应在开头部分说明行文的目的、背景、依据和缘由，文字要简明扼要，其次应当明确详尽地写出意见的具体内容，如阐明工作的基本见解、原则性要求、政策性措施、应注意的事项等。撰写时既要全面系统，又要层次分明、准确具体，提高可操作性。最后用一个段落结尾，进一步强调工作或提出希望和要求，不宜用命令语气。

③ 落款。写明发文机关和日期。

【例文】

关于继续做好公路养路费等交通规费征收工作的意见

（××××年×月×日）

近几个月来，一些单位和个人错误地认为，《中华人民共和国公路法》修改后即可不缴纳公路养路费等交通规费，因而出现拖欠、拒缴、抗缴公路养路费等交通规费事件，造成国家交通规费大量流失。为保障公路养路费、车辆购置附加费等交通规费征收工作的正常进行，现提出如下意见：

一、在交通和车辆税费改革方案正式公布实施之前，各地仍应严格执行现有的交通规费征收的有关规定，继续做好公路养路费、车辆购置附加费、公路运输管理费、公路客货运附加费、长江干线航道养护费、内河航道养护费、水路运输管理费、水运客货运附加费、海南省燃油附加费等交通规费的征收工作。

二、地方各级人民政府要加强领导，为交通规费征稽创造必要的环境，切实做好公路养路费等交通规费的征收工作；交通、财政、公安、计划等部门要在当地人民政府领导下，通力协作，采取有力措施，加强公路养路费等交通规费征收工作的领导、宣传和协调工作，及时解决征收工作中出现的问题，维护征费秩序。

三、各缴费义务人要严格按现行征缴办法和标准，自觉缴纳规费。对漏缴和拖欠的交通规费，交通规费征稽机构要继续追缴其规费并依法收取滞纳金和罚款；对故意妨碍国家征费人员执行公务的，要依法严惩，情节严重的，移送司法机关追究刑事责任。

四、各地交通规费征稽机构和人员要按照《关于加强养路费等交通规费征收工作的紧急通知》和《关于切实做好公路养路费等交通规费征收工作的通知》的要求，充分认识税费改革的重大意义，以国家利益为重，坚守岗位，恪尽职责，保持队伍稳定，照章收费。

五、公安交通管理部门在办理车辆登记等工作中，要继续严格执行国家车辆管理的规定，对没有缴纳车辆购置附加费和公路养路费的车辆，不予办理登记；对妨碍国家交通征费人员依法执行公务的违法犯罪行为，要依法予以处理。

交通部　财政部　公安部　国家计委（章）

十二、函

函的写作包括：

① 标题。一般由事由和文种组成。

② 正文。由缘由、事项、结语组成。商洽函要写明商洽原由、事项；询问函写明询问的目的、内容；答复函要告知情况，写明答复意见；告知函要写明告知原由、事项等内容。结语中一般用“特此函询”、“专此函告”、“敬请复函”“特此函复”等习惯语作结。

③ 落款。写明发文单位和日期。

函在同级机关之间使用，交际性较强，要注意谦敬用语的使用，掌握好分寸，态度诚恳，叙事清楚，有理有节。

【例文】

关于商洽代培文秘人员的函

××大学中文系：

获悉您系将于今年9月份开办秘书业务进修班，系统讲述有关秘书业务以及公文写作与处理的基本理论和方法。自机构改革以来，我局所属单位的文秘人员调整较大，不少新的文秘人员由于没有经过专业培训，业务素质较差。现在你们开办进修班，为这些同志提供了一个非常难得的学习机会。我局拟派五名文秘人员随班学习，委托你们代培。有关代培费用，我局将如数拨付。可否，请函复。

××市××局（章）

××××年×月×日

【例文二】

中国人民建设银行关于建设单位为动迁户建房问题的复函

××省分行：

××××年建字××号函收到。关于为动迁户建房问题，经与国家计委研究，现答复如下：

一、建设单位因新迁工程拆迁场地房屋后，需要为动迁户新建房屋时，其投资和建筑面积应按照设计文件规定的指标纳入基本建设计划。

原有企业拆除房屋后，按原有规模进行建设。经当地计委同意后，可以不列入基本建设计划，但应按照有关规定，加强计划管理。

二、用建设单位支付的迁移补偿费重建房屋时，应否按原规定再编制基建计划，可由省计委根据具体情况决定。但这部分基建投资应通过建设银行拨款，按照指定用途使用。

中国人民建设银行（章）

××××年×月×日

十三、会议纪要

会议纪要的写作包括如下部分：

① 标题。会议纪要的标题通常由会议名称和文种构成，如《全国农村爱国卫生运动现场经验交流会纪要》。有的标题还可以加上召开会议的单位名称，有的标题由正标题和副标题构成，正标题反映会议主要精神和内容，副标题写会议名称和文种，如《探讨新时期文学的发展——中国当代文学研究会第二次学术讨论会纪要》。

② 正文。会议纪要的正文由导言、主体和结尾三部分组成。

导言是会议纪要的开头部分，一般是概括会议的基本情况，包括会议名称、目的、内容、时间、地点、规模、参加人员、主要议题和会议成果等。

主体是会议纪要的核心部分，它根据会议的中心议题，写出会议决定的事项、提出的任务和要求等。一般有三种写法：

一是条项式，就是把主体内容按主次一条条列出来，使其条理化。这样可使内容清楚，重点突出，一目了然。

二是综合式，就是把会议内容进行综合概括，分成若干部分。写作时要注意结构的逻辑性，分清主次，详略得当。

三是摘要式，就是把会议发言人具有典型性、代表性的意见要点整理摘录出来，便于反映发言人的不同看法和风格。

结尾多写会议的要求和希望，也可以不写专门的结尾。

会议纪要的写作要求掌握会议的全部情况，抓住重点，突出会议主题；文字要简明扼要，准确恰当，层次分明，条理清楚。

【例文】

××局办公会议纪要

时间：2009年5月16日下午3点

地点：三楼会议室

参加人员：×××、×××、×××、×××、×××、××

缺席人员：×××

主持人：×××（签名）

记录人：×××（签名）

会议议程：1. ×××同志汇报市场动态和安排意见

2. ××同志传达国务院××号文件精神

主持人发言：

×××：（略）

与会者发言：

×××：（略）

×××：（略）

×××：（略）

……

决议事项：

一、当前的市场供应问题和物价问题不单纯是经济问题，而且是政治问题，是直接关系到改革的大问题。全体干部要认清形势，统一认识，保持清醒的头脑，千方百计把工作做好。

二、会议同意计划处提出的对市场形势的分析和安排意见，认为是可行的，要求在近期内提出具体措施，组织落实。并及时汇报落实情况和效果。

散会

（本会议记录共×页）

复习与思考

1. 简述公文写作的程序。
2. 公文写作需要注意哪些问题？
3. 公文写作有何要求？
4. 公文写作是否必须遵循一定的程序？
5. 公文标题的撰拟有什么要求？
6. 以某单位表彰某先进个人为主旨，撰拟一篇“决定”。
7. 以某单位开放游泳池为主题，撰拟一份“通知”。
8. 以某单位公路施工、车辆绕行为主旨，撰拟一份“通告”。
9. 以某单位建立工会组织为主旨，撰拟一份“请示”。
10. 以某单位召开年终总结大会为主旨，探讨会议纪要的写法。

附录：文书工作相关标准与规范

附录一　中国共产党机关公文处理条例

（中办发〔1996〕14号）

第一章　总　　则

第一条　为适应中国共产党机关（以下简称党的机关）工作的需要，实现党的机关公文处理工作的科学化、制度化、规范化，制定本条例。

第二条　党的机关的公文，是党的机关实施领导、处理公务的具有特定效力和规范格式的文书，是传达贯彻党的路线、方针、政策，指导、布置和商洽工作，请示和答复问题，报告和交流情况的工具。

第三条　公文处理是包括公文拟制、办理、管理、立卷归档在内的一系列衔接有序的工作。

第四条　公文处理应当坚持实事求是、按照行文机关要求和公文处理规定进行的原则，做到准确、及时、安全、保密。

第五条　党的机关的办公厅（室）主管本机关的公文处理工作，并对下级机关的公文处理工作进行业务指导。

第六条　党的机关的办公厅（室）应当设立秘书部门或者配备秘书人员具体负责公文处理工作，并逐步改善办公手段，努力提高工作效率和质量。秘书人员应当具有较高的政治和业务素质，工作积极，作风严谨，遵守纪律，恪尽职守。

第二章　公 文 种 类

第七条　党的机关公文种类主要有：

（一）决议　　用于经会议讨论通过的重要决策事项。

（二）决定　　用于对重要事项作出决策和安排。

（三）指示　　用于对下级机关布置工作，提出开展工作的原则和要求。

（四）意见　　用于对重要问题提出见解和处理办法。

（五）通知　　用于发布党内法规、任免干部、传达上级机关的指示、转发上级机关和不相隶属机关的公文、批转下级机关的公文、发布要求下级机关办理和有关单位共同执行或者周知的事项。

（六）通报　　用于表彰先进、批评错误、传达重要精神、交流重要情况。

（七）公报　　用于公开发布重要决定或者重大事件。

（八）报告　　用于向上级机关汇报工作、反映情况、提出建议，答复上级机关的询问。

（九）请示　　用于向上级机关请求指示、批准。

（十）批复　　用于答复下级机关的请示。

（十一）条例　　用于党的中央组织制定规范党组织的工作、活动和党员行为的规章制度。

（十二）规定　　用于对特定范围内的工作和事务制定具有约束力的行为规范。

（十三）函　　用于机关之间商洽工作、询问和答复问题，向无隶属关系的有关主管部门请求批准等。

（十四）会议纪要　　用于记载会议主要精神和议定事项。

第三章　公文格式

第八条　党的机关公文由版头、份号、密级、紧急程度、发文字号、签发人、标题、主送机关、正文、附件、发文机关署名、成文日期、印章、印发传达范围、主题词、抄送机关、印制版记组成。

（一）版头　　由发文机关全称或者规范化简称加“文件”二字或者加括号标明文种组成，用套红大字居中印在公文首页上部。联合行文，版头可以用主办机关名称，也可以并用联署机关名称。在民族自治地方，发文机关名称可以并用自治民族的文字和汉字印制。

（二）份号　　公文印制份数的顺序号，标注于公文首页左上角。秘密公文应当标明份号。

（三）密级　　公文的秘密等级，标注于份号下方。

（四）紧急程度　对公文送达和办理的时间要求。紧急文件应当分别标明“特急”、“加急”，紧急电报应当分别标明“特提”、“特急”、“加急”、“平急”。

（五）发文字号　由发文机关代字、发文年度和发文顺序号组成，标注于版头下方居中或者左下方。联合行文，一般只标明主办机关的发文字号。

（六）签发人　上报公文应当在发文字号右侧标注“签发人”，“签发人”后面标注签发人姓名。

（七）标题　由发文机关名称、公文主题和文种组成，位于发文字号下方。

（八）主送机关　主要受理公文的机关。主送机关名称应当用全称或者规范化简称或者同类型机关的统称，位于正文上方，顶格排印。

（九）正文　公文的主体，用来表达公文的内容，位于标题或者主送机关下方。

（十）附件　公文附件，应当置于主件之后，与主件装订在一起，并在正文之后、发文机关署名之前注明附件的名称。

（十一）发文机关　署名应当用全称或者规范化简称，位于正文的右下方。

（十二）成文日期　一般署会议通过或者领导人签发日期；联合行文，署最后签发机关领导人的签发日期；特殊情况署印发日期。成文日期应当写明年、月、日，位于发文机关署名右下方。决议、决定、条例、规定等不标明主送机关的公文，成文日期加括号标注于标题下方居中位置。

（十三）印章　除会议纪要和印制的有特定版头的普发性公文外，公文应当加盖发文机关印章。

（十四）印发传达范围　加括号标注于成文日期左下角。

（十五）主题词　按上级机关的要求和《公文主题词表》标注位于抄送机关上方。

（十六）抄送机关　指除主送机关以外的其他需要告知公文内容的上级、下级和不相隶属机关。抄送机关名称标注于印制版记上方。

（十七）印制版记　由公文印发机关名称、印发日期和份数组成，位于公文末页下端。

第九条　公文的汉字从左至右横排；少数民族文字按其书写习惯排印。公文用纸幅面规格可采用 16 开型（长 260 毫米，宽 184 毫米），也可采用国际标准 A4 型（长 297 毫米，宽 210 毫米）。左侧装订。

第十条 党的机关公文版头的主要形式及适用范围：

（一）《中共 ×× 文件》用于各级党委发布、传达贯彻党的方针、政策，作出重要工作部署，转发上级机关的文件，批转下级机关的重要报告、请示。

（二）《中国共产党 ×× 委员会（××）》用于各级党委通知重要事项、任免干部、批复下级机关的请示、向上级机关报告、请示工作。

（三）《中共 ×× 办公厅（室）文件》、《中共 ×× 办公厅（室）（××）》用于各级党委办公厅（室）根据授权，传达党委的指示，答复下级党委的请示，转发上级机关的文件，批转下级机关的报告、请示、发布有关事项向上级机关报告请示工作。

（四）《中共 ×× 部文件》、《中共 ×× 部（××）》用于除办公厅（室）以外的党委各部门发布本部门职权范围内的事项，向上级机关报告、请示工作。

第四章 行文规则

第十一条 行文应当确有需要、注重实效、坚持少而精。可发可不发的公文不发，可长可短的公文要短。

第十二条 党的机关的行文关系，根据各自的隶属关系和职权范围确定。

（一）向上级机关行文，应当主送一个上级机关，如需其他相关的上级机关阅知，可以抄送。不得越级向上级机关行文，尤其不得越级请示问题；因特殊情况必须越级行文时，应当同时抄送被越过的上级机关。

（二）向下级机关的重要行文，应当同时抄送发文机关的直接上级机关。

（三）党委各部门在各自职权范围内可以向下级党委的相关部门行文。党委办公厅（室）根据党委授权，可以向下级党委行文；党委的其他部门，不得对下级党委发布指示性公文。部门之间对有关问题未经协商一致，不得各自向下行文。

（四）同级党的机关、党的机关与其他同级机关之间必要时可以联合行文。

（五）不相隶属机关之间一般用函行文。

第十三条 受双重领导的机关向上级机关行文，应当写明主送机关和抄送机关，由主送机关负责答复其请示事项。上级机关向受双重领导的下级机关行文，应当抄送其另一上级机关。

第十四条 向上级机关请示问题，应当一文一事，不应当在非请示公文中夹带请示事项。

请示事项涉及其他部门业务范围时，应当经过协商并取得一致意见后上报；经过协商未能取得一致意见时，应当在请示中写明。除特殊情况外，请示应当送上级机关的办公厅（室）按规定程序处理，不应直接送领导者个人。

党委各部门应当向本级党委请示问题。未经本级党委同意或授权，不得越过本级党委向上级党委主管部门请示重大问题。

第十五条 对不符合行文规则的上报公文，上级机关的秘书部门可退回下级呈报机关。

第五章 公文起草

第十六条 起草公文应当做到：

（一）符合党的路线、方针、政策和国家的法律、法规及上级机关的指示，完整、准确地体现发文机关的意图，并同现行有关公文相衔接。

（二）全面、准确地反映客观实际情况，提出的政策、措施切实可行。

（三）观点明确，条理清晰，内容充实，结构严谨，表述准确。

（四）开门见山，文字精练，用语准确，篇幅简短，文风端正。

（五）人名、地名、时间、数字、引文准确。公文中汉字和标点符号的用法符合国家发布的标准方案，计量单位和数字用法符合国家主管部门的规定。

（六）文种、格式使用正确。

（七）杜绝形式主义和繁琐哲学。

第十七条 起草重要公文应当由领导人亲自动手或亲自主持、指导，进行调查研究和充分论证，征求有关部门意见。

第六章 公文校对

第十八条 公文文稿送领导人审批之前，应当由办公厅（室）进行校核。公文校核的基本任务是协助机关领导人保证公文的质量。公文校核的内容是：

（一）报批程序是否符合规定；

（二）是否确需行文；

（三）内容是否符合党的路线、方针、政策和国家的法律、法规及上级机关的批示精神，是否完整、准确地体现发文机关的意图，并同现行有关公文相衔接；

（四）涉及有关部门业务的事项是否经过协调并取得一致意见；

（五）所提措施和办法是否切实可行；

（六）人名、地名、时间、数字、引文和文字表述、密级、印发传达范围、主题词是否准确、恰当，汉字、标点符号、计量单位、数字的用法及文种使用、公文格式是否符合本条例的规定。

第十九条　文稿如需作较大修改，应当与原起草部门协商或请其修改。

第二十条　已经领导人审批过的文稿，在印发之前应再作校核。校核的内容同第十八条（六）款。经校核如需作涉及内容的实质性修改，须报原审批领导人复审。

第七章　公文签发

第二十一条　公文须经本机关领导人审批签发。重要公文应当由机关主要领导人签发。联合发文，须经所有联署机关的领导人会签。党委办公厅（室）根据党委授权发布的公文，由被授权者签发或者按照有关规定签发。领导人签发公文，应当明确签署意见，并写上姓名和时间。若圈阅，则视为同意。

第八章　公文办理和传递

第二十二条　公文办理分为收文和发文办理。收文办理包括公文的签收、登记、拟办、请办、分发、传阅、承办和催办等程序。公文经起草、校核和领导审批签发后转入发文办理，发文办理包括公文的核发、登记、印制和分发等程序。

（一）签收　　收到有关公文并以签字或盖章的方式给发文方以凭据。签收公文应当逐件清点，如发现问题，应当及时向发文机关查询，并采取相应的处理措施。急件应当注明签收的具体时间。

（二）登记　　公文办理过程中就公文的特征和办理情况进行记载。登记应当将公文标题、密级、发文字号、发文机关、成文日期、主送机关、份数、收发文日期及办理情况逐项填写清楚。

（三）拟办　　秘书部门对需要办理的公文提出办理意见，并提供必要的背景材料，送领导人批示。

（四）请办　　办公厅（室）根据授权或有关规定将需要办理的公文注请主管领导批示或者主管部门研办。对需要两个以上部门办理的，应当指明主办部门。

（五）分发　　秘书部门根据有关规定或者领导人批示将公文分送有关领导人和部门。

（六）传阅　　秘书部门根据领导人批示或者授权，按照一定的程序将公文送有关领导人阅知或者批示。办理公文传阅应当随时掌握公文去向，避免漏传、误传和延误。

（七）承办　　主管部门对需要办理的公文进行办理。凡属承办部门职权范围内可以答复的事项，承办部门应当直接答复呈文机关；凡涉及其他部门业务范围的事项，承办部门应当主动与有关部门协商办理；凡须报请上级机关审批的事项，承办部门应当提出处理意见并代拟文稿，一并送请上级机关审批。

（八）催办　　秘书部门对公文的承办情况进行督促检查。催办贯穿于公文处理的各个环节。对紧急或者重要公文应当及时催办，对一般公文应当定期催办，并随时或者定期反馈办理情况。

（九）核发　　秘书部门在公文正式印发前，对公文的审批手续、文种、格式等进行复核，确定发文字号、分送单位和印制份数。

（十）印制　　应当做到准确、及时、规范、安全、保密。秘密公文应当由机要印刷厂（或一般印刷厂的保密车间）印制。

第二十三条　公文处理过程中，应当使用符合存档要求的书写材料。需要送请领导人阅批的传真件，应当复制后办理。

第二十四条　秘密公文应当通过机要交通（或机要通信）传递、密电传输或者计算机网络加密传输，不得密电明传、明电密电混用。

第九章　公文管理

第二十五条　党的机关公文应当发给组织，由秘书部门统一管理，一般不发给个人。秘书部门应当切实做好公文的管理工作，既发挥公文效用，又有利于公文保密。

第二十六条　党的机关秘密公文的印发传达范围应当按照发文机关的要求执行，下级机关、不相隶属机关如需变更，须经发文机关批准。

第二十七条　公开发布党的机关公文，须经发文机关批准。经批准公开发布的公文，同发文机关正式印发的公文具有同等效力。

第二十八条 复制上级党的机关的秘密公文，须经发文机关批准或者授权。翻印件应当注明翻印机关名称、翻印日期和份数；复印件应当加盖复印机关印记。复制的公文应当与正式印发的公文同样管理。

第二十九条 汇编上级党的机关的秘密公文，须经发文机关批准或者授权。公文汇编本的密级按照编入公文的最高密级标注并进行管理。

第三十条 绝密级公文应当由秘书部门指定专人管理，并采取严格的保密措施。

第三十一条 秘书部门应当按照规定对秘密公文进行清理、清退和销毁，并向主管机关报告公文管理情况。销毁秘密公文，必须严格履行登记手续，经主管领导人批准后，由二人监销，保证不丢失、不漏销。个人不得擅自销毁公文。

第三十二条 机关合并时，全部公文应当随之合并管理。机关撤销时，需要归档的公文立卷后按照有关规定移交档案部门，其他公文按照有关规定登记销毁。工作人员调离工作岗位时，应当将本人保管、借用的公文按照有关规定移交、清退。

第十章 公文立卷归档

第三十三条 公文办理完毕后，秘书部门应当按照有关规定将公文的定稿、正本和有关材料收集齐全，进行立卷归档。个人不得保存应当归档的公文。

第三十四条 两个以上机关联合办理的公文，原件由主办机关立卷归档，相关机关保存复制件。机关领导人兼任其他机关职务的，在履行其所兼职务过程中形成的公文，由其兼职的机关立卷归档。

第十一章 公 文 保 密

第三十五条 公文处理必须严格遵守《中华人民共和国保守国家秘密法》及有关保安法规，遵守党的保密纪律，确保党和国家秘密的安全。

凡泄露或出卖党和国家秘密公文的，依照有关法律、法规的规定进行处理。

第三十六条 党内秘密公文的密级按其内容及如泄露可能对党和国家利益造成危害的程度划分为“绝密”、“机密”、“秘密”。不公开发表又未标注密级的公文，按内部公文管理。

第三十七条 发文机关在拟制公文时，应当根据公文的内容和工作需要，严格划分密与非密的界限；对于需要保密的公文，要准确标注其密级。公文密级的变更和解除由发文机关或其上级机关决定。

第十二章 附 则

第三十八条 本条例适用于中国共产党各级机关。

第三十九条 本条例由中共中央办公厅负责解释。

第四十条 本条例自发布之日起施行。

附录二 国家行政机关公文处理办法

（国发〔2000〕23号）

第一章 总 则

第一条 为使国家行政机关（以下简称行政机关）的公文处理工作规范化、制度化、科学化，制定本办法。

第二条 行政机关的公文（包括电报，下同），是行政机关在行政管理过程中形成的具有法定效力和规范体式的文书，是依法行政和进行公务活动的重要工具。

第三条 公文处理指公文的办理、管理、整理（立卷）、归档等一系列相互关联、衔接有序的工作。

第四条 公文处理应当坚持实事求是、精简、高效的原则，做到及时、准确、安全。

第五条 公文处理必须严格执行国家保密法律、法规和其他有关规定，确保国家秘密的安全。

第六条 各级行政机关的负责人应当高度重视公文处理工作，模范遵守本办法并加强对本机关公文处理工作的领导和检查。

第七条 各级行政机关的办公厅（室）是公文处理的管理机构，主管本机关的公文处理工作并指导下级机关的公文处理工作。

第八条 各级行政机关的办公厅（室）应当设立文秘部门或者配备专职人员负责公文处理工作。

第二章　公文种类

第九条　行政机关的公文种类主要有：

（一）命令（令）

适用于依照有关法律公布行政法规和规章；宣布施行重大强制性行政措施；嘉奖有关单位及人员。

（二）决定

适用于对重要事项或者重大行动做出安排，奖惩有关单位及人员，变更或者撤销下级机关不适当的决定事项。

（三）公告

适用于向国内外宣布重要事项或者法定事项。

（四）通告

适用于公布社会各有关方面应当遵守或者周知的事项。

（五）通知

适用于批转下级机关的公文，转发上级机关和不相隶属机关的公文，传达要求下级机关办理和需要有关单位周知或者执行的事项，任免人员。

（六）通报

适用于表彰先进，批评错误，传达重要精神或者情况。

（七）议案

适用于各级人民政府按照法律程序向同级人民代表大会或人民代表大会常务委员会提请审议事项。

（八）报告

适用于向上级机关汇报工作，反映情况，答复上级机关的询问。

（九）请示

适用于向上级机关请求指示、批准。

（十）批复

适用于答复下级机关的请示事项。

（十一）意见

适用于对重要问题提出见解和处理办法。

（十二）函

适用于不相隶属机关之间商洽工作，询问和答复问题，请求批准和答复审批事项。

（十三）会议纪要

适用于记载、传达会议情况和议定事项。

第三章　公 文 格 式

第十条　公文一般由秘密等级和保密期限、紧急程度、发文机关标识、发文字号、签发人、标题、主送机关、正文、附件说明、成文日期、印章、附注、附件、主题词、抄送机关、印发机关和印发日期等部分组成。

（一）涉及国家秘密的公文应当标明密级和保密期限，其中，“绝密”、“机密”级公文还应当标明份数序号。

（二）紧急公文应当根据紧急程序分别标明“特急”、“急件”。其中电报应当分别标明“特提”、“特急”、“加急”、“平急”。

（三）发文机关标识应当使用发文机关全称或者规范化简称；联合行文，主办机关排列在前。

（四）发文字号应当包括机关代字、年份、序号。联合行文，只标明主办机关发文字号。

（五）上行文应当注明签发人、会签人姓名。其中，“请示”应当在附注处注明联系人的姓名和电话。

（六）公文标题应当准确简要地概括公文的主要内容并标明公文种类，一般应当标明发文机关。公文标题中除法规、规章名称加书名号外，一般不用标点符号。

（七）主送机关指公文的主要受理机关，应当使用全称或者规范化简称、统称。

（八）公文如有附件，应当注明附件顺序和名称。

（九）公文除“会议纪要”和以电报形式发出的以外，应当加盖印章。联合上报的公文，由主办机关加盖印章；联合下发的公文，发文机关都应当加盖印章。

（十）成文日期以负责人签发的日期为准，联合行文以最后签发机关负责人的签发日期为准。电报以发出日期为准。

（十一）公文如有附注（需要说明的其他事项），应当加括号标注。

（十二）公文应当标注主题词。上行文按照上级机关的要求标注主题词。

（十三）抄送机关指除主送机关外需要执行或知晓公文的其他机关，应当使用全称或者规范化简称、统称。

（十四）文字从左至右横写、横排。在民族自治地方，可以并用汉字和通用的少数民族文字（按其习惯书写、排版）。

第十一条 公文中各组成部分的标识规则，参照《国家行政机关公文格式》国家标准执行。

第十二条 公文用纸一般采用国际标准 A4 型（210mm × 297mm），左侧装订。张贴的公文用纸大小，根据实际需要确定。

第四章 行文规则

第十三条 行文应当确有必要，注重效用。

第十四条 行文关系根据隶属关系和职权范围确定，一般不得越级请示和报告。

第十五条 政府各部门依据部门职权可以相互行文和向下一级政府的相关业务部门行文；除以函的形式商洽工作、询问和答复问题、审批事项外，一般不得向下一级政府正式行文。

部门内设机构除办公厅（室）外不得对外正式行文。

第十六条 同级政府、同级政府各部门、上级政府部门与下一级政府可以联合行文；政府与同级党委和军队机关可以联合行文；政府部门与相应的党组织和军队机关可以联合行文；政府部门与同级人民团体和具有行政职能的事业单位也可以联合行文。

第十七条 属于部门职权范围内的事务，应当由部门自行行文或联合行文。联合行文应当明确主办部门。须经政府审批的事项，经政府同意也可以由部门行文，文中应当注明经政府同意。

第十八条 属于主管部门职务范围内的具体问题，应当直接报送主管部门处理。

第十九条 部门之间对有关问题未经协商一致，不得各自向下行文。如擅自行文，上级机关应当责令纠正或撤销。

第二十条 向下级机关或者本系统的重要行文，应当同时抄送直接上级机关。

第二十一条 “请示”应当一文一事；一般只写一个主送机关，需要同时送其他机关的，应当用抄送形式，但不得抄送其下级机关。

“报告”不得夹带请示事项。

第二十二条 除上级机关负责人直接交办的事项外，不得以机关名义向上级机关负责人报送“请示”、“意见”和“报告”。

第二十三条 受双重领导的机关向上级机关行文，应当写明主送机关和抄送机关。上级机关向受双重领导的下级机关行文，必要时应当抄送其另一上级机关。

第五章 发文办理

第二十四条 发文办理指以本机关名义制发公文的过程，包括草拟、审核、签发、复核、缮印、用印、登记、分发等程序。

第二十五条 草拟公文应当做到：

（一）符合国家的法律、法规及其他有关规定。如提出新的政策、规定等，要切实可行并加以说明。

（二）情况确实，观点明确，表述准确，结构严谨，条理清楚，直述不曲，字词规范，标点正确，篇幅力求简短。

（三）公文的文种应根据行文目的、发文机关的职权和与主送机关的行文关系确定。

（四）拟制紧急公文，应当体现紧急的原因，并根据实际需要确定紧急程度。

（五）人名、地名 、数字、引文准确。引用公文应当先引标题，后引发文字号。引用外文应当注明中文含义。日期应当写明具体的年、月、日。

（六）结构层次序数，第一层为“一、”，第二层为“（一）”，第三层为“1.”，第四层为“（1）”。

（七）应当使用国家法定计量单位。

（八）文内使用非规范化简称，应当先用全称并注明简称。使用国际组织外文名称或其缩写形式，应当在第一次出现时注明准确的中文译名。

（九）公文中的数字，除成文日期、部分结构层次序数和在词、词组、惯用语、缩略语、具有修辞色彩语句中作为词素的数字必须使用汉字外，应当使用阿拉伯数字。

第二十六条 拟制公文，对涉及其他部门职权范围内的事项，主办部门应当主动与有关部门协商，取得一致意见后方可行文；如有分歧，主办部门的主要负责人应当出面协调，仍不能取得一致时，主办部门可以列明各方理据，提出建设性意见，并与有关部门会签后报请上级机关协调或裁定。

第二十七条 公文送负责人签发前，应当由办公厅（室）进行审核。审核的重点是：是否确需行文，行文方式是否妥当，是否符合行文规则和拟制公文的有关要求，公文格式是否符合本办法的规定等。

第二十八条 以本机关名义制发的上行文，由主要负责人或者主持工作的负责人签发；以本机关名义制发的下行文或平行文，由主要负责人或者由主要负责人授权的其他负责人签发。

第二十九条 公文正式印制前，文秘部门应当进行复核，重点是：审批、签发手续是否完备，附件材料是否齐全，格式是否统一、规范等。

经复核需要对文稿进行实质性修改的，应按程序复审。

第六章 收文办理

第三十条 收文办理指对收到公文的办理过程，包括签收、登记、审核、拟办、批办、承办、催办等程序。

第三十一条 收到下级机关上报的需要办理的公文，文秘部门应当进行审核。审核的重点是：是否应由本机关办理；是否符合行文规则；内容是否符合国家法律、法规及其他有关规定；涉及其他部门或地区职权的事项是否已协商、会签；文种使用、公文格式是否规范。

第三十二条 经审核，对符合本办法规定的公文，文秘部门应当及时提出拟办意见送负责人批示或者交有关部门办理，需要两个以上部门办理的应当明确主办部门。紧急公文，应当明确办理时限。对不符合本办法规定的公文，经办公厅（室）负责人批准后，可以退回呈报单位并说明理由。

第三十三条 承办部门收到交办的公文后应当及时办理，不得延误、推诿。紧急公文应当按时限要求办理，确有困难的，应当及时予以说明。对不属于本单位职权范围或者不宜由本单位办理的，应当及时退回交办的文秘部门并说明理由。

第三十四条 收到上级机关下发或交办的公文，由文秘部门提出拟办意见，送负责人批示后办理。

第三十五条 公文办理中遇有涉及其他部门职权的事项，主办部门应当主动与有关部门协商；如有分歧，主办部门主要负责人要出面协调，如仍不能取得一致，可以报请上级机关协调或裁定。

第三十六条 审批公文时，对有具体请示事项的，主批人应当明确签署意见、姓名和审批日期，其他审批人圈阅视为同意；没有请示事项的，圈阅表示已阅知。

第三十七条 送负责人批示或者交有关部门办理的公文，文秘部门要负责催办，做到紧急公文跟踪催办，重要公文重点催办，一般公文定期催办。

第七章　公文归档

第三十八条　公文办理完毕后，应当根据《中华人民共和国档案法》和其他有关规定，及时整理（立卷）、归档。

个人不得保存应当归档的公文。

第三十九条　归档范围内的公文，应当根据其相互联系、特征和保存价值等整理（立卷），要保证归档公文齐全、完整，能正确反映本机关的主要工作情况，便于保管和利用。

第四十条　联合办理的公文，原件由主办机关整理（立卷）、归档，其他机关保存复制件或其他形式的公文副本。

第四十一条　本机关负责人兼任其他机关职务，在履行所兼职务职责过程中形成的公文，由其兼职机关整理（立卷）、归档。

第四十二条　归档范围内的公文应当确定保管期限，按照有关规定定期向档案部门移交。

第四十三条　拟制、修改和签批公文，书写及所用纸张和字迹材料必须符合存档要求。

第八章　公文管理

第四十四条　公文由文秘部门或专职人员统一收发、审核、用印、归档和销毁。

第四十五条　文秘部门应当建立健全本机关公文处理的有关制度。

第四十六条　上级机关的公文，除绝密级和注明不准翻印的以外，下一级机关经负责人或者办公厅（室）主任批准，可以翻印。翻印时，应当注明翻印的机关、日期、份数和印发范围。

第四十七条　公开发布行政机关公文，必须经发文机关批准。经批准公开发布的公文，同发文机关正式印发的公文具有同等效力。

第四十八条　公文复印件作为正式公文使用时，应当加盖复印机关证明章。

第四十九条　公文被撤销，视作自始不产生效力；公文被废止，视作自废止之日起不产生效力。

第五十条　不具备归档和存查价值的公文，经过鉴别并经办公厅（室）负责人批准，可以销毁。

第五十一条　销毁秘密公文应当到指定场所由二人以上监销，保证不丢失、不漏销。其中，销毁绝密公文（含密码电报）应当进行登记。

第五十二条　机关合并时，全部公文应当随之合并管理。机关撤销时，需要归档的公文整理（立卷）后按有关规定移交档案部门。

工作人员调离工作岗位时，应当将本人暂存、借用的公文按照有关规定移交、清退。

第五十三条　密码电报的使用和管理，按照有关规定执行。

第九章　附　　则

第五十四条　行政法规、规章方面的公文，依照有关规定处理。外事方面的公文，按照外交部的有关规定处理。

第五十五条　公文处理中涉及电子文件的有关规定另行制定。统一规定发布之前，各级行政机关可以制定本机关或者本地区、本系统的试行规定。

第五十六条　各级行政机关的办公厅（室）对上级机关和本机关下发公文的贯彻落实情况应当进行督促检查并建立督查制度。有关规定另行制定。

第五十七条　本办法自2001年1月1日起施行。1993年11月21日国务院办公厅发布，1994年1月1日起施行的《国家行政机关公文处理办法》同时废止。

附录三　国家行政机关公文格式

（GB/T 9704－1999）

1　范围

本标准规定了国家行政机关公文通用的纸张要求、印刷要求、公文中各要素排列顺序和标识规则。

本标准适用于国家各级行政机关制发的公文。其他机关可参照执行。

使用少数民族文字印制的公文，其格式可参照本标准按有关规定执行。

2　引用标准

下列标准所包含的条文，通过在本标准中引用而构成为本标准的条文。本标准出版时，所标版本均为有效。所有标准都会被修订，使用本标准的各方应探讨使用下列标准最新版本的可能性。

GB/T148－1997 印制、书写和绘图纸幅面尺寸。

3　定义

本标准采用下列定义

3.1　字 word

标识公文中横向距离的长度单位。一个字指一个汉字所占空间。

3.2　行 line

标识公文中纵向距离的长度单位。本标准以 3 号字高度加 3 号字高度 7/8 倍的距离为一基准行。

4　公文用纸主要技术指标

公文用纸一般使用的纸张定量为 $60g/m^2$ ~ $80g/m^2$ 的胶版印刷纸或复印纸。纸张白度为 85% ~90%，横向折度≥15 次，不透明度≥85%，PH 值为 7.5 ~9.5。

5　公文用纸幅面及版面尺寸

5.1　公文用纸幅面尺寸

公文用纸采用 GB/T148 中规定的 A4 型纸，其成品幅面尺寸为 210mm×297mm，尺寸允许偏差见 GB/T148。

5.2　公文页边与版心尺寸

公文用纸天头（上白边）为：37mm±1mm

公文用纸订口（左白边）为：28mm±1mm

版心尺寸为：156mm×225mm（不含页码）

6　文中图文的颜色

未作特殊说明公文中图文颜色均为黑色。

7　排版规格与印刷装订要求

7.1　排版规格

正文用 3 号仿宋体字，一般每面排 22 行，每行 28 个字。

7.2　制版要求

版面干净无底灰，字迹清楚无断划，尺寸标准，版心不斜，误差不超过 1mm。

7.3　印制要求

双面印刷；页码套正，两面误差不得超过 2mm。黑色油墨应达到色谱所标 BL100%，红色油墨应达到色谱所标 Y80%，M80%。印品着墨实，均匀；字面不花、不白、无断划。

7.4　装订要求

公文应左侧装订，不掉页。包本公文的封面与书芯不脱落，后背平整、不空。两页页码之间误差不超过 4mm。骑马订或平订的订位为两钉钉锯处订眼距书芯上下各 1/4 处，允许误差 ±4mm。平订钉锯与书脊间的距离为 3mm～5mm；无坏钉、漏钉、重钉，钉脚平伏牢固；后背不可散页明订。裁切成品尺寸误差 ±1mm，四角成 90°，无毛茬或缺损。

8　公文中各要素标识规则

本标准将组成公文的各要素划分为眉首、主体、版记三部分。置于公文首页红色反线（宽度同版心，即 156mm）以上的各要素统称眉首；置于红色反线（不含）以下至主题词（不含）之间的各要素统称主体；置于主题词以下的各要素统称版记。

8.1　眉首

8.1.1　公文份数序号

公文份数序号是将同一文稿印制若干份时每份公文的顺序编号。用阿拉伯数码顶格标识在版心左上角第 1 行。

8.1.2　秘密等级和保密期限

如需标识秘密等级，用 3 号黑体字，顶格标识在版心右上角第 1 行，两字之间空 1 字；如需同时标识秘密等级和保密期限，用 3 号黑体字，顶格标识在版心右上角第 1 行，秘密等级各保密期限之间用“★”隔开。

8.1.3　紧急程度

如需标识紧急程度，用 3 号黑体字，顶格标识在版心右上角第 1 行，两字之间空 1 字；如需同时标识秘密等级与紧急程度，秘密等级顶格标识在版心右上角第 1 行，紧急程度顶格标识在版心右上角第 2 行。

8.1.4　发文机关标识

由发文机关全称或规范化简称后加“文件”组成；对一些特定的公文可只标识发文机关全称或规范化简称。发文机关标识上边缘至版心上边缘为 25mm。对于上报的公文，发文机关标识上边缘至版心上边缘为 80mm。

发文机关标识推荐使用小标宋体字，用红色标识。字号由发文机关以醒目美观为原则酌定，但是最大不能等于或大于 22mm×15mm。

联合行文时应使用主办机关名称在前，“文件”二字置于发文机关名称右侧，上下居中排布；如联合行文机关过多，保证公文首页显示正文。

8.1.5　发文字号

发文字号由发文机关代字、年份和序号组成。发文机关标识下空 2 行，用 3 号仿宋体字，居中排布；年份、序号用阿拉伯数码标识；年份应标全称，用六角括号“〔〕”括入；序号不编虚位（即 1 不编为 001），不加“第”字。

发文字号之下 4mm 处印一条与版心等宽的红色反线。

8.1.6　签发人

上报的公文需标识签发人姓名，平行排列于发文字号右侧。发文字号居左空 1 字，签发人姓名居右空 1 字；签发人后标全角冒号，冒号后用 2 号楷体字标识签发人姓名。

如有多个签发人，主办单位签发人姓名置于第 1 行，其他签发人姓名从第 2 行起在主办单位签发人姓名之下按发文机关顺序依次顺排，下移红色反线，应使发文字号与最后一个签发人姓名处在同一行并使红反线与之的距离为 4mm。

8.2　主体

8.2.1　公文标题

红色反线下空 2 行，用 2 号小标宋体字，可分一行或多行居中排布；回行时，要做到词意完整，排列对称，间距恰当。

8.2.2　主送机关

标题下空 1 行，左侧顶格用 3 号仿宋体字标识，回行时仍顶格；最后一个主送机关名称后标全角冒号。如主送机关名称过多而使公文首页不能显示正文时，应将主送机关名称移至版记中的主题词之下、抄送之上，标识方法同抄送。

8.2.3　公文正文

主送机关名称下一行，每自然段左空 2 字，回行顶格。数字、年份不能回行。

8.2.4　附件

公文如有附件，在正文下空 1 行左空 2 字用 3 号仿宋体字标识“附件”，后标全角冒号和名称。附件如有序号使用阿拉伯数码（如：“附件：1. ××××”）；附件名称后不加标点符号。附件应与公文正文一起装订，并在附件左上角第 1 行顶格标识“附件”，有序号时标识序号；附件的序号和名称前后标识应一致。如附件与公文正文不能一起装订，就在附件左上角第 1 行顶格标识公文的发文字号并在其后标识附件（或带序号）。

8.2.5　成文时间

用汉字将年、月、日标全；“零”写为“○”；成文时间的标识位置见8.2.6。

8.2.6　公文生效标识

8.2.6.1　单一发文印章

单一机关制发的公文在落款处不署发文机关的名称，只标识成文时间。成文时间右空4字；加盖印章应上距正文2mm～4mm，端正、居中下压成文时间，印章用红色。

当印章下弧无文字时，采用下套方式，即仅以下弧压在成文时间上；

当印章下弧有文字时，采用中套方式，即印章中心线压在成文时间上。

8.2.6.2　联合行文印章

当联合行文需加盖两个印章时，应将成文时间拉开，左右各空7字；主办机关印章在前；两个印章均压成文时间，印章用红色。只能采用同种加盖印章方式，以保证印章排列整齐。两印章间互不相交或相切，相距不超过3mm。

当联合行文需加盖3个以上印章时，为防止出现空白印章，应将各发文机关名称（可用简称）排在发文时间和正文之间。主办机关印章在前，每排最多3个印章，两端不得超过版心；最后一排如余一个或两个印章，均居中排布；印章之间互不相交或相切；在最后一排印章之下右空2字标识成文时间。

8.2.6.3　特殊情况说明

当公文排版后所剩空白处不能容下印章位置时，应采取调整行距、字距的措施加以解决，务使印章与正文同处一面，不得采取标识“此页无正文”的方法解决。

8.2.7　附注

公文如有附注，用3号仿宋体字，居左空2字加圆括号标识在成文时间下一行。

8.3　版记

8.3.1　主题词

“主题词”用3号黑体字，居左顶格标识，后标全角冒号；词目用3号小标宋体字；词目之间空一字。

8.3.2　抄送

公文如有抄送，在主题词下1行；左空一字用3号仿宋体字标识“抄送”，后标全角冒号；抄送机关间用顿号隔开，回行时与冒号后的抄送机关对齐；在最后一个抄送机关标句号。如主送机关移至主题词之下，标识方法同抄送机关。

8.3.3　印发机关和印发时间

位于抄送机关之下（无抄送机关在主题词之下）占1行位置；用3号仿宋体字。印发机关左空1字，印发时间右空1字。印发时间以公文付印的日期为准，用阿拉伯数码标识。

8.3.4　版记中的反线

版记中各要素下均加一条反线，宽度同版心。

8.3.5　版记的位置

版记应置于公文最后一页（封四），版记的最后一个要素置于最后一行。

9　页码

用4号半角白体阿拉伯数码标识，置于版心下边缘之下一行，数码左右各放一条4号一字线，一字线距版心下边缘7mm。单页码居右空1字，双页码居左空1字。空白页和空白以后的页不标识页码。

10　公文中的表格

公文如需附表，对横排A4纸型表格，应将页码放在横表的左侧，单页码置于表的左下角，双页码置于表的左上角，单页码表头在订口一边，双页码表头在切口一边。

公文如需附A3纸型表格，且当最后一页为A3纸型表格时，封三、封四（可放分送，不放页码）应为空白，将A3纸型表格贴在封三前，不应贴在文件最后一页（封四）上。

11　公文的特定格式

11.1　信函式格式

发文机关名称上边缘距上页边的距离为30mm，推荐使用小标宋体字，字号由发文机关酌定；发文机关全称下4mm处为一条武文线（上粗下细），距下页边20mm处为一条武文线（上细下粗），两条线长均为170mm。每行距中排28个字。发文机关名称及双线均印红色。两线之间各要素的标识方法从本标准相应要素说明。

11.2　命令格式

命令标识由发文机关名称加“命令”或“令”组成，用红色小标宋体字，字号由发文机关酌定。命令标识上边缘距版心上边缘 20mm，下边缘空 2 行居中标识令号；令号下空 2 行标识正文；正文下一行右空 4 字标识签发人名章，签名章左空 2 字标识签发人职务；联合发布的命令或令的签发人职务应标识全称。在签发人名章下一行右空 2 字标识成文时间。分送机关标识方法同抄送机关。其他从本标准相关要素说明。

11.3　会议纪要格式

会议纪要标识由“××××会议纪要”组成。其标识位置同 8.1.4，用红色小标宋体字，字号由发文机关酌定。会议纪要不加盖印章。其他要素从本标准规定。

12　式样

A4 型公文用纸页边及版心尺寸见图 1；公文首页版式见图 2；上报公文首页版式见图 3；公文末页版式见图 4；联合行文公文末页版式见图 5、图 6。

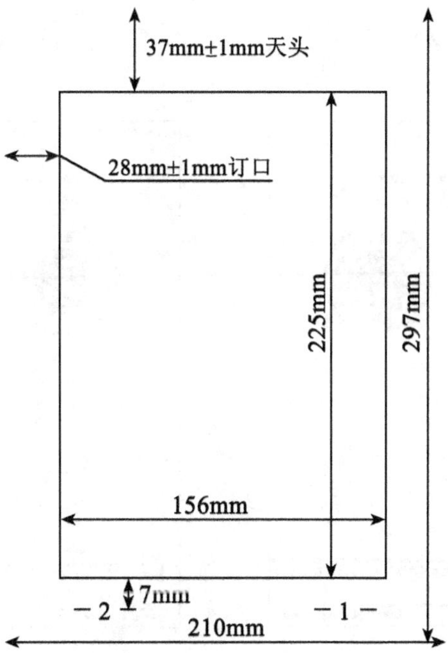

图 1　A4 型公文用纸页边及版心尺寸

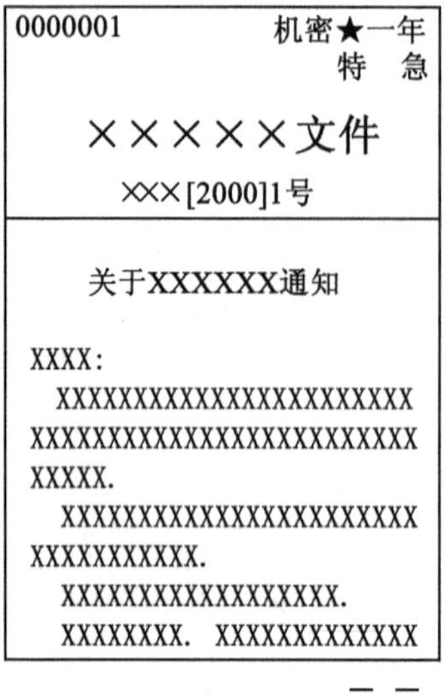

图2　公文首页版式

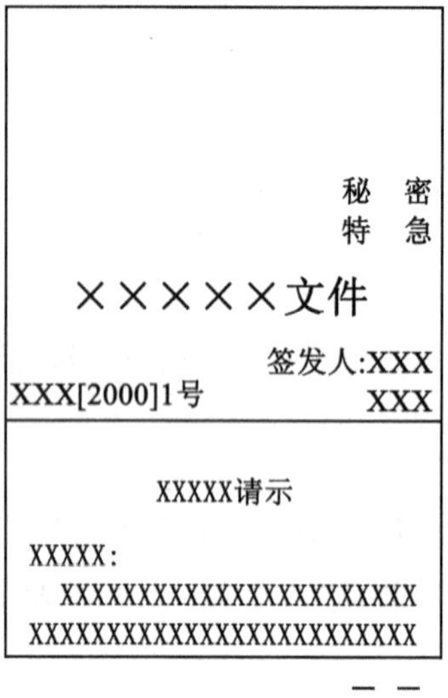

图3　上报公文首页版式

图4　公文末页版式

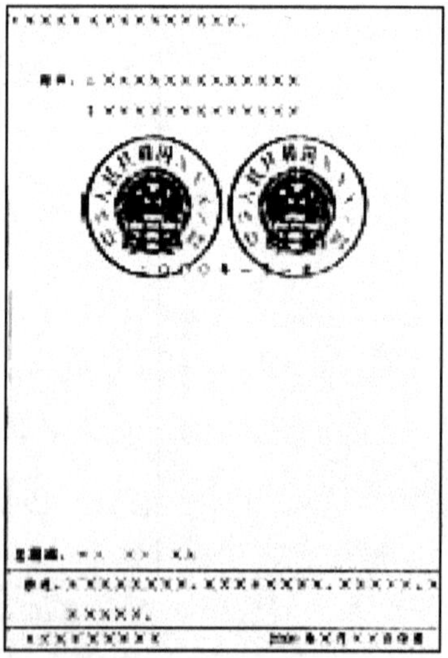

图5　联合行文公文末页版式1

图6　联合行文公文末页版式2

注：版心实线框仅为示意，在印制公文时并不印出。

附录四　归档文件整理规则

（DA/T22－2000）

1　范围

本标准规定了归档文件整理的原则和方法。

本标准适用于各级机关、团体和其他社会组织。

2　定义

本标准采用下列定义。

2.1　归档文件

立档单位在其职能活动中形成的、办理完毕、应作为文书档案保存的各种纸质文件。

2.2　归档文件整理

将归档文件以件为单位进行装订、分类、排列、编号、编目、装盒，使之有序化的过程。

2.3　件

归档文件的整理单位。一般以每份文件为一件，文件正本与定稿为一件，正文与附件为一件，原件与复制件为一件，转发文与被转发文为一件，报表、名册、图册等一册（本）为一件，来文与复文可为一件。

3 整理原则

遵循文件的形成规律，保持文件之间的有机联系，区分不同价值，便于保管和利用。

4 质量要求

4.1 归档文件应齐全完整。已破损的文件应予修整，字迹模糊或易褪变的文件应予复制。

4.2 整理归档文件所使用的书写材料、纸张、装订材料等应符合档案保护要求。

5 整理方法

5.1 装订

归档文件应按件装订。装订时，正本在前，定稿在后；正文在前，附件在后；原件在前，复制件在后；转发文在前，被转发文在后；来文与复文作为一件时，复文在前，来文在后。

5.2 分类

归档文件可以采用年度—机构（问题）—保管期限或保管期限—年度—机构（问题）等方法进行分类。同一全宗应保持分类方案的稳定。

5.2.1 按年度分类

将文件按其形成年度分类。

5.2.2 按保管期限分类

将文件按划定的保管期限分类。

5.2.3 按机构（问题）分类

将文件按其形成或承办机构（问题）分类（本项可以视情况予以取舍）。

5.3 排列

归档文件应在分类方案的最低一级类目内，按事由结合时间、重要程度等排列。会议文件、统计报表等成套性文件可集中排列。

5.4 编号

归档文件应依分类方案和排列顺序逐件编号，在文件首页上端的空白位置加盖归档章并填写相关内容。归档章设全宗号、年度、保管期限、件号等必备项，并可设置机构（问题）等选择项（见图 A1。图中“＊”号栏为选择项，不选用时无须设置。以下同）

5.4.1 全宗号：档案馆给立档单位编制的代号。

5.4.2 年度：文件形成年度，以四位阿拉伯数字标注公元纪年，如1978。

5.4.3 保管期限：归档文件保管期限的简称或代码。

5.4.4 件号：文件的排列顺序号。

件号包括室编件号和馆编件号，分别在归档文件整理和档案移交进馆时编制。室编件号的编制方法为：在分类方案的最低一级类目内，按文件排列顺序从"1"开始标注。馆编件号按进馆要求标注。

5.4.5 机构（问题）：作为分类方案类目的机构（问题）名称或规范化简称。

5.5 编目

归档文件应依据分类方案和室编件号顺序编制归档文件目录。

5.5.1 归档文件应逐件编目。来文与复文作为一件时，只对复文进行编目。归档文件目录设件号、责任者、文号、题名、日期、页数、备注等项目（见图A2）。

5.5.1.1 件号：填写室编件号。

5.5.1.2 责任者：制发文件的组织或个人，即文件的发文机关或署名者。

5.5.1.3 文号：文件的发文字号。

5.5.1.4 题名：文件标题。没有标题或标题不规范的，可自拟标题，外加"〔〕"号。

5.5.1.5 日期：文件的形成时间，以8位阿拉伯数字标注年月日，如19990909。

5.5.1.6 页数：每一件归档文件的页数。文件中有图文的页面为一页。

5.5.1.7 备注：注释文件需说明的情况。

5.5.2 归档文件目录用纸幅面尺寸采用国际标准A4型（长×宽为297mm×210mm）。

5.5.3 归档文件目录应装订成册并编制封面。归档文件目录封面可以视需要设置全宗名称、年度、保管期限、机构（问题）等项目（见图A3）。其中全宗名称即立档单位的名称，填写时应使用全称或规范化简称。

5.6 装盒

将归档文件按室编件号顺序装入档案盒，并填写档案盒封面、盒脊及备考表项目。

5.6.1 档案盒

5.6.1.1　档案盒封面应标明全宗名称。档案盒的外形尺寸为310mm×220mm（长×宽），盒脊厚度可以根据需要设置为20mm、30mm、40mm等（见图A4a）。

5.6.1.2　档案盒应根据摆放方式的不同，在盒脊或底边设置全宗号、年度、保管期限、起止件号、盒号等必备项，并可设置机构（问题）等选择项（见图A4b、图A4c）。其中，起止件号填写盒内第一件文件和最后一件文的件号，中间用“—”号连接；盒号即档盒的排列顺序号，在档案移交进馆时按进馆要求编制。

5.6.1.3　档案盒应采用无酸纸制作。

5.6.2　备考表

备考表置于盒内文件之后，项目包括盒内文件情况说明、整理人、检查人和日期（见图A5）。

5.6.2.1　盒内文件情况说明：填写盒内文件缺损、修改、补充、移出、销毁等情况。

5.6.2.2　整理人：负责整理归档文件的人员姓名。

5.6.2.3　检查人：负责检查归档文件整理质量的人员姓名。

5.6.2.4　日期：归档文件整理完毕的日期。

图A1　归档章式样　　　（单位：mm）

归档文件目录

件号	责任者	文号	题　　名	日期	页数	备注

图A2　归档文件目录式样

归 档 文 件 目 录

全宗名称：
年　　度：
保管期限：
机　　构：
(问题)

图 A3　归档文件封面式样

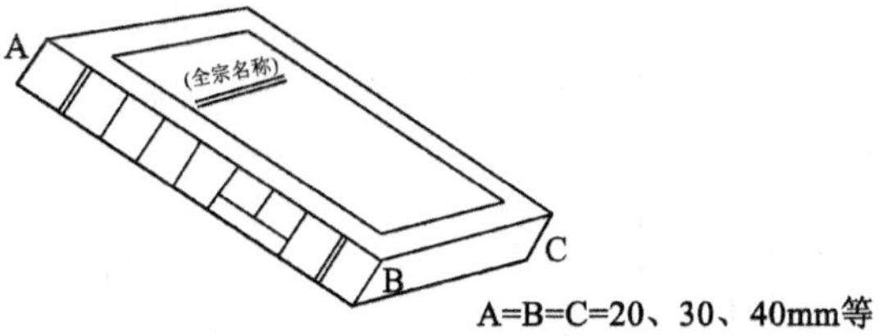

图A4a 档案盒封面式样及规格

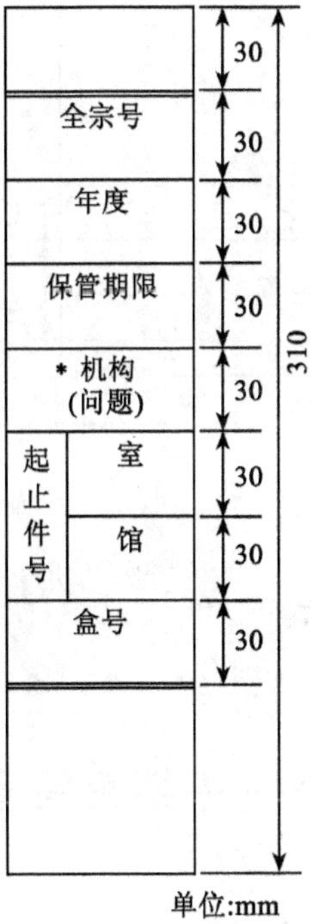

图 A4b　档案盒盒脊式样

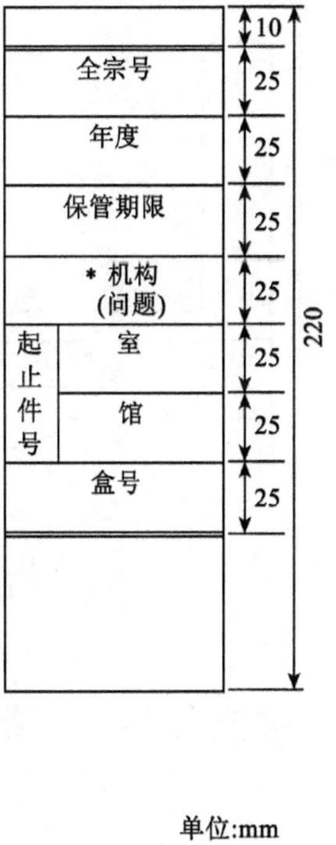

图 A4c　档案盒底边式样

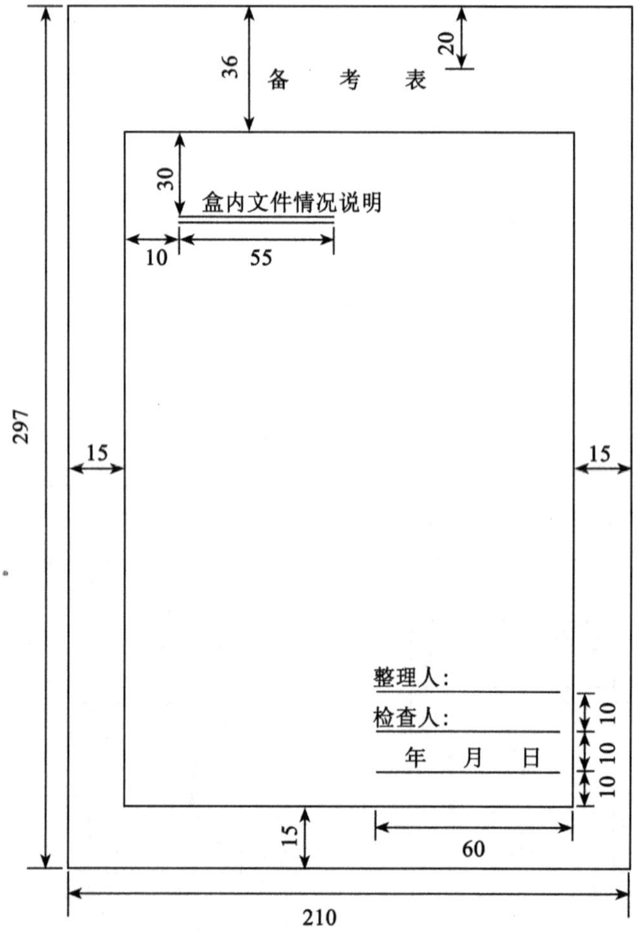

单位：mm

图 A5 备考表式样

附录五 机关文件材料归档范围和文书档案保管期限规定

（国家档案局令第 8 号）

第一条 为便于各级党政机关和人民团体（以下统称机关）正确界定文件材料归档范围，准确划分档案保管期限，使所保存的档案既能反映机关主要职能活动情况，维护其历史面貌，又便于保管和利用，根据《中华人民共和国档案法》、《中华人民共和国档案法实施办法》，制定本规定。

第二条 本规定中的机关文件材料是指机关在其工作活动过程中形成的各种门类和载体的历史记录。

第三条 机关文件材料归档范围是：

（一）反映本机关主要职能活动和基本历史面貌的，对本机关工作、国家建设和历史研究具有利用价值的文件材料；

（二）机关工作活动中形成的在维护国家、集体和公民权益等方面具有凭证价值的文件材料；

（三）本机关需要贯彻执行的上级机关、同级机关的文件材料；下级机关报送的重要文件材料；

（四）其他对本机关工作具有查考价值的文件材料。

第四条 机关文件材料不归档范围是：

（一）上级机关的文件材料中，普发性不需本机关办理的文件材料，任免、奖惩非本机关工作人员的文件材料，供工作参考的抄件等；

（二）本机关文件材料中的重份文件，无查考利用价值的事务性、临时性文件，一般性文件的历次修改稿、各次校对稿，无特殊保存价值的信封，不需办理的一般性人民来信、电话记录，机关内部互相抄送的文件材料，本机关负责人兼任外单位职务形成的与本机关无关的文件材料，有关工作参考的文件材料；

（三）同级机关的文件材料中，不需贯彻执行的文件材料，不需办理的抄送文件材料；

（四）下级机关的文件材料中，供参阅的简报、情况反映，抄报或越级抄报的文件材料。

第五条 凡属机关归档范围的文件材料，必须按有关规定向本机关负责档案工作的部门移交，实行集中统一管理，任何个人不得据为己有或拒绝归档。

第六条 机关文书档案的保管期限定为永久、定期两种。定期一般分为30年、10年。

第七条 永久保管的文书档案主要包括：

（一）本机关制定的法规政策性文件材料；

（二）本机关召开重要会议、举办重大活动等形成的主要文件材料；

（三）本机关职能活动中形成的重要业务文件材料；

（四）本机关关于重要问题的请示与上级机关的批复、批示，重要的报告、总结、综合统计报表等；

（五）本机关机构演变、人事任免等文件材料；

（六）本机关房屋买卖、土地征用，重要的合同协议、资产登记等凭证性文件材料；

（七）上级机关制发的属于本机关主管业务的重要文件材料；

（八）同级机关、下级机关关于重要业务问题的来函、请示与本机关的复函、批复等文件材料。

第八条 定期保管的文书档案主要包括：

（一）本机关职能活动中形成的一般性业务文件材料；

（二）本机关召开会议、举办活动等形成的一般性文件材料；

（三）本机关人事管理工作形成的一般性文件材料；

（四）本机关一般性事务管理文件材料；

（五）本机关关于一般性问题的请示与上级机关的批复、批示，一般性工作报告、总结、统计报表等；

（六）上级机关制发的属于本机关主管业务的一般性文件材料；

（七）上级机关和同级机关制发的非本机关主管业务但要贯彻执行的文件材料；

（八）同级机关、下级机关关于一般性业务问题的来函、请示与本机关的复函、批复等文件材料；

（九）下级机关报送的年度或年度以上计划、总结、统计、重要专题报告等文件材料。

第九条 机关形成的人事、基建、会计及其他专门文件材料的归档范围和档案保管期限，按国家有关规定执行。

第十条 机关对应归档电子文件的元数据、背景信息等要进行相应归档。

机关应归档纸质文件材料中，有文件发文稿纸、文件处理单的，应与文件正本、定稿一并归档。

第十一条 机关联合召开会议、联合行文所形成的文件材料原件由主办机关归档，其他机关将相应的复制件或其他形式的副本归档。

第十二条 各机关应根据本规定，结合本机关职能和各部门工作实际，编制本机关的文件材料归档范围和文书档案保管期限表，经同级档案行政管理部门审查同意后执行。

有垂直领导关系的中央、国家机关应依据本规定，结合本系统工作实际，编制本系统的文件材料归档范围和文书档案保管期限表，并经国家档案局审查同意后执行。

第十三条 在编制本机关或本系统文件材料归档范围和文书档案保管期限表时，应全面分析和鉴别本机关或本系统文件材料的现实作用和历史作用，准确界定文件材料的归档范围和划分档案保管期限。

第十四条 本规定适用于各级党政机关和人民团体。军队系统、民主党派、企事业单位可参照执行。

第十五条 本规定自颁布之日起施行，1987 年颁发的《国家档案局关于机关档案保管期限的规定》和《机关文件材料归档和不归档的范围》同时废止。

附件：《文书档案保管期限表》

1 本级党的代表大会、人民代表大会、政治协商会议，工会、共青团、妇联代表大会的文件材料

1.1 请示、批复、通知、名单、议程、报告、领导人讲话、选举结果、讨论通过的文件、决议、纪要、公报、主席团会议记录等文件材料 永久

1.2 大会发言，人大代表建议和意见、人大议案及答复，政协委员提案及办理结果，简报，快报 永久

1.3 重要的贺信、贺电，筹备工作、选举过程中形成的文件，小组会议记录、会议服务机构的计划、总结等文件材料 30 年

1.4 讨论未通过的文件 10 年

2 本级党委、人民代表大会、政治协商会议、纪律检查委员会、共青团、工会、妇联的常委会、执委会、主席团、全体委员会会议，政府常务会、办公会议的文件材料

2.1 公报、决议、决定、记录、纪要、议程、领导人讲话、讨论通过的文件、参加人员名册 永久

2.2 讨论未通过的文件 10 年

3 本机关党组（或实行党委制的党委）会议和行政办公会的纪要、会议记录 永久

4 本机关召开工作会议、专题会议的文件材料

4.1 请示、批复、通知、名单、日程、报告、讲话、总结、决议、决定、纪要 永久

4.2　典型材料、代表发言材料、交流材料、简报　30 年

5　机关联合召开会议的文件材料

5.1　本机关为主办的

5.1.1　请示、批复、通知、名单、日程、报告、讲话、总结、决议、决定、纪要　永久

5.1.2　典型材料、代表发言材料、交流材料、简报　30 年

5.2　本机关为协办的

5.2.1　请示、批复、通知、名单、日程、报告、讲话、总结、决议、决定、纪要的复制件或副本　30 年

5.2.2　典型材料、代表发言材料、交流材料、简报的复制件或副本　10 年

6　本机关承办国际性会议、大型展览会、博览会的文件材料

6.1　请示、批复、申办和筹办组委会主要活动安排、议程、名单、主报告（原文及译文）、辅助报告（原文及译文），上级领导人贺词、题词、讲话，会徽设计　永久

6.2　代表发言材料、交流材料、简报、新闻报道　30 年

6.3　委员会、分会会议和学术会的讨论记录，会议代表登记表、接待安排　10 年

7　上级机关、上级领导检查、视察本地区、本机关工作时形成的文件材料

7.1　重要的　永久

7.2　一般的　30 年

7.3　本地区、本机关工作汇报材料　30 年

8　本机关业务文件材料

8.1　本机关制定的方针政策性、法规性、普发性业务文件，中长期规划、纲要等文件材料　永久

8.2　本机关的请示与上级机关的批复、批示

8.2.1　重要业务问题的　永久

8.2.2　一般业务问题的　30 年

8.3　同级机关、下级机关的来函、请示与本机关的复函、批复等文件材料

8.3.1 重要业务问题的　永久

8.3.2　一般业务问题的　30 年

8.4　本机关代上级机关起草并被采用的重要法规性文件、专项业务文件的最后草稿　30 年

8.5　机关联合行文的文件材料

8.5.1　本机关为主办的

8.5.1.1　重要业务问题的　永久

8.5.1.2　一般业务问题的　30 年

8.5.2　本机关为协办的

8.5.2.1　重要业务问题的　30 年

8.5.2.2　一般业务问题的　10 年

8.6　本机关编辑、编写的文件材料

8.6.1　大事记、组织沿革等　永久

8.6.2　简报、情况反映、工作信息等　10 年

8.7　行政管理、执法活动中形成的文件材料

8.7.1　行政管理工作制度、程序、规定等文件材料　永久

8.7.2　执法检查情况汇总、通报，整改通知等　永久

8.7.3　行政管理工作中形成的审批、审查、核准等文件材料

8.7.3.1　固定资产投资、科技计划等项目的审批（核准）、管理、验收（评估）等文件材料　永久

8.7.3.2　不动产、自然资源的所有权、使用权确认的文件材料　永久

8.7.3.3　20 年（含）以上有效或未注明有效期的许可证、执照、资质证、资格证等的审批、管理文件材料　永久

8.7.3.4　20 年以下有效的许可证、执照、资质证、资格证等的审批、管理文件材料　30 年

8.7.4　行政管理工作中形成的备案文件材料　10 年

8.7.5　行政处罚、处分、复议、国家赔偿等工作中形成的文件材料

8.7.5.1　重要的　永久

8.7.5.2　一般的　30 年

8.8　计划、总结、统计、调研等方面的文件材料

8.8.1　年度和年度以上的计划、总结、统计材料　永久

8.8.2　年度以下的计划、总结、统计材料　10 年

8.8.3　重要职能活动的总结、重要专题的调研材料　永久

8.8.4　一般活动的总结、一般问题的调研材料　10 年

8.9　出国或出境访问考察、参加国际会议，接待来访等外事活动形成的文件材料

8.9.1　发表的公报，签订的协议、协定、备忘录，重要的会谈记录、纪要等　　永久

8.9.2　出国审批手续、执行日程、考察报告、一般性会谈记录　　30年

9　本机关机构编制、干部人事、党、团、纪检、工会、保卫、信访工作文件材料

9.1　机构设置、机构撤并、名称更改、组织简则、人员编制、印信启用和作废等文件材料　　永久

9.2　人事工作制度、规定、办法等文件　　30年

9.3　人事任免文件　　永久

9.4　先进单位、劳动模范、先进工作者的文件材料

9.4.1　受县级（含）以上表彰、奖励的　　永久

9.4.2　受县级以下表彰、奖励的　　30年

9.5　对本机关有关人员的处分材料

9.5.1　受到警告（不含）以上处分的　　永久

9.5.2　受到警告处分的　　30年

9.6　职工录用、转正、聘任、调资、定级、停薪留职、辞职、离退休、死亡、抚恤等文件材料　　永久

9.7　人事考核、职称评审工作文件材料　　永久

9.8　职工调动工作的行政、工资、党团组织关系的介绍信及存根　　永久

9.9　职工名册　　永久

9.10　党、团、工会工作活动中形成的文件材料

9.10.1　工作报告、总结，换届选举结果　　永久

9.10.2　重要专项活动的报告、总结等　　永久

9.10.3　党团员、工会会员名册，批准加入党团、工会组织的文件材料　　永久

9.10.4　情况反映、工作简报　　10年

9.11　纪检、监察工作中形成的综合性报告、调查材料

9.11.1　重要的　　永久

9.11.2　一般的　　30年

9.12　保卫部门的安全检查、调查记录　10年
9.13　本机关处理人民来信来访的文件材料
9.13.1　有领导重要批示和处理结果的　永久
9.13.2　其他有处理结果的　30年

10　本机关事务管理文件材料

10.1　房产、土地所有权和使用权的文件材料　永久
10.2　与有关单位签订的合同、协定、协议、议定书等文件材料
10.2.1　重要的　永久
10.2.2　一般的　10年
10.3　接待工作的计划、方案
10.3.1　重要的　30年
10.3.2　一般的　10年
10.4　机关财务预算　30年
10.5　机关物资（办公设备及用品、机动车等）采购计划、审批手续、招标投标、购置等文件材料，机动车调拨、保险、事故、转让等文件材料　30年
10.6　国有资产管理（登记、统计、核查清算、交接等）文件材料
10.6.1　重要的　永久
10.6.2　一般的　10年
10.7　职工承租、购置本单位住房的合同、协议和有关手续　永久
10.8　职工住房分配、出售的规定、方案、细则，职工住房情况统计、调查表、职工住房申请　30年

11　上级机关制发的文件材料

11.1　上级机关制发的属于本机关主管业务的文件材料
11.1.1　重要的　永久
11.1.2　一般的　10年
11.2　上级机关制发的非本机关主管业务但要贯彻执行的文件材料　10年
11.3　上级机关制发的关于本机关机构设置、领导人任免、人员编制等文件材料　永久

12　同级机关制发的非本机关主管业务但要贯彻执行的文件材料　10年

13　下级机关报送的文件材料

13.1　重大问题的专题报告　30年
13.2　年度和年度以上的计划、总结、统计材料　10年

附录六　电子文件归档与管理规范

（GB/T 18894—2002）

1　范围

本标准规定了在公务活动中产生的，具有保存价值的电子文件的形成、积累、归档、保管、利用、统计的一般方法。

本标准适用于党政机关产生的电子文件的归档与管理，其他社会组织的电子文件管理可参照本标准。

2　规范性引用文件

下列文件中的条款通过本标准的引用而成为本标准的条款。凡是注日期的引用文件，其随后所有的修改单（不包括勘误的内容）或修订版均不适用于本标准，然而，鼓励根据本标准达成协议的各方研究是否可使用这些文件的最新版本。凡是不注日期的引用文件，其最新版本适用于本标准。

DA/T　18　档案著录规则

DA/T　22　归档文件整理规则

3　术语和定义

下列术语和定义适用于本标准。

3.1　电子文件　electronic records

指在数字设备及环境中生成，以数码形式存储于磁带、磁盘、光盘等载体，依赖计算机等数字设备阅读、处理，并可在通信网络上传送的文件。

3.2　归档电子文件　archival electronic records

指具有参考和利用价值并作为档案保存的电子文件（3.1）。

3.3　背景信息　context

指描述生成电子文件（3.1）的职能活动、电子文件的作用、办理过程、结果、上下文关系以及对其产生影响的历史环境等信息。

3.4　元数据　metadata

指描述电子文件（3.1）数据属性的数据，包括文件的格式、编排结构、硬件和软件环境、文件处理软件、字处理和图形工具软件、字符集等数据。

3.5　逻辑归档　logical filing

指在计算机网络上进行，不改变原存储方式和位置而实现的将电子文件（3.1）的管理权限向档案部门移交的过程。

3.6　物理归档　physical filing

指把电子文件（3.1）集中下载到可脱机保存的载体上，向档案部门移交的过程。

3.7　真实性　authenticity

指对电子文件（3.1）的内容、结构和背景信息（3.3）进行鉴定后，确认其与形成时的原始状况一致。

3.8　完整性　integrity

指电子文件（3.1）的内容、结构、背景信息（3.3）和元数据（3.4）等无缺损。

3.9　有效性　utility

指电子文件（3.1）应具备的可理解性和可被利用性，包括信息的可识别性、存储系统的可靠性、载体的完好性和兼容性等，

3.10　捕获　capture

指对电子文件（3.1）进行实时收集和存储的方法与过程。

3.11　迁移　migration

指将源系统中的电子文件（3.1）向目的系统进行转移存储的方法与过程。

4　总则

4.1　电子文件自形成时应有严格的管理制度和技术措施，确保其真实性、完整性和有效性。

4.2　应对电子文件的形成、收集、积累、鉴定、归档等实行全过程管理与监控，保证管理工作的连续性。

4.3　应明确规定电子文件归档的时间、范围、技术环境、相关软件、版本、数据类型、格式、被操作数据、检测数据等要求，保证归档电子文件的质量。

4.4　归档电子文件同时存在相应的纸质或其他载体形式的文件时，应在内容、相关说明及描述上保持一致。

4.5　具有永久保存价值的文本或图形形式的电子文件，如没有纸质等拷贝件，必须制成纸质文件或缩微品等。归档时，应同时保存文件的电子版本、纸质版本或缩微品。

4.6　应保证电子文件的凭证作用，对只有电子签章的电子文件，归档时应附加有法律效力的非电子签章。

5　电子文件的真实性、完整性和有效性保证

5.1　应建立规范的制度和工作程序并结合相应的技术措施，从电子文件形成开始不间断地对有关处理操作进行管理登记，保证电子文件的产生、处理过程符合规范。

5.1.1　登记处理过程中相互衔接的各类责任者（如起草者、修改者、审核者、签发者等）。

5.1.2　登记处理过程中的各类操作者（打字者、发文者、收文者、存储管理者等）。

5.1.3　登记处理过程中产生的责任凭证信息（批示、签名、印章、代码等）。

5.1.4　登记电子文件传递、交接过程中的其他标识。

5.2　应采取可靠的安全防护技术措施，保证电子文件的真实性。

5.2.1　建立对电子文件的操作者可靠的身份识别与权限控制。

5.2.2　设置符合安全要求的操作日志，随时自动记录实施操作的人员、时间、设备、项目、内容等。

5.2.3　对电子文件采用防错漏和防调换的标记。

5.2.4　对电子印章、数字签署等采取防止非法使用的措施。

5.3　应建立电子文件完整性管理制度并采取相应的技术措施采集背景信息和元数据。

5.4　应建立电子文件有效性管理制度并采取相应的技术保证措施。

5.5　电子文件的处理和保存应符合国家的安全保密规定，针对自然灾害、非法访问、非法操作、病毒侵害等采取与系统安全和保密等级要求相符的防范对策，主要有：网络设备安全保证；数据安全保证；操作安全保证；身份识别方法等。

6　电子文件的收集与积累

6.1　收集积累要求

6.1.1　记录了重要文件的主要修改过程和办理情况，有查考价值的电子文件及其电子版本的定稿均应被保留。正式文件是纸质的，如果保管部门已开始进行向计算机全文的转换工作，则与正式文件定稿内容相同的电子文件应当保留，否则可根据实际条件或需要，确定是否保留。

6.1.2　当公务或其他事务处理过程只产生电子文件时，应采取严格的安全措施，保证电子文件不被非正常改动。同时应随时对电子文件进行备份，存储于能够脱机保存的载体上。

6.1.3 对在网络系统中处于流转状态，暂时无法确定其保管责任的电子文件，应采取捕获措施，集中存储在符合安全要求的电子文件暂存存储器中，以防散失。

6.1.4 对用文字处理技术形成的文本电子文件，收集时应注明文件存储格式、文字处理工具等，必要时同时保留文字处理工具软件。文字型电子文件以 XML、RTF、TXT 为通用格式。

6.1.5 对用扫描仪等设备获得的采用非通用文件格式的图像电子文件，收集时应将其转换成通用格式，如无法转换，则应将相关软件一并收集。扫描型电子文件以 JPEG、TIFF 为通用格式。

6.1.6 对用计算机辅助设计或绘图等设备获得的图形电子文件，收集时应注明其软硬件环境和相关数据。

6.1.7 对用视频或多媒体设备获得的文件以及用超媒体链接技术制作的文件，应同时收集其非通用格式的压缩算法和相关软件。视频和多媒体电子文件以 MPEG、AVI 为通用格式。

6.1.8 对用音频设备获得的声音文件，应同时收集其属性标识、参数和非通用格式的相关软件。音频电子文件以 WAV、MP3 为通用格式。

6.1.9 对通用软件产生的电子文件，应同时收集其软件型号、名称、版本号和相关参数手册、说明资料等。专用软件产生的电子文件原则上应转换成通用型电子文件，如不能转换，收集时则应连同专用软件一并收集。

6.1.10 计算机系统运行和信息处理等过程中涉及的与电子文件处理有关的参数、管理数据等应与电子文件一同收集。

6.1.11 对套用统一模板的电子文件，在保证能恢复原形态的情况下，其内容信息可脱离套用模板进行存储，被套用模板作为电子文件的元数据保存。

6.1.12 定期制作电子文件的备份。

6.2 电子文件的登记

6.2.1 每份电子文件均应在《电子文件登记表》中登记。

6.2.2 电子文件登记表应与电子文件同时保存。

6.2.3 电子文件登记表如果制成电子表格，应与电子文件一同保存，永久保存的电子表格应附有纸质等拷贝件并与相应的电子文件拷贝一起保存。

6.2.4　电子文件稿本代码：M—草稿性电子文件；U—非正式电子文件；F—正式电子文件。

6.2.5　电子文件类别代码：T—文本文件；I—图像文件；C—图形文件；V—影像文件；A—声音文件；O—超媒体链接文件；P—程序文件；D—数据文件。

7　电子文件的归档

7.1　归档要求

文件形成部门或信息管理部门应定期把经过鉴定符合归档条件的电子文件向档案部门移交，并按档案管理要求的格式将其存储到符合保管期限要求的脱机载体上。

7.2　鉴定

7.2.1　电子文件的鉴定工作，应包括对电子文件的真实性、完整性、有效性的鉴定及确定密级、归档范围和划定保管期限。

7.2.2　归档前应由文件形成单位按照规定的项目对电子文件的真实性、完整性和有效性进行检验，并由负责人签署审核意见，检验和审核结果填入《归档电子文件移交、接收检验登记表》。如果文件形成单位采用了某些技术方法保证电子文件的真实性、完整性和有效性，则应把其技术方法和相关软件一同移交给接收单位。

7.2.3　电子文件的归档范围参照国家关于纸质文件归档的有关规定执行，并应包括相应的背景信息和元数据。

7.2.4　电子文件保管期限和密级的划分工作，参照国家关于纸质文件密级和保管期限的有关规定执行。电子文件的背景信息和元数据的保管期限应当与内容信息的保管期限一致。应在电子文件的机读目录上逐件标注保管期限的标识。

7.3　归档时间

逻辑归档可实时进行，物理归档应按照纸质文件的规定定期完成。

7.4　检测

在进行电子文件归档工作时，应对归档电子文件的基本技术条件进行检测，检测内容包括：硬件环境的有效性，软件环境的有效性及其信息记录格式、有无病毒感染等。

7.5　归档

电子文件的归档，按照鉴定标识进行。电子文件的归档可分两步进行，对实时进行的归档先做逻辑归档，然后定期完成物理归档。归档时，应充分考虑电子文件的技术环境、相关软件、版本、数据类型、格式、被操作数据、检测数据等技术因素。

7.5.1　逻辑归档

将电子文件的管理权从网络上转移至档案部门，在归档工作中，存储格式和位置暂时保持不变。

7.5.2　物理归档

7.5.2.1　凡在网络中予以逻辑归档的电子文件，均应定期完成物理归档。

7.5.2.2　把带有归档标识的电子文件集中，拷贝至耐久性好的载体上，一式3套，一套封存保管，一套供查阅使用，一套异地保存。对于加密电子文件，则应在解密后再制作拷贝。

7.5.2.3　本标准推荐采用的载体，按优先顺序依次为：只读光盘、一次写光盘、磁带、可擦写光盘、硬磁盘等。不允许用软磁盘作为归档电子文件长期保存的载体。

7.5.2.4　存储电子文件的载体或装具上应贴有标签，标签上应注明载体序号、全宗号、类别号、密级、保管期限、存入日期等，归档后的电子文件的载体应设置成禁止写操作的状态。

7.5.2.5　特殊格式的电子文件，应在存储载体中同时存有相应的查看软件。

7.5.2.6　将相应的电子文件机读目录、相关软件、其他说明等一同归档。

7.5.2.7　对需要长期保存的电子文件，应在每一个电子文件的载体中同时存有相应的机读目录。

7.5.2.8　归档完毕，电子文件形成部门应将存有归档前电子文件的载体保存至少1年。

8　归档电子文件的整理

8.1　归档电子文件的整理按DA/T22规定的要求进行。

8.2　归档电子文件以件为单位整理。

8.3　同一全宗内的电子文件按照年度—保管期限—机构（问题）或保管期限—年度—机构（问题）等分类方案进行分类。

8.4　按电子文件类别代码相对集中组织存储载体。

8.5　电子文件的著录应参照DA/T18进行著录，同时按照保证其真实性、完整性和有效性的要求补充电子文件特有的著录项目和其他标识（参见本标准第5章中列举的责任者、操作者、背景信息、元数据等)。

8.6 将著录结果制成机读目录和纸质目录。

9 归档电子文件的移交、接收与保管

9.1 移交、接收与保管要求

对归档电子文件，应按有关规定进行认真检验。在检验合格后将其如期移交至档案馆等档案保管部门，进行集中保管。在已联网的情况下，归档电子文件的移交和接收工作可在网络上进行，但仍需履行相应的手续。

9.2 移交、接收检验

9.2.1 文件形成单位在移交电子文件之前，档案保管部门在接收电子文件之前，均应对归档的每套载体及其技术环境进行检验，合格率达到100%时方可进行交接。

9.2.2 检验项目如下：

——载体有无划痕，是否清洁；

——有无病毒；

——核实归档电子文件的真实性、完整性、有效性检验及审核手续；

——核实登记表、软件、说明资料等是否齐全；

——对特殊格式的电子文件，应核实其相关的软件、版本、操作手册等是否完整。

检验结果分别由移交单位、接收单位填入《归档电子文件移交、接收检验登记表》的相应栏目。

9.2.3 档案保管部门应按照要求及检验项目对归档电子文件逐一验收。对检验不合格者，应退回形成单位重新制作，并再次对其进行检验。

9.3 移交手续

档案保管部门验收合格，完成《归档电子文件移交、接收检验登记表》的填写、签字、盖章环节。登记表一式两份，一份交电子文件形成单位，一份由档案保管部门自存。

9.4 保管要求

归档电子文件的保管除应符合纸质档案的要求外，还应符合下列条件：

A）归档载体应作防写处理。避免擦、划、触摸记录涂层。

B）单片载体应装盒，竖立存放，且避免挤压。

C）存放时应远离强磁场、强热源，并与有害气体隔离。

D）环境温度选定范围：17℃～20℃；相对湿度选定范围：35%～45%。

归档电子文件在形成单位的保管，也应参照上述条件。

9.5　有效性保证

9.5.1　归档电子文件的形成单位和档案保管部门每年均应对电子文件的读取、处理设备的更新情况进行一次检查登记。设备环境更新时应确认库存载体与新设备的兼容性；如不兼容，应进行归档电子文件的载体转换工作，原载体保留时间不少于3年。保留期满后对可擦写载体清除后重复使用，不可清除内容的载体应按保密要求进行处置。

9.5.2　对磁性载体每满2年、光盘每满4年进行一次抽样机读检验，抽样率不低于10%，如发现问题应及时采取恢复措施。

9.5.3　对磁性载体上的归档电子文件，应每4年转存一次。原载体同时保留时间不少于4年。

9.5.4　档案保管部门应定期将检验结果填入《归档电子文件管理登记表》。

9.6　迁移

随着系统设备更新或系统扩充，应及时对归档电子文件进行迁移操作，并填写《归档电子文件迁移登记表》。

9.7　利用

9.7.1　归档电子文件的封存载体不应外借。未经批准任何单位或人员不允许擅自复制电子文件。

9.7.2　利用时应使用拷贝件。

9.7.3　利用时应遵守保密规定。对具有保密要求的归档电子文件采用联网的方式利用时，应遵守国家或部门有关保密的规定，有稳妥的安全保密措施。

9.7.4　利用者对归档电子文件的使用应在权限规定范围之内。

9.8　归档电子文件的鉴定销毁

9.8.1　归档电子文件的鉴定销毁，参照国家关于档案鉴定销毁的有关规定执行，且应在办理审批手续后实施。

9.8.2　属于保密范围的归档电子文件，如存储在不可擦除载体上，应连同存储载体一起销毁，并在网络中彻底清除。不属于保密范围的归档电子文件可进行逻辑删除。

9.9　统计

档案保管部门应及时按年度对归档电子文件的接收、保管、利用和鉴定销毁情况进行统计。

（注：本规范中的附表被略去。）

附录七　标点符号用法

（GB/T　15834—1995）

1　范围

本标准规定了标点符号的名称、形式和用法。本标准对汉语书写规范有重要的辅助作用。

本标准适用于汉语书面语。外语界和科技界也可参考使用。

2　定义

本标准采用下列定义。

句子　sentence

前后都有停顿，并带有一定的句调，表示相对完整意义的语言单位。

陈述句　declarative sentence

用来说明事实的句子。

祈使句　imperative sentence

用来要求听话人做某件事情的句子。

疑问句　interrogative sentence

用来提出问题的句子。

感叹句　exclamatory sentence

用来抒发某种强烈感情的句子。

复句、分句　complex sentence，clause

意思上有密切联系的小句子组织在一起构成一个大句子。这样的大句子叫复句，复句中的每个小句子叫分句。

词语　expression

词和短语（词组）。词，即最小的能独立运用的语言单位。短语，即由两个或两个以上的词按一定的语法规则组成的表达一定意义的语言单位，也叫词组。

3　基本规则

3.1　标点符号是辅助文字记录语言的符号，是书面语的有机组成部分，用来表示停顿、语气以及词语的性质和作用。

3.2　常用的标点符号有16种，分点号和标号两大类。

点号的作用在于点断，主要表示说话时的停顿和语气。点号又分为句末点号和句内点号。句末点号用在句末，有句号、问号、叹号3种，表示句末的停顿，同时表示句子的语气。句内点号用在句内，有逗号、顿号、分号、冒号4种，表示句内的各种不同性质的停顿。

标号的作用在于标明，主要标明语句的性质和作用。常用的标号有9种，即：引号、括号、破折号、省略号、着重号、连接号、间隔号、书名号和专名号。

4 用法说明

4.1 句号

4.1.1 句号的形式为“。”。句号还有一种形式，即一个小圆点“.”，一般在科技文献中使用。

4.1.2 陈述句末尾的停顿，用句号。例如：

a）北京是中华人民共和国的首都。

b）虚心使人进步，骄傲使人落后。

c）亚洲地域广阔，跨寒、温、热三带，又因各地地形和距离海洋远近不同，气候复杂多样。

4.1.3 语气舒缓的祈使句末尾，也用句号。例如：

请您稍等一下。

4.2 问号

4.2.1 问号的形式为“？”。

4.2.2 疑问句末尾的停顿，用问号。例如：

a）你见过金丝猴吗？

b）他叫什么名字？

c）去好呢，还是不去好？

4.2.3 反问句的末尾，也用问号。例如：

a）难道你还不了解我吗？

b）你怎么能这么说呢？

4.3 叹号

4.3.1 叹号的形式为“！”。

4.3.2 感叹句末尾的停顿，用叹号。例如：

a）为祖国的繁荣昌盛而奋斗！

b）我多么想看看他老人家呀！

4.3.3 语气强烈的祈使句末尾，也用叹号。例如：

a）你给我出去！

b）停止射击！

4.3.4 语气强烈的反问句末尾，也用叹号。例如：

我哪里比得上他呀！

4.4 逗号

4.4.1 逗号的形式为“，”。

4.4.2 句子内部主语与谓语之间如需停顿，用逗号。例如：

我们看得见的星星，绝大多数是恒星。

4.4.3 句子内部动词与宾语之间如需停顿，用逗号。例如：

应该看到，科学需要一个人贡献出毕生的精力。

4.4.4 句子内部状语后边如需停顿，用逗号。例如：

对于这个城市，他并不陌生。

4.4.5 复句内各分句之间的停顿，除了有时要用分号外，都要用逗号。例如：

据说苏州园林有一百多处，我到过的不过十多处。

4.5 顿号

4.5.1 顿号的形式为“、”。

4.5.2 句子内部并列词语之间的停顿，用顿号。例如：

a）亚马孙河、尼罗河、密西西比河和长江是世界四大河流。

b）正方形是四边相等、四角均为直角的四边形。

4.6 分号

4.6.1 分号的形式为“；”。

4.6.2 复句内部并列分句之间的停顿，用分号。例如：

a）语言，人们用来抒情达意；文字，人们用来记言记事。

b）在长江上游，瞿塘峡像一道闸门，峡口险阻；巫峡像一条迂回曲折的画廊，每一曲，每一折，都像一幅绝好的风景画，神奇而秀美；西陵峡水势险恶，处处是急流，处处是险滩。

4.6.3 非并列关系（如转折关系、因果关系等）的多重复句，第一层的前后两部分之间，也用分号。例如：

我国年满十八周岁的公民，不分民族、种族、性别、职业、家庭出身、宗教信仰、教育程度、财产状况、居住期限，都有选举权和被选举权；但是依照法律被剥夺政治权利的人除外。

4.6.4 分行列举的各项之间，也可以用分号。例如：

中华人民共和国的行政区域划分如下：

（一）全国分为省、自治区、直辖市；

（二）省、自治区分为自治州、县、自治县、市；

（三）县、自治县分为乡、民族乡、镇。

4.7 冒号

4.7.1 冒号的形式为“：”。

4.7.2 用在称呼语后边，表示提起下文。例如：

同志们，朋友们：

现在开会了。……

4.7.3 用在“说、想、是、证明、宣布、指出、透露、例如、如下”等词语后边，表示提起下文。例如：

他十分惊讶地说：“啊，原来是你！”

4.7.4 用在总说性话语的后边，表示引起下文的分说。例如：

北京紫禁城有四座城门：午门、神武门、东华门和西华门。

4.7.5 用在需要解释的词语后边，表示引出解释或说明。例如：

外文图书展销会

日期：10月20日至11月10日

时间：上午8时至下午4时

地点：北京朝阳区工体东路16号

主办单位：中国图书进出口总公司

4.7.6 总括性话语的前边，也可以用冒号，以总结上文。例如：

张华考上了北京大学，在化学系学习；李萍进了中等技术学校，读机械制造专业；我在百货公司当售货员：我们都有光明的前途。

4.8 引号

4.8.1 引号的形式为双引号“ “” ”和单引号“ ‘’ ”。

4.8.2 行文中直接引用的话，用引号标示。例如：

a）爱因斯坦说：“想象力比知识更重要，因为知识是有限的，而想象力概括着世界上的一切，推动着进步，并且是知识进化的源泉。”

b）“满招损，谦受益”这句格言，流传到今天至少有两千年了。

c）现代画家徐悲鸿笔下的马，正如有的评论家所说的那样，“神形兼备，充满生机”。

4.8.3 需要着重论述的对象，用引号标示。例如：

古人对于写文章有个基本要求，叫做“有物有序”。“有物”就是要有内容，“有序”就是要有条理。

4.8.4 具有特殊含义的词语，也用引号标示。例如：

a）从山脚向上望，只见火把排成许多“之”字形，一直连到天上，跟星光接起来，分不出是火把还是星星。

b）这样的“聪明人”还是少一点好。

4.8.5　引号里面还要用引号时，外面一层用双引号，里面一层用单引号。例如：

他站起来问：“老师，‘有条不紊’的‘紊’是什么意思？”

4.9　括号

4.9.1　括号常用的形式是圆括号“（）”。此外还有方括号“［］”、六角号“〔〕”和方头括号“【】”。

4.9.2　行文中注释性的文字，用括号标明。注释句子里某些词语的，括注紧贴在被注释词语之后；注释整个句子的，括注放在句末标点之后。例如：

a）中国猿人（全名为“中国猿人北京种”，或简称“北京人”）在我国的发现，是对古人类学的一个重大贡献。

b）写研究性文章跟文学创作不同，不能摊开稿纸搞“即兴”。（其实文学创作也要有素养才能有“即兴”。）

4.10　破折号

4.10.1　破折号的形式为“——”。

4.10.2　行文中解释说明的语句，用破折号标明。例如：

a）迈进金黄色的大门，穿过宽阔的风门厅和衣帽厅，就到了大会堂建筑的枢纽部分——中央大厅。

b）为了全国人民——当然也包括自己在内——的幸福，我们每一个人都要兢兢业业，努力工作。

4.10.3　话题突然转变，用破折号标明。例如：

“今天好热啊！——你什么时候去上海？”张强对刚刚进门的小王说。

4.10.4　声音延长，象声词后用破折号。例如：

“呜——”火车开动了。

4.10.5　事项列举分承，各项之前用破折号。例如：

根据研究对象的不同，环境物理学分为以下五个分支学科：

——环境声学；

——环境光学；

——环境热学；

——环境电磁学；

——环境空气动力学。

4.11 省略号

4.11.1 省略号的形式为“……”，六个小圆点，占两个字的位置。如果是整段文章或诗行的省略，可以使用十二个小圆点来表示。

4.11.2 引文的省略，用省略号标明。例如：

她轻轻地哼起了《摇篮曲》：“月儿明，风儿静，树叶儿遮窗棂啊……”

4.11.3 列举的省略，用省略号标明。例如：

在广州的花市上，牡丹、吊钟、水仙、梅花、菊花、山茶、墨兰……春秋冬三季的鲜花都挤在一起啦！

4.11.4 说话断断续续，可以用省略号标示。例如：

“我……对不起……大家，我……没有……完成……任务。”

4.12 着重号

4.12.1 着重号的形式为“.”。

4.12.2 要求读者特别注意的字、词、句，用着重号标明。例如：

事业是干出来的，不是吹出来的。

4.13 连接号

4.13.1 连接号的形式为“—”，占一个字的位置。连接号还有另外三种形式，即长横“——”（占两个字的位置）、半字线“-”（占半个字的位置）和浪纹“~”（占一个字的位置）。

4.13.2 两个相关的名词构成一个意义单位，中间用连接号。例如：

a）我国秦岭-淮河以北地区属于温带季风气候区，夏季高温多雨，冬季寒冷干燥。

b）复方氯化钠注射液，也称任-洛二氏溶液（Ringer-Locke solution），用于医疗和哺乳动物生理学实验。

4.13.3 相关的时间、地点或数目之间用连接号，表示起止。例如：

a）鲁迅（1881—1936）中国现代伟大的文学家、思想家和革命家。原名周树人，字豫才，浙江绍兴人。

b）“北京——广州”直达快车。

c）梨园乡种植的巨峰葡萄今年已经进入了丰产期，亩产1 000公斤~1 500公斤。

4.13.4 相关的字母、阿拉伯数字等之间，用连接号，表示产品型号。例如：

在太平洋地区，除了已建成投入使用的HAW—4和TPC—3海底光缆之外，又有 TPC—4 海底光缆投入运营。

4. 13. 5　几个相关的项目表示递进式发展，中间用连接号。例如：

人类的发展可以分为古猿—猿人—古人—新人这四个阶段。

4. 14　间隔号

4. 14. 1 间隔号的形式为“·”。

4. 14. 2　外国人和某些少数民族人名内各部分的分界，用间隔号标示。例如：

列奥纳多·　达·芬奇

爱新觉罗·努尔哈赤

4. 14. 3　书名与篇（章、卷）名之间的分界，用间隔号标示。例如：

《中国大百科全书·物理学》

《三国志·蜀志·诸葛亮传》

4. 15　书名号

4. 15. 1　书名号的形式为双书名号“《》”和单书名号“〈〉”。

4. 15. 2　书名、篇名、报纸名、刊物名等，用书名号标示。例如：

a）《红楼梦》的作者是曹雪芹。

b）你读过鲁迅的《孔乙己》吗？

c）他的文章在《人民日报》上发表了。

d）桌上放着一本《中国语文》。

4. 15. 3　书名号里边还要用书名号时，外面一层用双书名号，里边一层用单书名号。例如：

《〈中国工人〉发刊词》发表于 1940 年 2 月 7 日。

4. 16　专名号

4. 16. 1　专名号的形式为“______”。

4. 16. 2　人名、地名、朝代名等专名下面，用专名号标示。例如：

司马相如者，汉蜀郡成都人也，字长卿。

4. 16. 3　专名号只用在古籍或某些文史著作里面。为了跟专名号配合，这类著作里的书名号可以用浪线“﹏﹏”。例如：

屈原放逐，乃赋离骚，左丘失明，厥有国语。

5　标点符号的位置

5. 1　句号、问号、叹号、逗号、顿号、分号和冒号一般占一个字的位置，居左偏下，不出现在一行之首。

5. 2　引号、括号、书名号的前一半不出现在一行之末，后一半不出现在一行之首。

5.3 破折号和省略号都占两个字的位置，中间不能断开。连接号和间隔号一般占一个字的位置。这四种符号上下居中。

5.4 着重号、专名号和浪线式书名号标在字的下边，可以随字移行。

6　直行文稿与横行文稿使用标点符号的不同

6.1　句号、问号、叹号、逗号、顿号、分号和冒号放在字下偏右。

6.2　破折号、省略号、连接号和间隔号放在字下居中。

6.3　引号改用双引号“﹃”和单引号“﹁”。

6.4　着重号标在字的右侧，专名号和浪线式书名号标在字的左侧。

附录八　常用校对符号及其用法

（根据 GB/T 14706—1993 编制）

编号	符号形态	作 用	用法示例	校正后
1		改 正	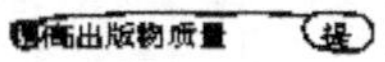	提高出版物质量
2		删 除		提高出版物质量
3		增 补	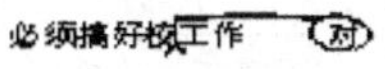	必须搞好校对工作
4	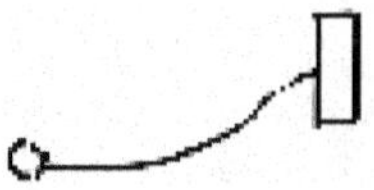	改正上下角	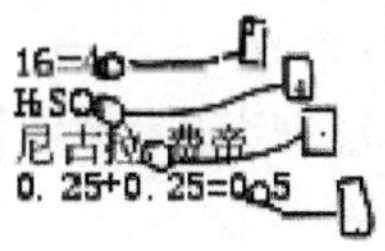	$16=4^2$ H_2SO_4 尼古拉 · 费帝 $0.25+0.25=0.5$
5		转 正		你的做法真不对
6		对 调		认真总结经验
7		接 排		要重视校对工作，提高出版物质量
8		另 起 段	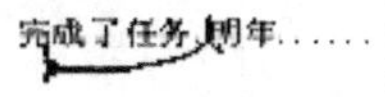	完成了任务。 明年……
9		转 移	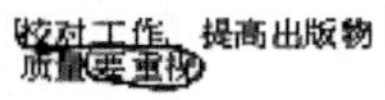	要重视校对工作，提高出版物质量

续表

编号	符号形态	作 用	用法示例	校正后
10		上 下 移	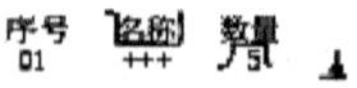	序号　名称　数量 01　+ + +　5
11	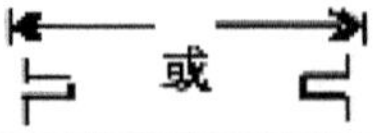	左 右 移	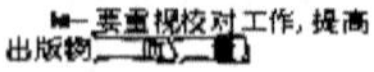	要重视校对工作提高出版物质量。
12		排 齐	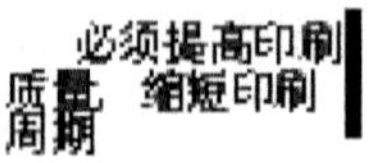	必须提高印刷质量，缩短印刷周期
13	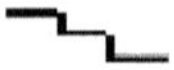	排阶梯形		RH_2
14	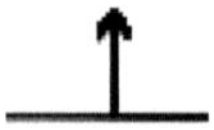	正 图		
15		加大空距	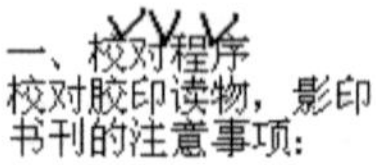	一、校 对 程 序 校对胶印读物，影印书刊的注意事项：
16		减小空距	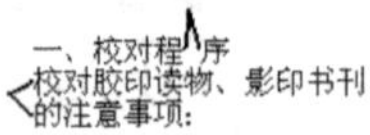	一、校对程序 校对胶印读物、影印书刊的注意事项：
17	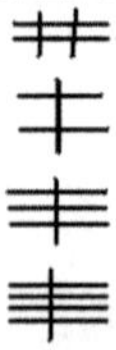	空 1 字距 空 1/2 字距 空 1/3 字距 空 1/4 字距		第一章　领导艺术
18		分 开	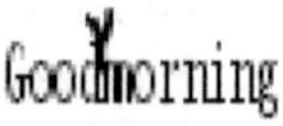	Good morning
19		保 留	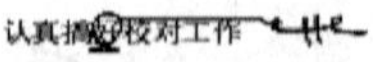	认真搞好校对工作
20		代 替	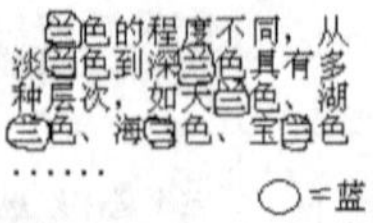	蓝色的程度不同，从淡蓝色到深蓝色具有多种层次，如天蓝色、湖蓝色、海蓝色、宝蓝色……
21		说 明		**第一章　团队的作用**

参考文献

[1] 辞海［M］. 上海：上海辞书出版社，1989.

[2]（汉）班固. 汉书［M］. 北京：中华书局，1962.

[3] 周易注疏. //（清）阮元校刊. 十三经注疏［M］. 北京：中华书局，1980.

[4]（五代后晋）刘昫. 旧唐书［M］. 北京：中华书局，1975.

[5]（明）宋濂等. 元史［M］. 北京：中华书局，1976.

[6]（清）纤廷玉等. 明史［M］. 北京：中华书局，1974.

[7] 陈鼓应注译. 庄子今注今译［M］. 北京：中华书局，1983.

[8] 刘俊文. 唐律疏义笺解［M］. 北京：中华书局，1996.

[9] 唐兰. 中国文字学［M］. 上海：上海古籍出版社，1979.

[10] 王国维著；胡平生，马月华校注. 简牍检署考校注［M］. 上海：上海古籍出版社，2004.

[11] 徐望之. 公牍通论［M］. 北京：档案出版社，1988.

[12] 许同莘. 公牍学史［M］. 北京：档案出版社，1989.

[13] 李明华.《机关文件材料归档范围和文书档案保管期限规定》问题解答［M］. 北京：中国档案出版社，2007.

[14] 国际档案理事会电子环境中现行文件委员会. 电子文件档案工作者实用手册［M］. 北京：中国档案出版社，2008.

[15] 孙刚，李晓明. 归档文件整理操作指南［M］. 北京：中国档案出版社，2008.

[16] 张煜明. 简明文书学教程［M］. 武汉：武汉大学出版社，1996.

[17] 王健. 文书学［M］. 北京：中国人民大学出版社，2005.

[18] 曹润芳. 文书写作与处理［M］. 北京：中国档案出版社，2006.

[19] 裴燕生，何庄，李祚明，杨若荷. 历史文书［M］. 北京：中国人民大学出版社，2003.

[20] 闵庚尧. 中国公文研究［M］. 北京：中国社会科学出版社，2000.

[21] 张宇．机关公文病误注析［M］．北京：中国档案出版社，2004.
[22] 郭建平．现代文书学［M］．沈阳：辽宁大学出版社，2002.
[23] 韩英．文书学［M］．济南：山东大学出版社，2001.
[24] 张林华．文书学概论［M］．上海：上海三联书店，1998.
[25] 郝全梅．实用文书学［M］．北京：语文出版社，1997.
[26] 梁毓阶．文书学［M］．北京：档案出版社，1985.
[27] 国家档案局教育处编．文书学概要［M］．北京：档案出版社，1987.
[28] 于正心．文书学知识及公文撰写［M］．吉林：吉林大学出版社，1986.
[29] 张清明．文书学及实用公文［M］．武汉：武汉大学出版社，1983.
[30] 郑崇田．文书学入门［M］．吉林：吉林大学出版社，1981.
[31] 杨霞．现代文书管理［M］．北京：中国档案出版社，2003.
[32] 松世勤．关于文书学研究的几个问题［J］．档案学通讯，1982（5）.
[33] 朱玉媛．档案学研究进展［M］．武汉：武汉大学出版社，2007.

后　记

当代文书工作处于传统纸质文书办理与现代电子公文处理共存互补的局面。如何既服务于传统的纸质文书工作，又有助于信息化办公环境下的文书工作；如何既重视常用公文的形成、管理与整理，又将特殊文书工作（尤其是信访文书工作）纳入读者的视野，以便为读者提供具备较强操作性的实践工作指南，这是本书写作的初衷。能否达到这个目标，只能由读者评判了。

本书由周耀林、张煜明、任汉中编著，周耀林审稿。参加编写的人员有(排名不分先后)：万迅、任汉中、刘婧、李丽、李姗姗、肖兰芳、张煜明、周玉香、金磊、殷敏、周耀林。编写过程中，参考了相关论著和中华人民共和国商务部等网站内容。东莞市万维网络科技信息有限公司在电子公文处理系统、信访文书处理系统方面提供了案例。武汉大学“十一五”精品规划教材为本书的出版提供了资助。武汉大学出版社编辑詹蜜为本书付出了辛苦的劳动。在此，特向上述单位、被引作者和编辑表述感谢。

编　者

2009 年 3 月 18 日